쿠빌라이 칸의 일본 원정과 충렬왕

赤
壁
賦
成

秋
院
蘇
與
于

泡
淸
風
徐

몽 골 제 국 과 고 려 **1**

쿠빌라이 칸의 일본 원정과 충렬왕

ㅡ 이 승 한 지 음

푸른역사

제국의 변경으로 전락한 고려

고려가 원의 정치적 간섭을 받은 기간은 강화도에서 개경으로 환도한 이후부터 반원운동이 시작되는 공민왕 즉위 초까지 80여 년인데, 이를 학계에서는 보통 '원 간섭기'라고 부르고 있다. 이 책은 원 간섭기의 고려 역사를 원 제국과의 관계 속에서 살펴보려는 것이다.

이 시기 고려 왕조는 원 제국에 종속되어 극심한 정치적 간섭과 지배를 받아 왕조의 자주성이 이루 말할 수 없이 훼손되었다. 고려 왕조는 '제국의 변경'으로 전락했고 겨우 왕조의 명맥만 유지되었을 뿐이다. 왕조의 명맥이나마 유지되었다는 것이 신기할 정도였다.

고려가 원 제국에 복속되어 제일 먼저 치러야 할 일이 일본 원정에 동원되는 것이었다. 수많은 인적·물적 자원이 강제로 수탈되어 고려 정부나 인민은 만신창이가 되었다. 이 과정에서 고려 국왕은 독립국의 통치자로서 온전한 권력을 행사하지도 못했고 왕조의 자주권을 제대로 수호하지도 못했다.

이후부터 고려 국왕은 원의 황제가 지명하거나 원의 조정에서 결정하였으며 폐위까지도 사실상 그들 마음대로였다. 뿐만 아니라 고려왕을 원이 유배하는가 하면, 심지어 재위 중인 고려 국왕이 제국의 사신에게 발길질을 당하고 원으로 압송되기도 했다. 이 지경이었으니 이 시기를 '원 간섭기'라고 표현한 것은 오히려 부족한 느낌이 들고 실제는 간섭 그 이상이었다.

한반도가 중국의 변경이 아닌 적이 별로 없지만 이 시기 변경의 성격은 그 이전 시대나 그 이후 시대와는 질적으로 다른 것이었다. 대원 제국의 속국이자 부마국駙馬國을 겸하고 있었기 때문이다. 대원 제국과 고려의 이런 특수한 관계를 창안하여 확립한 것은 바로 원 세조 쿠빌라이였다.

충렬왕이 원 세조 쿠빌라이의 딸과 결혼하고 왕위에 오른 이후, 고려 국왕이 원 공주와 결혼하는 것은 반드시 거쳐야 할 필수 과정이었다. 고려 국왕은 원 황제의 사위, 즉 부마가 된 것이다. 원의 황제와 고려 국왕의 이런 사적인 인척 관계가 양국 관계를 비롯한 고려의 국가적 위상이나 정치 운영 등에 영향을 주었는데 이를 '부마국 체제'라고 부른다.

이런 부마국 체제 하에서 고려의 국가적 위상이나 양국 관계는 한마디로 규정하기가 매우 어렵다. 고려 왕조는 그 당시 독립국이 분명 아니었다. 하지만 일제 강점기와 같은 완전한 망국의 식민지도 아니었다. 그렇다고 조선 시대와 같은 사대 조공 관계와도 다른 것이었다. 일반적인 지배와 종속의 관계라고 하기에도 양국의 그 복잡한 면면을 모두 설명하기에는 부족하다. 황제와 제후의 봉건적 관계의 측면도 없지 않았지만 그것도 전부가 아니었다.

고려와 원 양국의 관계는 어쩌면 이러한 여러 관계의 일면들이 조금씩 뒤섞인 것이 아닌가 한다. '제국의 변경'이라는 말은 이런 복잡한 양국 관계를 조금 거칠기는 하지만 단순하게 표현한 것이다. 그런데 양국 관계를 어떻게 규정하느냐의 문제도 중요하지만 이런 양국 관계에서 실제 어떤 일들이 일어났느냐를 살펴보는 것도 중요하다. 이 책은 그런 양국 관계 속에서 일어난 여러 실상을 그대로 드러내 보이기 위한 것이다.

그런 실상들이 드러나면 독자들께서는 실망할지도 모르겠다. 그 실상이 너무 참담할 때가 많기 때문이다. 하지만 어떤 실망을 하든지 큰 염려를 하지 않는다. 다만 염려가 되는 것은 이 책에서 드러난 실상이 혹시 역사적 사실과 다르거나 사실을 왜곡하지 않았을까 하는 점이다. 그 점만 보장할 수 있다면 참담함을 주지 않기 위해 애써 사실을 외면하거나 미화하지는 않을 것이다.

강건하고 진취적인 역사만이 훌륭한 역사는 아니다. 유구한 역사나 광대한 영토만을 자랑스럽게 내세울 일도 아니다. 타율적이고 외세에 예속된 역사를 외면할 필요도 없고, 외세의 지배를 받던 우리 역사를 부정해서도 안 된다. 민족주의나 민족사를 완전히 무시하지는 못한다 해도 중요한 것은 최소한 우리가 우리 역사를 정면으로 직시할 수는 있어야 한다.

이 책에서 다루는 원 간섭기는 우리가 우리 역사를 정면으로 바라볼 수 있는 아주 좋은 소재다. 개인에게도 그렇지만 한 사회에도 암울한 시기에서 더 많은 성찰을 얻을 수 있기 때문이다. 일제 강점기도 우리에게는 암울한 시기로 많은 성찰의 기회를 주지만, 이 시기는 아직도 피해자와 가해자가 살아 있어 그 시대를 정면으로 직시하는 것을 방해한다. 하지만 원 간섭기는 이런 점에서 자유로워 아무런 제약이 없다.

그런데 더욱 중요한 것은 원 간섭기가 꼭 암울한 시기만은 아니었다는 점이다. 민족주의 관점으로 보면 암울하고 참담하겠지만 계급주의 관점에서 보면 꼭 그렇지만도 않았다. 소외 계층에게는 희망의 진보 시기일 수도 있고 천민들에게는 신분 상승의 계기가 되기도 했다. 외세의 지배나 간섭이라는 것은 이들에게 의식할 필요도 없는 무관심의 대상이었는지도 모른다.

개개인에게도 그랬지만 당시 사회에도 원 간섭기는 긍정적인 영향을 주기도 했다. 세계 문화의 중심지로 자리 잡은 원 제국의 수도 대도(지금의 북경)와 가장 근접하여 직접 교류하면서 얻는 문화적 선진 효과는 적은 것이 아니었다. 제국의 중심에서 변경을 오가는 인적 교류나 물자의 유통은 전례를 찾을 수 없이 활발하였다.

원 간섭기 80여 년 동안 고려 수도 개경에서 원나라 수도인 대도에 이르는 길은 우리 역사상 어느 시대보다도 교류가 활발했던 길이었다. 뿐만 아니라 대원 제국의 중심에서 세계 각 지방으로 통하는 여러 교통로 중에서도 교류가 가장 빈번했던 길이 아니었을까 하는 생각이 든다. 그 길 3천 리는 보통 왕복 두 달 정도가 소요되었는데 수많은 사람들이 오갔다.

고려 측에서 그 길은 국왕과 왕비, 사신과 수행원, 환관이나 역관, 승려, 군인, 상인, 여성 등, 위로는 국왕에서부터 아래로는 천민에 이르기까지 수많은 사람들이 왕래한 길이었다. 국왕이 입조할 때는 공식 수행 인원만 천 명이 넘을 때도 있었다. 자진해서 들어간 사람들도 있었고 강제로 끌려간 사람들도 있었다. 그 중에는 장기간 체류하는 사람들도 많았고, 더러는 그곳에서 생을 마친 사람도 있었다. 대도에는 고려인이 집단적으로 거주하는 구역이 생겨날 정도였다.

원에서 고려에 들어오는 사람들도 많았다. 원 황제만 빼놓고 모든 사람들이 왕래했다. 사신이나 군인, 상인도 있었고, 머나먼 서양인들까지 섞여 들어왔다. 역시 자진해서 오는 사람만 있는 것은 아니었다. 수만 명의 군사가 집단적으로 파견되는 경우도 있었고, 원의 황족으로서 유배를 당해 온 경우도 있었다. 그 중에는 이방인으로 고려에 들어와 고려 여성과 결혼하고 자식까지 낳으며 평생을 살다가 고려에 묻힌 사람도 많았다.

이 글을 쓰면서 그 수많은 사람들을 생각하며 개경에서 북경에 이르는 그 길을 도보로 걸어가는 꿈을 꾸기도 했다. 이제는 흔적도 없이 사라졌겠지만 그 길을 오간 여러 군상들의 발자취를 따라가 보고 싶었다. 수 많은 사람들이 그 길을 왕래하면서 무슨 생각을 했을지, 그들이 흘린 피와 땀 그리고 눈물을 느껴 보고 싶었다. 그 날이 언제쯤 올지 기약할 수 없지만.

2009년 4월 이승한

세조 쿠빌라이는 왜 일본을 정복하려고 했을까?

마르코 폴로는 그의 나이 15세 때인 1260년에 베니스를 출발해 중앙 아시아를 거쳐 육로로 원 제국의 수도 대도에 들어갔다. 그리고 대원 제국의 5대 황제 세조 쿠빌라이를 만나고 해로를 이용해 1295년 다시 귀향했다. 이 기간은 세조 쿠빌라이의 재위 기간인 1260~1294년과 정확히 일치한다. 마르코 폴로가 귀향해 남긴 여행기가 《동방견문록》 인데 그는 이 책에서 쿠빌라이를 이렇게 묘사했다.

"우리의 최초 조상인 아담에서부터 지금 이 순간에 이르기까지 세상에 등장한 어떤 사람보다도 많은 백성과 지역과 재화를 소유한 가장 막강한 사람"

세조 쿠빌라이가 지배, 통치한 지역은 영역으로 보나 인구로 보나, 또한 그 영향력으로 보나 인류 역사상 전무후무한 것이었다. 로마 제국이나 알렉산더 제국도 세조 쿠빌라이의 대원 제국에 비하면 아무 것도 아니었다. 하지만 온 세상을 다 지배할 것 같던 쿠빌라이에게도 해결하지 못한 숙제가 하나 있었다.

그것은 멀리 있지도 않은 바로 일본을 정복하는 일이었다. 세조 쿠 빌라이의 일본 원정은 고려를 강요하여 앞장세웠으며 고려는 대원 제 국의 속국으로 전락한 후 맨 먼저 일본 원정을 준비하는 일에 시달려 야 했다. 제국의 변경에 대한 이 첫 번째 책은 이 문제를 살펴보려는 것이다. 일본 원정에 대해서는 다음과 같은 의문을 갖고 있다.

하나, 세조 쿠빌라이는 왜 일본을 정복하려고 했을까?

이런 질문은 우문일 수 있다. 등산을 좋아하는 사람한테 왜 산에 오르 느냐고 묻는 것과 같기 때문이다. 산이 존재하니까 등산을 하는 것이 다. 하지만 건강이 좋지 않은 사람한테 왜 산에 오르느냐는 질문은 가 능하다. 그 사람은 등산을 하는 분명한 이유가 있기 때문이다. 쿠빌라 이에게 일본을 정복하려 한 이유를 묻는 질문은 어느 쪽에 해당할까? 확실한 답을 찾는다면 후자 쪽일 테고, 찾을 수 없다면 전자일 것이다.

둘, 고려 정부에서는 일본 원정에 대해 어떻게 대응했을까?

일본 원정은 고려를 동원하지 않고서는 불가능했다. 지리적으로도 그랬고 양국의 관계를 봐서도 그랬으며, 당시 원 제국의 내부 사정으로도 그랬다. 세조 쿠빌라이는 원정에 필요한 모든 준비를 고려에 부담시켰는데, 고려 정부는 여기에 어떻게 대응했을까? 그리고 고려의 인적·물적 자원은 어떻게 얼마나 동원되었을까?

셋, 세조 쿠빌라이의 일본 원정은 왜 실패했을까?

그는 두 차례 일본 원정을 단행하지만 모두 실패하고, 그 후 세 차례 더 준비하지만 한 번도 실행에 옮기지 못했다. 두 차례 원정에서 모두 태풍을 만났다. 태풍은 일본 원정이 실패하게 된 중요한 원인이었다고 할 수 있다. 그런데 일본 원정의 실패 원인은 그것뿐이었을까? 다른 원인이 있었다면 무엇이었을까?

넷, 일본 원정은 어떤 영향을 끼쳤을까?

일본 원정의 실패는 당장 쿠빌라이의 대원 제국에 직접 영향을 끼쳤을 것이고, 전쟁 부담을 떠안은 고려도 물론 그 영향에서 벗어날 수 없었다. 실패로 말미암아 상대적으로 크지는 않았겠지만 일본에도 영향을 주었을 것이다. 일본 원정이 이들 세 나라에 끼친 영향은 적지 않았을 텐데 어떤 차이가 있었는지, 그리고 그 의미는 무엇이었는지 살펴보는 것도 중요하다.

문제의식을 가지고 글을 쓰는 것은 논지를 바로 세우고 글을 가지런히 하는 길이기도 하지만, 글쓰기의 원동력을 잃지 않기 위해서도 꼭 필요한 일이다. 이번 책 《쿠빌라이 칸의 일본 원정과 충렬왕》에서는 일본 원정을 주제로 하여 이런 문제의식을 가지고 싸워 보고자 한다.

차례

1 팍스 몽골리카

1259년 몽골 제국 4대 황제 헌종憲宗 뭉케가 남송南宋을 정벌하는 도중에 갑자기 죽는다.
이후 4년여 동안 뭉케의 두 동생 쿠빌라이와 아릭 부케 사이에 황제 자리를 놓고
정복 전쟁 못지않은 치열한 내전이 벌어졌다. 결국 쿠빌라이가 승리해 황제를 차지하는데
이 사람이 몽골 5대 황제 세조世祖다. 그는 몽골 제국을 새로운 제국으로
탈바꿈시키는 한편 남송을 정벌하는 데 온 국력을 쏟는다.
그런 과정에서 30여 년 동안 지속한 여몽 전쟁은 끝나고
대고려 정책에도 큰 변화를 가져온다.

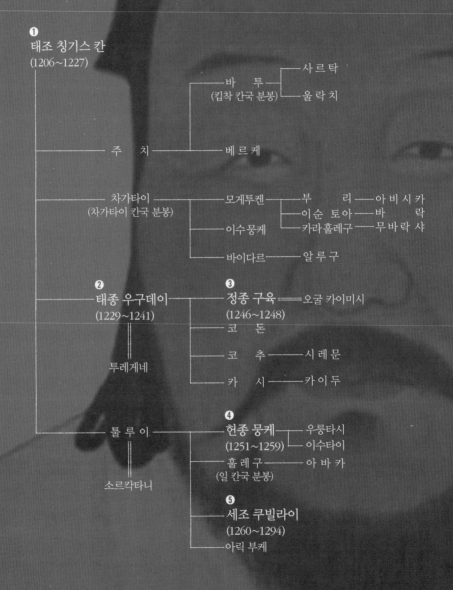

❶ 태조 칭기스 칸
(1206~1227)

─ 주 치 ───── 바 투 ───── 사 르 탁
(킵착 칸국 분봉) ─── 울 락 치

─── 베 르 케

─── 차가타이 ───── 모게투켄 ─── 부 리 ─── 아 비 시 카
(차가타이 칸국 분봉) ─── 이순 토아 ─── 바 락
─── 이수뭉케 ─── 카라훌레구 ─── 무 바 락 샤

─── 바이다르 ─── 알 루 구

❷ 태종 우구데이 ───── ❸ 정종 구육 ═══ 오굴 카이미시
(1229~1241) (1246~1248)

─── 코 돈

투레게네 ─── 코 추 ─── 시 레 문

─── 카 시 ─── 카 이 두

❹ 헌종 뭉케 ─── 우룽타시
─── 툴 루 이 ───── (1251~1259) ─── 이수타이

─── 홀 레 구 ─── 아 바 카
소르칵타니 (일 칸국 분봉)

❺ 세조 쿠빌라이
(1260~1294)

─── 아릭 부케

쿠빌라이 이전의 황제들

1대, 태조 칭기스 칸(1206~1227)

몽골 제국의 정복 활동은 테무진이 몽골 인근의 초원 부족들을 제압해 통일하면서부터 시작되었다. 1204년 나이만 부족을 마지막으로 정복한 테무진은 남쪽 고비사막에서 북쪽의 시베리아 바이칼호 부근까지, 그리고 동쪽의 만주 산림 지역에서 서쪽의 알타이 산맥까지 지배할 수 있었다. 이 영역은 대략 현재 몽골 공화국이 자리 잡고 있는 지역과 비슷하다.

부족을 통일한 테무진은 몽골족의 출발지인 오논강과 케룰렌강 상류 지역에서 1206년 몽골 전통의 부족장 회의인 쿠릴타이Khuriltai를 소집했다. 이 역사적인 회의에서 테무진은 칭기스 칸Chinggis Khan으로 추대되고 나라 이름을 '예케 몽골 울루스Yeke Mongghol Ulus' 라 했다.

'예케' 는 크다는 의미이고, '몽골' 은 부족 이름이며, '울루스' 는 백성이나 인민을 뜻하는데 그들이 사는 영지나 국가를 의미하기도 한다. 그래서 예케 몽골 울루스는 '몽골의 큰 나라' 혹은 한자어로는 '대몽골 제국' 정도로 해석된다. 예케 몽골 울루스는 몽골 제국이 칭기스 칸의 네 아들로 분할된 이후에는 몽골 제국 전체의 연합체를 가리키는 말로 쓰인다.

그리고 테무진이 갖게 된 칭기스 칸이라는 칭호는 어느 한 부족의 지배자가 아니라 모든 부족의 지배자라는 뜻으로 '우주(세계)의 지배자'라는 의미를 지녔다. 이후 몽골 제국의 황제를 보통 '대칸'이라 부른다. 중국 정사인 《원사元史》에는 테무진이 칭기스 칸으로 추대된 그해 1206년을 몽골 제국 원년으로 삼고 있으며, 칭기스 칸을 태조太祖라고 기록하고 있다.

황제가 된 칭기스 칸은 정복의 눈길을 밖으로 돌렸다. 세계 정복은 이제부터 시작이었다. 제일 먼저 표적이 된 나라는 탕구트 왕국으로, 중국 역사에서는 서하西夏라고 하는데 고비사막 바로 남쪽에 있었다. 탕구트 왕국은 금나라를 치는 데 반드시 먼저 정복해야 할 대상이었다. 칭기스 칸은 1207년부터 탕구트 왕국을 정벌하기 시작해 1209년에 어렵지 않게 굴복시켰고, 1227년 몽골 제국에 완전 병합시킨다.

칭기스 칸의 그 다음 목표는 몽골 제국 동남쪽에 있는 주르첸이었다. 주르첸은 중국 역사에서 금金나라로 기록하고 있는데, 여진족이 세운 나라로 중도(북경)를 수도로 하고 만주와 중국 북부를 다스리고 있었다. 테무진이 초원의 부족들을 통합하는 과정에 몇 차례 개입하는 등 주르첸은 거슬리는 존재였고 신생 몽골 제국에도 조금 벅찬 상대였다.

칭기스 칸은 1211년 쿠릴타이를 소집해 전쟁을 선언하고 네 아들과 함께 자신도 직접 이 정복 전쟁에 참여한다. 1214년 마침내 수도 중도를 포위해 항복받고 군대를 철수했지만, 금나라는 수도를 개봉開封으로 옮기고 저항했다. 이에 1215년 다시 금나라를 공격해 황하 이북을 정복하고, 이후 1218년까지 장군 무칼리에게 맡겨 정복 활동을 계속한다.

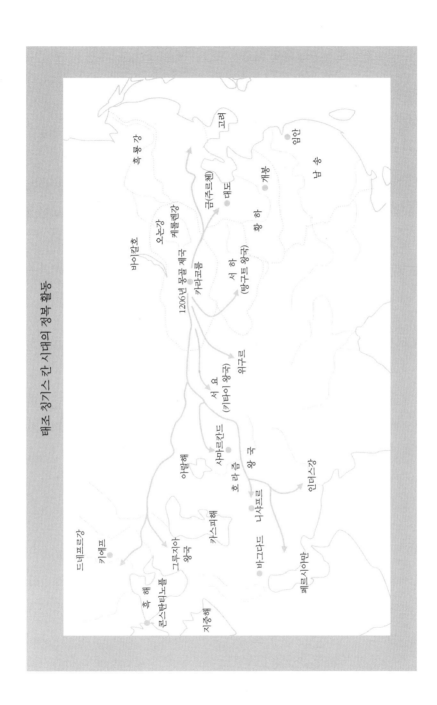

태조 칭기스 칸 시대의 정복 활동

드네프르강
키예프
흑해
콘스탄티노플
지중해
그루지아 왕국
카스피해
바그다드
페르시아만
인더스강
나샤푸르
호라즘
왕 국
사마르칸드
아랄해
바이칼호
오논강
케룰렌강
1206년 몽골 제국
카라코룸
흑룡강
금(주르첸)
대도
서 하
(탕구트 왕국)
황 하
개봉
임안
남 송
고려
서 요
(키타이 왕국)
위구르
발 해

금이 완전히 멸망해 몽골 제국에 병합된 것은 1234년이다.

칭기스 칸의 명성은 금나라를 공격하면서부터 알려지기 시작했다. 1211년에는 서 위구르를 복속시키고, 1218년에는 위구르를 속국으로 삼고 있던 키타이 왕국을 멸망시켰다. 키타이 왕국은 중국 역사에서 서요西遼라고 부르고 있다.

칭기스 칸의 전형적인 정복 전쟁은 그 다음에 이어지는 호라즘 왕국의 정복에서 드러났다. 호라즘 왕국은 투르크족의 술탄 무함마드 2세가 통치하고 있는 중앙아시아의 강대국으로 수도 사마르칸드는 동서 교통의 요충지였다. 칭기스 칸은 처음에 호라즘 왕국의 이런 지정학적인 위치와 서방과의 교역을 감안해 우호 관계를 맺으려고 노력했다. 이에 1217년 호라즘에 평화적인 교역을 원한다는 뜻으로 사신을 파견하고, 아울러 상인 450명과 함께 진귀한 물품까지 실어 보냈다. 하지만 이 상인들은 호라즘의 총독에게 국경 지역에서 몰살당하고 말았다. 금나라 정벌 도중에 이 소식을 들은 칭기스 칸은 바로 군대를 돌려 호라즘으로 향했다. 그의 복수심과 서방에 대한 정복 야욕은 이때부터 시작되었다.

칭기스 칸은 우선 서요 정복을 서둘러 마치고, 1219년 자신의 아들들과 20만 대군을 거느리고 중앙아시아 친정에 나섰다. 이 서방 원정은 1225년 무렵 성공적으로 마무리되는데, 이 과정에서 잔인무도한 살육과 무자비한 약탈, 파괴 등의 소문이 퍼져 유럽이나 북아프리카 나라들까지 공포에 떨었다. 특히 반란을 도모한 니샤프르를 정벌할 때는 개나 고양이까지 모든 생명체를 도륙하라는 칭기스 칸의 명령이 내려져 생존자가 거의 없었다고 전해진다.

4년여 동안 중앙아시아 지역을 정벌한 칭기스 칸은 60대로 접어들면서 후계자 문제를 생각했다. 첫째 아들 주치, 둘째 차가타이, 셋째 우구데이, 막내 툴루이, 이 네 아들 중에서 누구를 후계자로 할 것인가의 문제였다. 칭기스 칸의 네 아들 모두 중앙아시아 원정에 참여했는데, 이 과정에서 후계자 경쟁도 치열해졌다. 특히 둘째 차가타이가 장남 주치를 사생아라고 공격하며 그의 후계자 계승을 반대해 두 사람의 대립과 갈등이 컸다.

호라즘과 중앙아시아에 대한 정복은 이 네 아들 사이에 후계자 경쟁이 치열해지면서 마무리되었다. 칭기스 칸의 몽골군은 오늘날 카스피해 남쪽 페르시아만 동안까지 정복하고, 인더스강 유역까지 나아갔다. 여기서 인도 정복에 나섰지만 여름의 질병과 더위 때문에 끝내 성공하지 못했다. 하지만 호라즘을 정벌함으로써 중앙아시아 지역의 대부분을 손에 넣을 수 있었다.

중앙아시아를 정복한 칭기스 칸은 군대를 이끌고 고향으로 향했다. 장남 주치는 후계자 문제로 인한 부자 간의 갈등 때문에 정복한 지역에 남겨 두고 떠났는데, 그는 곧 여기서 죽고 만다. 칭기스 칸이 몽골 내부의 정치적 평화를 위해 장남을 죽였을지도 모른다는 소문이 돌았지만 몽골 역사의 대부분이 그렇듯이 사실인지 아닌지는 확인할 수 없다.

칭기스 칸은 정복 지역을 떠날 때마다 사냥 대회를 열어 개선 축하 행사를 성대히 치렀다. 이는 군사 수만 명이 동시에 참여하는 역사상 가장 큰 사냥 대회였을 것이다. 개선 축하를 겸한 사냥 대회는 대군단이 몽골 본토를 향해 이동하면서 잇따라 열렸는데, 포로들의 긴 행렬이 칭기스 칸 본대의 앞에서 길을 열고 닦았다. 동서를 잇는 이런 거대한 행렬은 칭기스 칸이 서방을 원정하면서 이미 시작되고 있었다. 이슬람 지역에서 약탈한 물자를 싣고 몽골로 향하는 낙타와 캐러밴은 서방을 원정한 5년 동안 끊이지 않았다. 이러한 교류와 물자 유통은 중국 북부 금나라를 정복하면서도 마찬가지였다. 이런 과정에서 교통과 통신망의 발달은 필수였는데 그런 기능을 하는 것이 역참驛站이다. 역참은 몽골 제국이 정복한 방대한 지역을 지배하는 탁월한 제도였다.

고향으로 돌아온 칭기스 칸은 다시 원정에 나서야 했다. 이미 1207년 굴복시킨 탕구트가 호라즘을 정복할 때 협조하지 않아 확실하게 정복할 필요가 있었다. 칭기스 칸의 의도는 탕구트를 발판으로 삼아 최종 목표인 중국 남부 송나라(남송南宋)를 치기 위한 것이었다.

하지만 칭기스 칸은 탕구트 정복에 나선 어느 겨울날 야생마 사냥을 하다가 갑자기 놀란 말에서 낙마해 그 부상으로 고생하다가 여섯 달 뒤 죽고 만다. 부상 중에도 탕구트 원정을 밀어붙여 완전 정복을 며칠 앞둔 날이었다. 전생을 전장에 바친 66세의 나이였다. 그의 장지는 몽골인들의 성지인 부르칸-칼둔 지역으로 알려져 있지만 아직도 그의 무덤은 발견되지 않고 있다.

18세기 영국의 역사가 에드워드 기번은 칭기스 칸을 이렇게 묘사했다. "칭기스 칸은 천수를 누리고 영광이 최고에 이르면서 죽었으며, 자식들에게는 중국 정복을 완수하라는 명령을 내렸다."

전 세계를 하나의 제국으로 통일시키려 한 칭기스 칸의 꿈은 이제 자식들이 계승할 수밖에 없었다.

고려에서는 칭기스 칸이 금나라 정복을 시작한 무렵인 1211년(희종 7) 5월, 최초로 몽골의 존재를 알게 된다. 고려에 온 금나라 사신의 전송을 담당한 고려의 장군과 그 수행원들이 국경 근처에서 정체불명의 군사들에게 화살세례를 받고 죽었는데, 금나라 쪽에서 이들의 시신을 수습해 보내면서 몽골의 실체를 알려 준 것이다. 당시 고려는 무인 집권자 최충헌崔忠獻의 권력이 국왕을 능가하던 시절이었다.

그 후 고려가 몽골군의 실체를 직접 경험한 것은 1218년(고종 5) 겨울이었다. 몽골군에 쫓기던 거란족이 고려 국경을 넘어 들어와 북방을 약탈하다가 물러나면서 강동성(평남 강동)에 은거했다. 이 거란족을 추격하던 몽골군과 고려의 군대가 강동성에서 만난 것이다. 고려에서는 군량을 지원하고 연합 작전을 펴 거란족을 궤멸시키는 데 성공한다. 그 자리에서 고려 측 장수 김취려金就礪와 몽골 측 장수 합진哈眞은 호형호제를 하며 우의를 다졌는데, 이는 양국의 형제 관계로 발전했다.

두 사건 모두 칭기스 칸이 금나라를 정복하면서 중국 북방에 대한 군사 작전 중에 파생한 일이었다. 하지만 몽골 제국이 세계 정복을 위해 그 첫 발을 내딛고 있었다는 것은 당시 집권자 최충헌을 비롯해 누구도 짐작하지 못했다.

2대, 태종 우구데이(1229~1241)

칭기스 칸 사후 셋째 아들 우구데이가 몽골 제국의 대칸이 된다. 중국 정사에 태종太宗이라는 묘호를 쓰는 원 제국의 2대 황제다.

우구데이의 대칸 계승은 그 실상이 잘 알려져 있지는 않지만 순탄한 것만은 아니었다. 장남 주치는 이미 죽었고, 둘째 차가타이는 주치와의 관계 때문에 처음부터 후계자에서 제외된 것 같으며, 막내 툴루이는 몽골의 전통에 따라 몽골 본토를 물려받았는데, 아마 우구데이와 대칸을 놓고 경쟁했을 것으로 보인다. 여기서 차가타이의 지원을 받은 우구데이가 대칸을 차지했다고 추측하고 있다.

태종 우구데이는 즉위한 직후 1230년 중앙아시아에 군대를 파견해 통제를 강화했다. 우구데이는 이어서 새로운 수도를 건설했다. 수도는 칭기스 칸 시절 원주지인 오논강과 케롤렌강 상류에서 조금 서쪽 초원 지대에 자리 잡았는데, 바로 카라코룸이다.

우구데이는 새로운 수도 카라코룸에서 도량형을 통일하고 교환 수단으로 금은이나 동전 대신 가벼운 지폐를 만들어 사용하는 등 행정 체계를 갖추어 나갔다. 이러한 내정 문제에는 칭기스 칸이 발탁한 거란인 출신 명재상 야율초재耶律楚材가 앞장섰지만 중국식 제도에 대한 몽골인들의 저항도 만만치 않았다.

우구데이가 정복 활동보다는 내정에 힘�쓴 결과 카라코룸은 인구가 급증해 번창하면서 재정 지출이 많아졌지만, 정복 지역에서 들어오는 공물은 점차 줄어들었다. 이를 극복하려면 다시 새로운 정복 전쟁이 필요했다. 그 새로운 목표는 지금까지 상상도 못한 유럽 쪽으로 정해졌다. 여기에는 칭기스 칸의 군대에서 가장 뛰어난 장군으로 활약한 수베데이의 주장이 작용했다.

호라즘 왕국을 정벌하던 칭기스 칸 시절, 장군 수베데이는 이미 유럽 쪽을 시험 삼아 섭렵한 적이 있었다. 1221년 수베데이는 흑해와 카스피해 사이의 기독교 왕국 그루지아를 정벌했고, 계속 북상해 킵착이라고 알려진 투르크 부족을 치면서, 1223년 4월에는 흑해 북쪽 드네프르 강변에까지 이르러 러시아와 전쟁을 벌였다. 수베데이가 새로운 정복 목표로 유럽 쪽을 주장한 것은 이미 정복한 러시아를 전진 기지로 삼아 이를 계속 이어가자는 뜻이었다.

그런데 1235년 쿠릴타이 회의에서는 새로운 정복 목표로 유럽과 함께 남송도 거론되었다. 이를 강력히 주장한 사람은 바로 황제 우구데이였다. 우구데이에게는 남송을 정벌해 풍부한 물자를 확보하겠다는 생각과 함께 유럽 원정을 주도할 바투를 견제하겠다는 의도도 있었다. 바투는 주치의 아들로 칭기스 칸의 손자들 가운데 가장 군사적 자질이 뛰어나다는 평판을 받고 있었고, 우구데이 다음의 유력한 대칸 후보이기도 했다.

쿠릴타이는 몽골군을 나누어 유럽과 남송을 동시에 양방향에서 공격하자는 쪽으로 결론을 내렸다. 유럽 원정은 예정된 대로 바투가 맡고 남송 정벌은 우구데이의 아들 코돈과 코추가 중심이 되어 맡았다. 그리고 장군 수베데이에게 바투를 보좌하도록 했고, 금나라를 정벌하다 죽은 툴루이의 아들 뭉케도 바투 진영에 합류했다. 그리고 우구데이의 아들 구육도 남송 정벌이 지지부진하면서 나중에 유럽 원정에 참여하게 된다.

남송 정벌에서 몽골군은 여러 차례 승리를 거두기는 했지만 완전 정복하는 데는 실패했다. 남송을 완전 정복한 것은 이보다 40년도 더 지난 뒤였다. 반면 유럽 원정은 큰 성공을 거두었다. 유럽을 정벌할 몽골 군대는 몽골군 5만과 동맹군 10만으로 이루어졌는데, 절정에 다다른 몽골 기병의 군사적 능력을 유감없이 보여 주었다.

몽골 군대는 1236년 공격을 시작해 볼가강을 따라 북상하면서 러시아 남부와 우크라이나 지방을 공략해 들어갔다. 새로운 지역을 정복할 때마다 먼저 사신을 보내 항복을 권유하고 대칸의 신하가 될 것을 요구했다. 상대가 동의하면 몽골의 속국으로서 권력을 유지, 보호해 주고 그 대가로 공물을 바치게 했다. 저항하면 무자비한 살육과 약탈, 파괴가 뒤따랐다. 때로는 포로들을 풀어주어 다음 도시로 달아나게

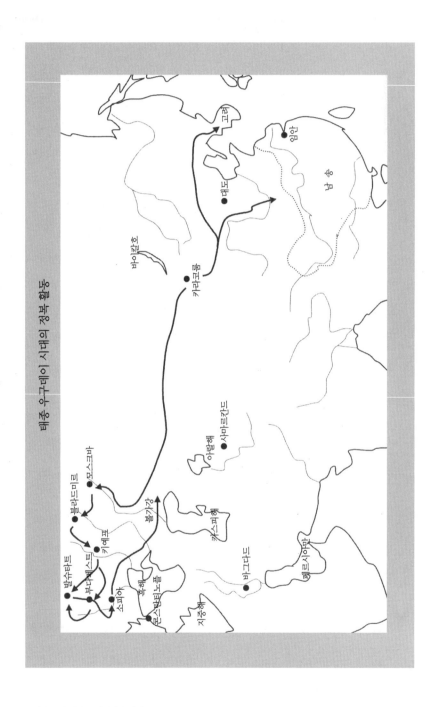

태종 우구데이 시대의 정복 활동

쿠빌라이 칸의 일본 원정과 충렬왕
:: 팍스 몽골리카

하면서 살육과 파괴의 무시무시한 이야기를 퍼뜨리게 해 군대보다 먼저 도시를 공포로 몰아넣기도 했다. 약탈한 물자는 포로들을 시켜 수도 카라코룸으로 보냈다.

몽골 군대는 1238년 모스크바와 블라디미르를 함락하고, 1240년 12월 마침내 키예프를 점령한다. 키예프 점령으로 몽골의 러시아 정복은 마무리되었다. 이 무렵 유럽 원정의 총사령관 바투를 러시아 연대기에서는 '차르 바투'라고 부르고 있다. 러시아인들이 바투를 자신들의 지배자로 인정했다는 뜻이다.

키예프가 무너지면서 많은 난민과 함께 무시무시한 소문이 유럽으로 밀려들어 왔고 뒤이어 몽골 기병이 번개같이 들이닥쳤다. 키예프를 넘어서 한 갈래는 헝가리로 향했고, 또 한 갈래는 폴란드를 가로질러 독일 북부로 향했다. 일종의 양동 작전을 편 것이다. 헝가리 지역으로 들어간 군대는 다시 북상해 독일로 향하고, 폴란드로 향한 군대는 이 지역을 휘젓고 역시 독일로 향해, 두 갈래의 군대는 1241년 4월 독일과 폴란드의 국경 근처에서 다시 합류했다. 발슈타트로 알려진 평원에서 바투가 이끄는 몽골 기병은 슐레지엔의 헨리 2세가 지휘하는 신성 로마 제국과 폴란드의 연합군을 대파했다.

몽골군의 우선 목표는 항복을 거부한 유럽 최강의 왕국 헝가리를 정복하는 것이었다. 바투는 헝가리 평원으로 일단 퇴각한 후, 이곳에서 헝가리 기사단을 격파해 부다페스트를 점령했다. 이어서 헝가리 국왕 벨라 4세를 추격하며 남쪽 아드리아해까지 진격해 서부 유럽의 중심 지중해에 이르렀다. 그야말로 거칠것없는 파죽지세였다.

몽골 기병이 동부 유럽을 휩쓴 1241년은 기독교인들에게 악마가 도래한 것 같은 해였다. 이 시기 기독교 계통의 여러 기록은 공포의 유언비어와 함께 기독교인들이 겪은 엄청난 심리적 충격을 생생히 묘사하고 있다. 몽골 기병의 전광석화와 같은 진격과 무차별적인 약탈, 파괴는 기독교인들이 지금까지 경험해 보지 못한 것이었다. 이런 충격은 중세 유럽의 봉건제가 붕괴하는 전조였다고 보는 학자도 있다.

다시 몽골군은 서유럽으로 진군할 준비를 했고, 소문을 들은 이곳은 공포의 도가니에 빠졌다. 그런데 바투는 1242년 3월 황제 우구데이의 사망 소식과 함께 귀환 명령을 받아 갑자기 유럽 원정을 중단하게 된다. 원정 중단은 황제의 죽음 때문인 것이 분명한데, 혹은 바투와 구육 사이의 불화 때문이라는 설도 있다.

귀환 명령을 받은 바투는 일단 볼가강 하류 지역으로 회군한 후, 본토로 귀환하지 않고 그곳을 근거지로 삼아 독자적인 영역을 구축했다. 바투의 몽골군은 도나우강 너머까지 정찰하기도 했지만 이후 서유럽에 대한 정복은 더는 없었다. 황제 우구데이의 죽음이 아니었다면 서유럽은 어떻게 되었을까.

우구데이의 죽음에 이어서 칭기스 칸의 둘째 아들 차가타이도 이 무렵 죽어 네 아들이 모두 죽고, 이제 칭기스 칸의 손자들 사이에 대 칸을 놓고 10년 동안 투쟁을 벌인다.

고려는 황제 우구데이 재위 시절에 본격적인 몽골의 침략을 받는다. 몽골은 1231년(고종 18) 8월 최초로 고려를 침략하였는데, 고려가 화친을 요청하며 몽골 측에서 요구한 공물을 바치자 이듬해 정월 철수했다. 하지만 당시 최이崔怡 정권은 진정으로 항복하지는 않았고 우선 다급한 상황을 모면했을 뿐이었다. 이것은 최이 정권이 1232년(고종 19) 국왕과 관료 집단의 반대를 무릅쓰고 대몽항쟁을 명분 삼아 강화도로 전격적인 천도를 단행한 사실을 보면 알 수 있다.

이후 고려는 황제 우구데이가 재위하는 기간 동안 거의 매년 파상적인 몽골의 침략을 받는다. 몽골 측에서는 항복의 징표로 출륙과 국왕의 친조를 요구했다. 최이 정권은 침략이 있으면 많은 공물을 보내고 형식적으로 화친과 강화를 앞세워 먼저 군대의 철수를 주장했다. 하지만 물러나면 항복은 그만이었다. 전국적으로 거병해 정면으로 맞서 싸우지도 않았고, 진정으로 항복하지도 않았다.

최이 정권이 이를 되풀이하자 한반도 내륙 전체는 약탈과 병화에 시달렸다. 몽골 군대에 맞서 싸운 것은 지방의 소규모 군대나 관민, 혹은 천민 같은 소외 계층이었다. 그러면서 최이 정권은 천도한 강도江都에서 안주하고 있었다. 침략을 반복하는 몽골 군대가 중앙아시아와 러시아, 유럽까지 정복하면서 폭발할 듯이 팽창하는 세계 최강의 군대라는 사실을 최이 정권은 몰랐을 것이다.

고려가 몽골의 침략을 수차례 받은 것은 황제 우구데이의 남송 정벌을 위한 사전 정지 작업이었다고 볼 수 있다. 당시 남송과 고려는 북방의 금나라가 건재하던 시절부터 겉으로 드러나지 않게 깊은 우호 관계를 맺고 있었으니까. 이런 생각에 미치면 몽골의 정보력은 군사력 못지않게 기민하고 활발했다는 것도 알 수 있다. 수많은 나라와 민족을 섭렵한 그들의 정보력은 정복 지역을 넓혀갈수록 그만큼 빠르게 확장되었다.

황제 우구데이가 죽으면서 몽골의 내정은 혼미에 빠져드는데 이 덕분에 고려는 7, 8년 동안 전쟁 없는 평화의 시기를 맞는다.

3대, 정종 구육(1246~1248)

황제 우구데이가 죽자 그의 미망인 투레게네가 섭정을 하면서 권력을 잡아 둘째 차가타이의 미망인이나, 막내 톨루이의 미망인 소르칵타니와도 경쟁 관계가 되었다. 하지만 황제 우구데이가 남송 정벌이 지연되자 정치에 관심을 잃고 부인 투레게네에게 점차 권력을 넘겨준 상태라 우구데이가 죽기 전부터 그녀는 이미 주도권을 잡고 있었다.

대칸 선출의 정국을 장악하고 자신감을 얻은 투레게네는 1246년 은밀히 쿠릴타이를 소집해 구육을 몽골의 대칸으로 선출했다. 이 사람이 몽골 제국 3대 황제 정종定宗이다. 하지만 구육은 제국을 장악하기에는 역부족이었다. 무엇보다도 러시아 쪽을 지배하고 있는 바투가 참여하지 않은 것이 문제였다. 하지만 그의 즉위식만큼은 성대하게 치러졌다. 중앙아시아, 러시아, 동부 유럽 등 지금까지 정벌한 여러 지역에서 축하 사절단이 왔다.

그 중에는 아주 특별한 사절이 있었는데, 교황 이노센트 4세의 특사로 온 플라노 카르피니의 수사 조반니였다. 이노센트 4세는 기독교 세계에 대한 몽골의 공포가 최고조에 달하던 시기에 유럽과 기독교 세계를 영도하고 있었다. 그는 몽골에 대한 정보와 탐색을 위해, 그리고 가능하다면 포교도 하기 위해 프란체스코 수도회 소속의 조반니를 파견한 것이다.

교황의 친서를 지닌 조반니는 1245년 4월 리옹을 출발해 1246년 7월 카라코룸에 도착하는데, 마침 구육의 대칸 즉위식을 참관하는 행운을 누렸다. 교황은 이 특사를 통해 지상의 모든 권력은 하느님이 로마 교황에게 위임했다는 것을 설파했다. 이에 구육은 비웃듯이 하느님은 교황이 아니라 몽골인에게 이 세계를 다스릴 힘을 주었다고 주장했다. 양쪽 세계는 이 특별한 만남을 별 소득 없이 끝냈지만, 몽골 제국이 기독교보다는 불교나 이슬람 쪽으로 방향을 정하게 된 중요한 계기가 되었다.

조반니는 1247년 가을 다시 리옹으로 돌아왔다. 그가 가지고 온 대칸의 국서는 1920년 바티칸 공문서관에서 황제의 옥새가 찍힌 페르시아어 형태로 발견되었다. 이 국서에는 "신의 힘으로 해가 뜨는 곳에서부터 해가 지는 곳까지 모든 땅은 우리들에게 주어져 있다"라는 구절이 있다. 다름 아닌 세계 정복 선언이다. 소수 민족에 불과한 그들이 이런 역사 의식을 어떻게 갖게 되었을까.

황제 구육은 즉위식을 끝낸 후 새로운 권력 투쟁을 시작했다. 우선 투레게네의 심복으로 활약한 파티마라는 여성을 제거하고 어머니 투레게네를 멀리했다. 그리고 조부 칭기스 칸의 마지막 남은 형제 테무케와 옷치킨에게 사형을 선고했다. 이어서 중앙아시아 지역을 섭정하던 차가타이의 미망인의 권력도 해체하고, 중국 북부와 몽골 본토를 지배하던 톨루이의 미망인 소르칵타니와 그녀의 아들들에게도 칼끝을 겨눴다.

권력을 대강 장악했다고 판단한 구육은 사냥이라는 명목으로 군사를 이끌고 러시아 지역을 지배하던 바투를 향해 출정했다. 바투와 구육, 이 사촌 간의 대결에서 소르칵타니의 선택이 승패를 갈랐는데, 그녀가 바투에게 은밀히 구육의 계획을 알렸다. 구육은 몽골을 떠난 지 얼마 안 되어 바투와 일전도 해보지 못하고 도중에 급사하고 말았다. 바투가 보낸 자객에게 급습을 당했다고 보지만, 소르칵타니가 직접 나서서 중도에 손을 썼을 가능성도 많다. 구육은 대칸에 오른 지 1년 반 만에 43세로 요절한 것이다.

몽골 제국은 다시 혼미에 빠졌다. 구육이 죽은 후 제일 먼저 권력에 손을 댄 사람은 그의 미망인 오굴 카이미시였다. 하지만 바투와 손을 잡은 소르칵타니가 카라코룸에서의 쿠릴타이 소집을 기다리지 않고, 1250년 몽골 외지에서 전격적으로 쿠릴타이를 소집해 그녀의 장남 뭉케를 대칸으로 선출해 버렸다.

그런데 우구데이 후손들은 몽골 본토 밖에서 열린 이 쿠릴타이를 결코 인정하지 않았다. 이에 소르칵타니는 누구도 참석을 거부할 수 없는 곳, 칭기스 칸이 태어난 본고장에서 다시 두 번째 쿠릴타이를 소집했다. 그녀는 이 쿠릴타이에서 러시아의 바투에게서 군사 지원까지 받으며 1251년 자신의 아들 뭉케를 대칸으로 확정했다. 중국 역사에서 헌종憲宗이라는 묘호를 쓰는 황제다.

뭉케의 대칸 즉위식은 간소했지만 즉위식이 끝난 후에는 일주일 동안이나 성대하고 풍성한 잔치가 열렸다. 모든 인민과 짐승까지 일하지 말고 쉬도록 했고 마음껏 마시도록 했다. 하지만 그의 대칸 계승은 바투의 군사적 지원이 없었다면 불가능한 것이었으니 재위 초반 황제 뭉케의 치세는 바투에 의존할 수밖에 없는 형국이었다.

뭉케의 대칸 즉위를 반대한 우구데이 가문의 후손들은 어수선한 잔치의 혼란한 틈을 이용해 모종의 반격을 시도하려다 모두 체포되어 처형당했다. 황제 뭉케는 여기서 그치지 않고 제국 각지에 심문관을 파견해 조금이라도 의심이 가는 황족과 그 측근들을 모조리 처벌했다. 이 살벌한 재판은 동쪽 중국에서 중앙아시아까지 미쳤다. 차가타이와 우구데이의 후손들을 완전히 멸족하려는 것 같았다.

황제 뭉케가 정적들을 제거하는 동안 소르칵타니도 가만있지 않았다. 첫 번째 대상은 구육의 미망인 오굴 카이미시와 그녀 주변의 여성들로, 잔인하고 치욕적인 체형을 가해 조롱거리로 만들어 죽였다. 마치 그 여성들의 몸에는 앞으로 자기 자식들의 정적이 될 씨도 절대 남기지 않겠다는 것처럼 철저했다. 이제 황제 뭉케와 그 형제들의 앞날은 거칠 것이 없어 보였다.

페르시아의 어느 역사가는 소르칵타니를 이렇게 묘사했다.

"만일 내가 이런 철저하고 과감한 여성을 한 명만 더 볼 수 있다면 여성이 남성보다 훨씬 더 우월하다는 것을 인정하겠다."

그녀는 세계 역사상 가장 크고 부유한 제국을 자식들에게 물려주었다. 하지만 시간이 흐르면 다시 그 자식들이 서로 정적이 된다는 사실은 미처 몰랐으리라. 1252년 그녀가 죽을 때까지도.

2대 황제 우구데이가 죽은 1241년부터 4대 황제 뭉케가 즉위한 1251년까지 만 10년 동안 몽골 제국은 여성들이 주도한 권력 투쟁의 시기였고, 이 때문에 세계에는 전쟁이 없었다.

고려는 황제 구육의 재위 시기인 1247년(고종 34)에 다시 한 차례 침략을 받는다. 하지만 이번의 침략은 지금까지의 침략 중에서 가장 약했고 피해도 적었다. 이는 몽골의 불안정한 내정 탓이 분명했다. 황제 구육의 재위 기간은 고려에서도 30년 동안 지속한 최이 정권의 막바지로 역시 후계자 문제로 권력 투쟁이 일어나고 있었다. 몽골의 불안정한 내정 상황은 고려의 최이 정권에게도 다행이라면 다행이었다.

4대, 헌종 뭉케(1251~1259)

황제 뭉케는 우선 카라코룸을 세계 제국에 어울리는 수도로 조영했다. 유럽에서 포로로 잡아 온 장인들을 동원해 카라코룸을 이국적으로 치장했는데, 이는 말할 필요도 없이 자신의 치세를 온 세상에 드러내고 자 하는 것이었다. 또한 자신의 대칸 계승은 몽골 제국의 새로운 시작이 며 앞으로도 세계 정복을 계속해 나가겠다는 의지의 표현이었다.

뭉케의 조정에서는 일시적이지만 기독교가 우세한 자리를 차지하 면서 서방 지향성을 보여 주기도 했다. 1253년에는 프란체스코의 수 사 루브룩이 프랑스 왕 루이 9세의 사절로 몽골 조정에 들어왔다. 루 브룩은 주로 궁정 부인들의 연회에 참여하거나 미사를 드리기도 했지 만, 기독교가 몽골 조정에 뿌리내리고 배타적인 일신교로 자리 잡게 하지는 못했다.

루브룩은 1255년 8월 황제 뭉케의 답장을 받아 들고서 트리폴리로 귀환했는데 《이티네라리움*Itinerarium*》(여행기)이라는 기행문을 남겼 다. 루브룩은 앞서 교황 이노센트 4세가 특사로 파견한 조반니에 비 하면 후원자 없는 고단한 여행자였지만 그가 남긴 기행문은 직설적이 고 예리한 관찰을 통해 많은 정보를 담고 있다.

조반니도 귀환해 몽골 체험담을 남겼지만 그 서술이 편협하고 몽골을 비하한데 반해 루브룩의 여행기는 보다 객관적이고 풍부한 내용을 담고 있어 탁월하다는 평가를 받고 있다. 이런 차이는 황제 뭉케 시절의 이민 족이나 여러 종교에 대한 관용이 한몫했다고 보인다.

제국의 통합을 어느 정도 달성했다고 판단한 황제 뭉케는 1252년 봄 쿠릴타이를 소집해 원정을 재개할 것을 선언한다. 새로운 정복 대상은 중앙아시아를 넘어 중동 지방과 남송 방면이었다. 황제 우구데이의 죽 음으로 원정이 중단된 유럽 쪽은 소르칵타니와 동맹을 맺고 독자적인 통치권을 위임받은 바투가 맡고 있어 고려할 대상이 아니었다.

원정군의 총사령관으로 중동 지역에 훌레구, 남송에는 쿠빌라이를 임명하였다. 두 원정군은 1252년 7월 동시에 출발했다. 뭉케 자신은 아릭 부케와 함께 제국의 경영을 위해 몽골 본토에 남았다. 이들은 모두 황제 뭉케의 친동생들이니, 이때까지는 어머니 소르칵타니가 남겨 준 기반을 잘 이어 나갔다고 볼 수 있다.

훌레구의 원정군은 중앙아시아를 거쳐 정복 목표인 바그다드로 가기 위해 사마르칸드를 지나 1256년 1월에 아무다리아강을 건넌다. 이런 느긋한 행군은 원정군을 현지에서 보강하기 위한 것이었다. 원정군은 중앙아시아를 거쳐 오면서 주치와 차가타이계의 장수들을 합류시켰고, 기독교계의 속국 아르메니아나 그루지아, 그리고 투르크의 여러 부족까지 징집해 병력을 보강하였다. 또한 투석기나 고가 사다리 등 다양한 전투용 기계를 제작하고 운용할 공병대도 갖추었다. 하지만 원정군은 바그다드에 근접하기도 전에 여러 지역에서 저항에 직면했다.

그것은 아프가니스탄의 산악 지역에 산재해 있는 이스마일파의 요새였다. 이스마일파는 본래 무슬림(시아파)의 한 분파로, 11세기 말부터 진정한 이슬람의 세계 질서를 세우겠다고 알라무트의 산성에 은거하면서 순니파의 압바스 왕조에 대항했고 유럽의 십자군에도 공포의 대상이었다.

훌레구의 원정대와 마주친 이스마일파의 지도자 알라 웃딘 무함마드는 처음에 훌레구와 교섭해 화의를 원했다. 하지만 훌레구의 원정대는 이를 거부하고 이스마일의 여러 요새를 동시에 포격한 후 가파른 경사면을 기어올라 점령해 나갔다. 결국 무함마드는 1255년 원정대에 포위된 상태에서 부하에게 피살되고 그의 아들 루큰 웃딘 푸르

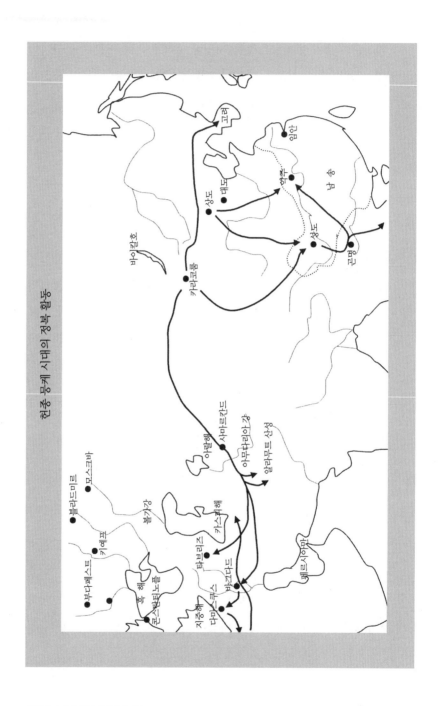

쿠빌라이 칸의 일본 원정과 충렬왕
:: 팍스 몽골리카

샤가 뒤를 이어 교주가 된다. 마침내 원정군은 1256년 11월 알라무트 요새를 모두 함락하고 투항한 교주 푸르샤를 카라코룸으로 보내 살해했다.

이스마일 세력을 전멸시킨 훌레구는 목표인 바그다드를 향해 나아갔다. 바그다드는 8세기 이래 압바스 왕조의 수도이자 이슬람의 중심지로 부가 넘치는 화려한 도시였다. 이런 도시의 자태는 훌레구의 정복욕을 더욱 자극했을 것이다. 그 무렵 이슬람 세계는 5백여 년 동안 압바스 왕조의 칼리파들이 교권과 속권을 겸해 다스리고 있었으며 당시 지배자는 예언자 무함마드의 37번 째 후계자다.

1257년 11월 훌레구는 바그다드의 교외에 도착했다. 바그다드는 티그리스강과 유프라테스강 사이에 있어 반드시 이곳을 건너야만 했는데 여기에는 현지에서 배다리를 만들어 사용했다. 그리하여 1258년 초에는 도시의 외곽을 점령해 포위하는 데 성공한다.

바그다드 공격에서 진짜 위력을 발휘한 것은 화약을 이용한 다양한 발사체였다. 바퀴가 달린 원거리 화포나 원시적인 형태의 수류탄, 연막탄, 소이탄 등이 등장했다. 땅속에 묻어 성벽을 파괴할 수 있는 폭약도 위력을 발휘했다. 화약을 이용한 이런 무기들은 화약의 발화 속도를 마음대로 조절할 수 있어야 가능했는데 몽골인들은 이미 그것을 터득하고 있었다. 무슬림들도 화약은 알고 있었지만 화포의 위력이나 이런 다양한 무기는 이때 처음 경험했다.

1258년 2월, 결국 바그다드는 함락되고 칼리파는 항복했다. 훌레구는 성안의 주민들에게 무기와 모든 재물을 내놓고 도시 밖으로 나가라는 명령을 내려 따르지 않는 자는 가차없이 죽였다. 성안의 기독교도들은 몽골군 기독교도들과 함께 도시를 약탈하고 무슬림을 학살했다. 보름 이상 약탈과 파괴가 이어졌다.

아르메니아의 기독교 성향의 기록에는 당시 상황을 이렇게 묘사해 놓고 있다.

"이 도시가 세워진 지 5백여 년이 지났다. 도시는 그동안 뿌린 피와 저지른 악에 대한 벌을 받았다. 그 죄악은 도시를 가득 채우고 넘칠 정도였다."

바그다드에서는 점령군인 몽골 군대보다 그동안 핍박받던 안팎의 기독 교도들이 저지른 파괴와 약탈이 더 심했을 것이다. 역사에서 항상 그렇듯 이 종교가 개입하면 이성을 잃어 더욱 폭력적이고 파괴적이었으니까.

그렇게 훌레구의 원정군은 불과 2년 만에 아랍 세계의 심장부를 정복했다. 유럽 십자군이나 셀주크 투르크가 2백 년 동안 하지 못한 일을 해낸 것이다. 이후 2003년 미군과 영국군이 들어올 때까지 바그다드를 정복한 세력은 없었다.

이후 훌레구의 원정군은 바그다드를 떠나 다마스쿠스로 향했다. 이 도시는 1260년 4월 미리 항복함으로써 바그다드와 같은 운명은 피할수 있었다. 재미있게도 다마스쿠스를 점령할 때는 유럽의 십자군까지 가세하였으니, 그들은 원정군을 기독교의 수호자로 인식했는지도 모를 일이다.

그런데 훌레구는 이곳 지중해 연안에서 시리아 지방을 공략할 바로 그 무렵 황제 몽케의 사망 소식을 접했다. 남송 정벌에 진척이 없어 친정에 나선 몽케가 1259년 7월 한여름에 전장에서 갑자기 죽은 것이다. 훌레구의 다음 목표는 북아프리카의 맘룩 왕조(이집트)였는데 이때문에 회군을 결정할 수밖에 없었다. 바투가 황제 우구데이의 사망소식을 듣고 서유럽의 문턱에서 회군한 사실을 상기하면 훌레구의 회군도 흥미로운 문제가 아닐 수 없다.

이렇게 훌레구의 몽골 전사들은 1241년 바투의 군대에 이어 두 번째로 지중해에 이르렀고, 이슬람 영역에서 아라비아 반도와 북아프리카만 빼놓고 거의 전부를 정복한 셈이었다. 하지만 훌레구의 중동 원정대가 큰 승리를 거둔 것과는 달리 남송 정복을 책임진 동생 쿠빌라이는 별 진척이 없었다. 이 부분은 조금 뒤에 살필 것이다.

고려는 황제 뭉케 재위 시기에 가장 강력한 침략을 받는다. 지금까지의 고려 침략은 이에 비하면 전쟁 연습에 불과했다. 1253년(고종 40) 쿠릴타이에서 중동 지방과 남송 정복을 결정한 이후 1259년(고종 46) 뭉케가 죽은 이듬해까지 고려는 매년 한 차례도 거르지 않고 몽골의 침략을 받은 것이다.

황제 뭉케의 대대적인 고려 침략은 지지부진하던 남송 정복을 마무리 하겠다는 것이었다. 그 점을 보여 주는 것이 고려에 요구한 여섯 가지 사항이다. 이른바 6사六事라는 것인데, 1) 인질 파견 2) 국왕 입조 3) 호구 보고 4) 역참 설치 5) 군사 지원 6) 다루가치 설치다. 이 6사는 남송의 배후 세력인 고려를 완전 굴복시켜 남송 정복을 마무리할 군사적 지원을 받기 위한 것이었다.

고려에서는 원의 6사 요구를 여러 변명을 들어 대부분 회피하는데, 그 가운데 몽골이 항복의 징표로 가장 강력하게 요구한 것은 국왕의 입조였다. 마냥 버틸 수만도 없는 고려는 국왕 대신에 당시 태자(후의 원종)의 친동생인 안경공安慶公 창淐을 1253년(고종 40) 12월 몽골 조정에 보낸다. 하지만 국왕이 직접 오지 않고 여러 다른 요구도 수용되지 않았다고 해 몽골은 침략을 중지하지 않았다.

안경공 창이 몽골 조정을 방문한 그때 프란체스코의 수사 루브룩도 몽골 조정에 들어와 있었다. 루브룩이 남긴 여행기에는 고려의 왕자를 만났다는 기록이 있다고 한다. 루브룩은 그의 여행기에서 고려를 'Solanges'라고 표기했는데, 이는 몽골어로 고려 혹은 고려인을 뜻한다. 한편 마르코 폴로의 여행기에는 고려를 'Cauli'라고 했다. 이는 고려를 중국어 발음으로 표기한 것으로 보인다.

몽골의 침략에 대한 최씨 정권의 대응은 백성들을 깊은 산성이나 섬으로 강제 피신시키는 것이 전부였다. 그런데 이를 지휘하고 통제하는 고려의 관리들이 백성들을 더 괴롭혔다. 백성들은 몽골이 침략하면 병화로 죽고, 침략군이 물러가면 강도에서 파견된 고려 관리들의 조세 착취에 시달려야 했다. 그래서 때로는 몽골 군대가 쳐들어오면 오히려 이들을 환영하는 기막힌 일도 벌어졌다.

고려가 뜻대로 항복하지 않자 몽골 군대는 연안 도서 지방을 침략하는 데 집중한다. 군사적 침략과 함께 경제적으로 강도를 봉쇄하기 위한 전략이었다. 천도한 강도의 재정은 전적으로 내륙에서 나오는 조세나 공납에 의존하고 있었다. 각 지방에서 거두어들인 조세를 연안 해로를 통해 강도로 운송하는데 이를 조운漕運이라고 한다. 몽골은 이 조운로를 차단해 강도를 경제적으로 봉쇄하려고 한 것이다.

그 효과는 매우 컸다. 최이에게서 권력을 물려받은 아들 최항崔沆 정권은 경제난에 봉착하고, 최항이 아들 최의崔誼에게 권력을 물려주었지만 역시 경제난에서 벗어나지 못했다. 결국 최씨 정권의 마지막 집권자 최의가 제거됨으로써 60여 년 동안 유지해 온 최씨 정권은 붕괴하고 만다. 최씨 정권의 붕괴는 이 시기 몽골의 침략이 성공적이었음을 말해 주는 것이다.

고려는 황제 몽케 때의 침략으로 가장 큰 해를 입었다. 전쟁의 참상은 이루 말로 다할 수 없었으며 《고려사》에는 포로가 20만이었다는 기록도 전한다. 이런 전쟁도 황제 몽케가 죽으면서 잠시 소강 상태에 들어간다.

세조 쿠빌라이(1260~1294)

쿠빌라이의 장강 회군

쿠빌라이는 칭기스 칸의 손자들 중에서 대외 원정 경험이 적은 편이었다. 그의 사촌 형제들이 유럽이나 러시아, 중앙아시아, 페르시아 지역의 원정에 참여해 군사적 공을 세우는 동안에 그는 몽골의 내지나 중국 북방에서 시간을 거의 다 보냈기 때문이다. 이 때문에 어쩌면 그는 유목 민족의 전투적인 특성에서 멀어지고 중국 전통의 정착 농경문화의 특성에 더 관심이 많았는지도 모르겠다. 그런 그가 남송 정벌의 선두에 서게 된 것이다.

남송 정벌이 처음 시작된 것은 1235년 태종 우구데이가 집권하던 시기였다. 이때 유럽 원정과 함께 남송 정벌이 동시에 결정되었는데, 유럽 원정은 크게 성공한 반면 남송 정벌은 별 성과가 없었다. 그리고 황제 뭉케가 즉위한 후인 1252년에 다시 쿠빌라이에게 남송 정벌을 맡겼으니 이것이 두 번째다. 황제 뭉케는 쿠빌라이를 최고 사령관으로 임명하고, 칭기스 칸 시대의 명장 수베데이의 아들 우량카다이를 그 부장으로 삼았다. 쿠빌라이는 우선 남송의 서쪽 변경에서부터 공격해 들어갔다. 이 과정에서 소규모 접전이 벌어져 몇 차례 작은 승리를 거두기도 했지만 큰 진척이 없었다. 황제 뭉케는 이에 불만을 품고 쿠빌라이를 소환하기도 했지만 별다른 묘책이 없었다. 남송 정벌은 지금까지 경험한 어느 나라 원정보다도 힘들 것이라는 예감을 했다.

1256년 황제 뭉케는 마침내 쿠릴타이를 소집해 자신이 직접 남송 정벌에 나서기로 결정을 내리고 수도 카라코룸과 제국의 행정은 막내 아우 아릭 부케에게 맡겼다. 그리고 쿠빌라이에게는 자신의 남송 정벌을 지원하면서 이미 정복한 중국 북부의 행정과 치안에 주력하도록 했다. 원정 사령관에게는 해임과 같은 조치였지만 쿠빌라이는 이 명령을 그대로 따랐다.

해임된 쿠빌라이는 북경 바로 위쪽에 있는 금련천金蓮川 가에 도성을 건설하는데 이곳이 개평부開平府이고 뒤에 상도上都가 된다. 개평은 지금의 내몽고 자치구에 있는데, 쿠빌라이가 남송 정벌에 나서기 전부터 동방 경영의 본거지로 삼은 곳이다. 원정 사령관에서 해임된 그가 다시 이곳을 자신의 세력 근거지로 삼았는데, 뭉케 사후 그가 독자적인 쿠릴타이를 개최해 대칸 계승을 선언한 곳도 바로 여기였다.

친히 남송 정벌에 나서게 된 뭉케는 원정군을 좌우익으로 나누어 좌익군은 황실의 친족인 타가차르에게 지휘를 맡기고, 우익군은 자신이 직접 지휘했다. 그리고 우량카다이에게는 쿠빌라이가 예전에 진격한 대로 서쪽에서 북상하도록 했다.

먼저 타가차르의 좌익군은 1257년 한수에 이르러 양양과 번성 두 도시를 공격했지만 악천후로 인해 실패하고 회군할 수밖에 없었다. 우익군을 이끈 황제 뭉케는 고비사막을 지나 위수를 건너 1258년 육반산六盤山(섬서성)에 본영을 세운다. 여기서 군사를 세 방향으로 나누어 다시 남하하면서 장강(양쯔강)의 상류에 있는 여러 요새들을 함락하는 데 성공한다.

뭉케는 타가차르의 실패 소식을 듣자 그를 곧 해임하고 좌익군의 지휘를 다시 쿠빌라이에게 맡겼다. 이에 쿠빌라이는 개평을 출발해 1259년 황하를 건너고 그해 8월에는 다시 회하淮河를 건너 회하 상류에 있는 여남汝南에 주둔한다. 회하는 중국 대륙의 한 중앙을 관통하는 강으로 남송과의 경계선이었다. 여기서 장강을 건너 남송을 정면으로 공략하려는 것이었다. 그런데 이곳에서 뜻밖의 사건을 접했으니 사천성의 조어산에서 황제 뭉케가 사망했다는 소식을 들은 것이다. 쿠빌라이로서는 남송 정벌을 이제 본격적으로 시작할 무렵이었다.

황제 뭉케의 사망 원인은 이질이나 콜레라 등 역병이라는 설이 유력한데 전투 중 화살에 맞아 죽었다는 설도 있다. 뭉케의 사망 원인을 병사로 기록한 중국 정사인 《원사》에는 그의 사망 일자가 1259년(고종 46) 7월 말로 기록되어 있다. 아무튼 황제 뭉케의 사망은 남송 정벌을 더는 계속할 수 없다는 의미였다. 그러니까 쿠빌라이에게는 확실한 전공을 세워 이전의 실패를 만회할 기회가 사라진 셈이었다.

황제 뭉케의 사망 소식을 접한 쿠빌라이는 장강 부근에서 남진이냐 회군이냐를 놓고 고민했다. 아무런 전공도 없던 그는 회군보다는 장강을 건너 남진하는 것이 유리하다고 생각했다. 장차 벌어질 대칸 후계자 경쟁에서 좀 더 유리한 위치를 차지하려면 군대를 장악해야 했고, 그러기 위해서는 남송 정벌을 계속하는 것이 좋다는 참모들의 의견을 받아들인 것이다.

쿠빌라이는 1259년 9월 안개에 휩싸인 장강을 건너 중류에 있는 도시 악주(무한)를 일단 포위하고 항복 직전의 상태까지 몰아붙였다. 그러나 임시 수도가 임안(항주)에 있어 악주가 점령되면 동서로 양분될 수밖에 없는 남송은 거세게 저항했고, 결국 쿠빌라이는 그해 12월까지 계속 공략하였지만 지지부진함을 벗어나지 못했다.

쿠빌라이는 시간이 흐를수록 불안해졌다. 뭉케가 죽고 대칸 계승 싸움에서 자칫 잘못하면 기회를 놓칠 수 있었기 때문이다. 게다가 뭉케 사후 가장 유력한 황제 계승권자인 동생 아릭 부케는 몽골 본토에 남아 제국의 행정을 총괄하고 있었는데, 그에 대한 심상찮은 정보로 인해 쿠빌라이는 악주 공략에만 매달릴 수도 없었다.

결국 쿠빌라이는 악주의 함락을 눈앞에 두고서 1259년 12월 장강에서 회군을 단행한다. 악주를 포위한 군대의 일부는 남겨 두고서 북상해 다음 해 1월 중도(북경)에 입성한 쿠빌라이는 그곳에서 자파의 군단 지휘관들과 회합한 후 자신의 세력 근거지인 개평으로 들어갔다. 쿠빌라이는 뭉케 사후의 대칸 계승 싸움에 자신을 던진 것이다.

내전, 황제위 다툼

쿠빌라이와 아릭 부케, 사실 이 형제 말고도 황제 계승 싸움에 뛰어들 사람들은 또 있었다. 러시아 쪽을 통치하고 있던 바투의 후손들이 있었고, 중앙아시아 쪽을 지배하던 차가타이의 후손들도 있었다. 하지만 이들은 황제 뭉케 시절부터 몽골 제국의 중앙 통치에서 점차 멀어지고 있었다. 특히 러시아 지역에 근거하고 있던 바투의 후손들은 몽골 제국의 대칸임을 자처하면서 뭉케 사후 후계자 경쟁에 직접 뛰어들지 않았다. 다만 이들이 쿠빌라이와 아릭 부케 어느 편을 지지하느냐는 중요했다.

그런데 이들 말고도 대칸 후계자로 진짜 유력한 인물은 뭉케 시절

중동의 페르시아 지방을 정벌해 그곳을 지배하고 있던 훌레구였다. 훌레구는 황제 뭉케가 사망할 즈음 지중해 연안의 시리아 지방까지 밀어붙여 다마스쿠스를 점령하고 있었다. 그는 뭉케 사후 군대를 이끌고 카스피해 부근까지 왔지만 황제 계승전에는 직접 뛰어들지 않았다. 황제위 싸움은 결국 남송을 정복 중이던 쿠빌라이와 몽골 본토를 통치하고 있던 아릭 부케, 이 형제의 양자 대결로 압축되었다.

쿠빌라이는 북경에 입성한 후 그곳에서 겨울을 나고 1260년 3월 개평에 당도했다. 이곳에서 쿠빌라이는 독자적으로 쿠릴타이를 개최해 대칸에 즉위한다. 개평에서 독자적인 쿠릴타이를 개최한 것은 몽골의 전통에서 크게 벗어난 일이었다.

그런데 몽골 본토에 남아 있던 동생 아릭 부케가 문제였다. 그도 쿠빌라이가 대칸에 즉위할 즈음 수도 카라코룸에서 또 다른 쿠릴타이를 개최해 대칸에 즉위한 것이다. 이 카라코룸의 쿠릴타이에는 몽골 내지에 있던 황실의 귀족들이 대부분 참여했는데, 특히 황제 뭉케의 부인과 아들인 우룽타시와 이수타이가 이에 동조하여 쿠릴타이의 권위와 정통성을 높여 주었다.

쿠빌라이와 아릭 부케, 두 사람 중 누가 먼저 대칸에 올랐는지는 역사 기록에 차이가 있다. 《원사》에는 쿠빌라이가 3월에, 아릭 부케는 4월에 대칸에 즉위한 것으로 기록하고 있고, 페르시아 쪽 역사 《집사》에는 반대로 아릭 부케가 먼저 대칸에 오른 것으로 기록하고 있다.

하지만 누가 먼저 대칸에 올랐는지는 중요하지 않다. 몽골 제국의 황제가 둘이 되었으니 이제 힘으로 가려질 수밖에 없었다는 점이 중요하다. 몽골의 전통에 따르면 다음 대칸을 계승할 후계자는 쿠릴타이에서 선임 황제의 유지에 따라 결정되는 경우가 많았다. 하지만 쿠릴타이에서도 특별한 원칙이 없어 여러 정치 상황이나 실력으로 결정되는 수도 많았다. 그러니 실력, 즉 군사력이 말해 줄 뿐이었다. 바야흐로 내전이 시작된 것이다.

쿠빌라이의 대칸 즉위는 몽골의 전통을 무시한 쿠데타적인 조치였다. 따라서 처음에는 아릭 부케를 지지하는 세력이 우위에 있었다. 남송을 정벌하던 군사력 가운데 과거 타가차르가 지휘하던 좌익 군단은 주로 쿠빌라이를 따르고, 황제 뭉케가 이끌던 우익 군단은 아릭 부케를 지지했다. 게다가 쿠빌라이의 돌출 행동에 반발한 주치나 차가타이, 우구데이 등 칭기스 칸의 세 아들 직계 후손들도 아릭 부케 쪽을 지지하는 경우가 많았다.

그런데 아릭 부케 측의 형세나 군사력은 결집력이 강한 것이 아니었다. 특히 황제 뭉케의 지휘 하에 남송을 정벌 중이던 우익 군단이 그랬다. 우익 군단은 뭉케의 장례를 위해 그 일부가 수도 카라코룸으로 향했지만 군사 대부분은 사천성·섬서성 일대에 흩어져 있었다. 군대의 최고 사령관들은 아릭 부케를 지지했지만 그 이하 지휘관들은 꼭 그렇지만도 않았다. 이들을 단단히 결집시키는 데 카라코룸의 아릭 부케에게는 한계가 있었다고 보인다.

쿠빌라이 측의 주된 군사력은 타가차르가 이끌던 좌익 군단으로, 이 군단은 중국 북동부 지방을 근거로 본래 동방 3왕가라 불리는 칭기스 칸의 3형제가 장악하고 있던 군대가 핵심이었다. 그 형제들 중에서 옷치긴이 가장 우위에 있었는데, 타가차르는 그의 적손이었다. 행운인지는 모르겠지만 쿠빌라이가 그 타가차르의 뒤를 이어 좌익 군단을 맡게 된 것이고, 타가차르 자신도 쿠빌라이를 지지하고 나선 것이다.

쿠빌라이는 우선 사천성·섬서성 지역에 흩어져 관망하고 있는 우익 군단의 군사들을 제압하거나 회유해 자기 쪽으로 끌어들이는 데 많은 노력을 기울였다. 외교적 교섭이 먹혀들지 않는 경우에는 군대를 파견해 신속히 제압해 나갔다. 아울러 정벌이 중단된 남송 지역에는 화의 교섭도 제의했다. 이렇게 중국 서부와 남부 지역에 대비를 철저히 하면서 형세가 조금 유리해졌다고 판단한 쿠빌라이는 1260년 8월 군사를 움직여 아릭 부케를 정벌하기 시작한다.

쿠빌라이는 군사를 이끌고 아릭 부케가 있는 카라코룸으로 향했다. 이렇게 신속히 진격해 올 줄 모르고 방심해 있던 아릭 부케는 급히 군대를 보내 방어에 나섰고, 양측 군대는 고비사막 바로 북쪽에서 맞섰다. 이 전투에서 쿠빌라이 군대가 승리해 카라코룸까지 진격하자 아릭 부케와 그를 따르던 군대는 키르기스 지방으로 피신했다. 아릭 부케는 다시 군사를 모으고 세력을 정비해서 후일을 기약할 수밖에 없었다.

아릭 부케를 지지하는 군사들이 다시 결집한 곳은 옛 탕구트의 영역으로 지금의 감주(감숙성 장예) 동쪽의 언지산焉支山이었다. 이곳에서 양측 군사는 두 달 이상을 대치하고 있다가 1260년 11월 쿠빌라이 군대의 기습 공격을 시작으로 대접전을 벌이게 되었다. 여기서 쿠빌라이 군대는 대승을 거둔다. 또한 쿠빌라이에게 가장 강력하게 저항한 아릭 부케의 핵심 장수들까지 제거하니 잔여 세력은 다시 키르기스 지방으로 도주했다.

키르기스 지방에서 1260년 겨울을 보낸 아릭 부케는 군사들을 다시 결집해 이듬해 가을 몽골 본토를 향해 반격에 나서 두 차례 전투에서 쿠빌라이의 군대에 큰 타격을 입혔다. 이때의 패배 때문인지는 모르겠지만 쿠빌라이는 1262년 1월 군사를 돌려 북중국으로 일단 철수하고, 이후 아릭 부케는 다시 카라코룸을 탈환한다.

그런데 아릭 부케는 1264년 7월 갑자기 개평의 쿠빌라이 진영에 자진해서 투항해 버린다. 아릭 부케가 카라코룸을 탈환한 1262년부터 그가 투항한 1264년까지 양 진영의 전투에 대한 역사 기록은 공백으로 남아 있다. 결국 내전은 쿠빌라이의 승리로 끝났지만 아릭 부케의 자진 투항이나 그가 투항하기까지 2년 이상 전투가 없었다는 사실은 미심쩍은 점이 많다.

이에 대해서는 여러 설이 있는데, 그 중 하나가 카라코룸과 몽골 내지의 식량 문제 때문이라는 해석이다. 수도 카라코룸은 인구가 급증한데 비해 자체 생산이 부족해 식량 등 경제적 지원을 외부에서 조달받을 수밖에 없었다. 특히 중원에서의 물자 조달은 필수였다. 중국 북부를 장악한 쿠빌라이가 그 점을 깨닫고 몽골 본토에 대한 재정 지원을 차단했다는 것이다.

게다가 당시 몽골 본토에서는 식량 기근까지 겹쳤다. 1250년에 시작된 몽골의 이상 저온으로 강우량이 줄어 초원의 생장에 큰 지장을 받았고 이 때문에 가축들까지 갈수록 줄어 식량난이 가중했다는 것이다. 2년 동안이나 내전이 없던 상황이나 아릭 부케의 갑작스런 투항은 이러한 식량난 때문이라는 것이다.

하지만 이것은 아릭 부케의 자진 투항을 해명하는 근본적인 이유는 아니라는 생각이 든다. 일부 그러한 요인도 있었겠지만 보다 중요한 배경은 양 진영의 형세 변화로 설명하는 것이 옳을 듯하다. 처음에는 여러 형세상 유리한 아릭 부케가 갑자기 쿠빌라이에게 자진 투항하지 않을 수 없는 상황이 무엇이었을까?

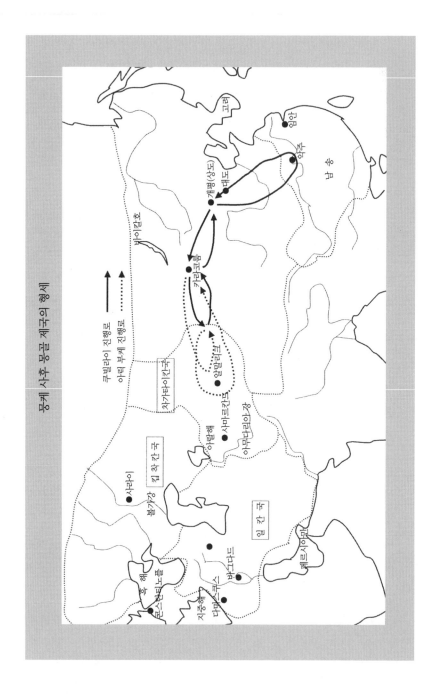

몽케 사후 몽골 제국의 형세

쿠빌라이 진행로 →
아릭 부케 진행로 ⇢

고려
옹창
대도
개평(상도)
가라코룸
알말리크
차가타이칸국
사마르칸드
아무다리아강
아랄해
킵차크칸국
볼가강
사라이
일칸국
흑해
콘스탄티노플
지중해
다마스쿠스
바그다드
페르시아만

쿠빌라이 칸의 일본 원정과 충렬왕
:: 팍스 몽골리카

제국의 형세

쿠빌라이가 승리한 원인을 말하기 전에, 우선 유라시아에 걸친 정복 지역을 총괄하는 몽골 제국의 형세나 판도를 살펴볼 필요가 있다. 그것은 쿠빌라이의 승리를 이해하는 관건이고, 제국의 판도에 중요한 변화를 가져오는 계기도 되었기 때문이다.

황제 뭉케가 통치하던 시절부터 '예케 몽골 울루스'로 불린 몽골 제국은 조금씩 분할 독립이 시작되고 있었다. 그 길로 가장 먼저 들어선 지역은 러시아 지방이었다. 칭기스 칸은 장남 주치가 일찍 죽자 주치의 장남인 바투에게 러시아 지역을 분봉해 주었다. 자식들에게 정복 지역을 분봉해 주는 몽골의 전통을 따른 것이었다.

러시아 지방을 분봉받은 바투는 2대 황제 우구데이가 죽은 후 4대 황제 뭉케가 즉위할 때까지 정국이 혼란한 틈을 타 몽골 제국의 중앙에서 점차 멀어져 갔다. 구육이 대칸에 오를 때는 그에 반대해 적대적이었고, 뭉케가 대칸에 오를 때는 적극적으로 지원하기도 했지만 제국의 중앙 정부와 분립해 거의 독립적인 위상을 확보했다. 이렇게 바투가 지배하는 러시아 지방을 킵착 칸국이라 부르는데, 황제 뭉케가 죽었을 때는 바투에게서 이어받은 그의 동생 베르케가 지배하고 있었다.

그리고 중앙아시아 지역은 칭기스 칸의 둘째 아들 차가타이에게 분봉되었는데 이것이 차가타이 칸국으로 발전한다. 차가타이 칸국은 몽골 내지에서 상대적으로 거리가 가까워 킵착 칸국에 비해 몽골 중앙 정부와 좀 더 긴밀한 관계에 있었다. 뭉케는 자신의 즉위에 반대한 차가타이의 아들 이수 뭉케를 배제하고 손자인 카라 훌레구를 중앙아시아 지역의 지배자로 보냈지만 그는 도중에 사망했다. 황제 뭉케가 죽은 직후에는 카라 훌레구의 미망인인 오르가나가 이 지역을 지배하고 있었는데 독자적인 힘은 미약했다.

한편 페르시아의 이슬람 지역은 뭉케가 즉위하면서 그의 동생 훌레구가 정복 활동을 시작한 곳이다. 황제 뭉케가 죽었을 때는 훌레구가 바그다드를 점령한 직후였다. 뭉케가 죽은 후에도 훌레구는 지중해 연안까지 진격해 시리아 지방을 정복하는데, 이렇게 정복한 페르시아 지역은 후에 일 칸국이 된다.

그 중 차가타이 칸국의 중앙아시아 지역은 쿠빌라이와 아릭 부케의 싸움에서 가장 중요한 지역이었다. 특히 쿠빌라이에 의해 북중국에서 공급하는 물자를 차단당한 아릭 부케의 처지에서는 이곳의 협조와 지원이 필수적이었다. 아릭 부케에게 차가타이 칸국의 지원이 중요했다면 마찬가지로 쿠빌라이에게도 그런 지원을 미리 차단하는 것은 매우 중요했다. 적의 급소는 곧 나의 급소니까.

그래서 쿠빌라이는 아릭 부케와 내전을 시작하기 전에 아비시카(차가타이의 증손자)를 차가타이 칸국의 지배자로 따로 임명해 보냈다. 물리적인 힘에 기대는 전쟁보다 외교적인 교섭에 노력을 경주한 것이다. 하지만 아비시카는 가는 도중에 아릭 부케의 군사들에게 체포되어 곧 살해되고 만다. 그렇게 쿠빌라이가 중앙아시아 지역을 장악하려는 기도는 일단 수포로 끝났다.

그런데 쿠빌라이와 치른 첫 번째 전투에서 패배해 키르기스 지방으로 피신해 있던 아릭 부케는 쿠빌라이 군대의 추격으로 안정을 찾지 못했다. 게다가 차가타이계의 일부 귀족들이 쿠빌라이에게 지지를 보내려는 낌새까지 감지되어 그대로 방치할 수 없었다. 이에 아릭 부케는 오르가나에게 차가타이 칸국을 맡길 수 없다고 판단하고 1260년 겨울 알루구를 새로운 지배자로 임명해 파견했다.

알루구는 차가타이의 손자로 카라 훌레구와는 사촌 간인데, 뭉케가 즉위시 벌인 대대적인 숙청에서 나이가 어려 살아남았고, 그 후 아릭 부케가 양육한 인물이었다. 이런 인연으로 아릭 부케는 알루구를 믿고 차가타이 칸국의 지원과 협조를 기대해서 그를 새로운 지배자로 임명해 파견한 것이다.

알루구는 신속히 차가타이 칸국으로 들어와 중앙아시아 지역을 장악해 나갔다. 처음에는 오르가나가 반발했지만 그녀와 혼인까지 해 무마하고, 알말리크를 도읍으로 정해 차가타이 칸국을 장악하는 데 성공한다. 알말리크는 현재 신강성 이녕시 부근으로 카자흐스탄의 국경에 가까운 곳이다. 이렇게 차가타이 칸국을 장악한 알루구는 무슨 일인지 갑자기 자신의 후원자인 아릭 부케에게 등을 돌리고 만다.

사정은 이러했다. 아릭 부케는 북중국에서 지원받는 물자가 차단되자 차가타이 칸국의 지원에 더욱 기댈 수밖에 없었다. 조급해진 아릭 부케는 차가타이 칸국의 알루구를 압박했고, 알루구는 그런 압박에 대한 불만을 배반으로 드러낸 것이다.

그것을 상징하는 사건이 알루구가 차가타이 칸국을 접수한 지 1년 쯤 지난 1261년 말이나 1262년 초쯤에 벌써 일어났다. 아릭 부케는 차가타이 칸국에 사신을 파견해 식량과 무기의 징발을 명했다. 그러나 알루구는 대칸 아릭 부케의 칙령을 제시하는 이 사신들을 억류해 바로 살해해 버린다. 두말할 것 없이 알루구가 아릭 부케에게 정면으로 도전한 것이다.

이제 아릭 부케에게는 쿠빌라이와의 싸움보다 알루구를 제압하는 것이 급선무가 되었다. 중앙아시아 지역에서 물자를 계속 지원 받기 위해서도 그랬지만, 우선 대칸으로서 알루구의 배반을 응징하는 것도 늦출 수가 없었기 때문이다. 그나마 다행인 것은 이 무렵에는 쿠빌라이도 산동 반도 부근에서 일어난 반란으로 아릭 부케와의 싸움에 전념할 수 없었다는 점이다. 양측 모두 배후의 적에 직면하게 된 것이다.

아릭 부케는 선봉대를 보내 먼저 알루구를 공격했다. 하지만 이 선봉대는 알루구의 군대에게 패배해 도륙당하고 쿠빌라이 측에 승전보가 전해진다. 승전으로 해이해진 알루구는 군사들을 해산시켜 휴식을 취하게 했는데 이때 아릭 부케의 주력 부대가 다시 공격해 들어왔다. 아릭 부케의 본대가 차가타이의 수도 알말리크를 공격해 장악하고 무자비한 살육과 약탈을 자행하자 알루구는 잔여 세력을 이끌고 사마르칸드로 피신했다.

아릭 부케와 알루구의 두세 차례 전투는 어느 쪽이 승리했는지 불확실하지만 제국의 형세나 판도가 변했음은 분명해 보인다. 이 전투는 1262년과 1263년 두 해 정도에 걸쳐 계속되었고 이 동안에 쿠빌라이와 아릭 부케 간의 전투는 없었다. 하지만 이보다 중요한 사실은 그런 형세의 변화가 쿠빌라이와 아릭 부케의 싸움에서 역전의 계기로 작용했다는 점이다. 게다가 아릭 부케 진영의 분열까지 겹친다.

우선 아릭 부케가 차가타이계를 가혹하게 응징하고 약탈해서 자파의 많은 장수들이 이탈하기 시작했고, 여기에 알말리크의 기근까지 겹쳐 도망자가 속출했다. 더욱 치명적인 일은 페르시아 지역을 지배하던 훌레구가 관망하던 자세를 버리고 쿠빌라이 쪽으로 기울기 시작했다는 점이다. 그리고 오랫동안 비워 둔 몽골 본토의 아릭 부케 핵심 진영에서마저 분열이 생겨 쿠빌라이에게 투항하는 귀족들이 늘어갔다.

특히 황제 뭉케의 아들인 우룽타시의 선택은 중요했다. 다른 귀족들과 함께 쿠빌라이에게 투항한 우룽타시가 아릭 부케가 보관하고 있던 옥새를 바친 것이다. 이는 쿠빌라이가 대칸을 계승한다는 정통성에 큰 기여를 했다. 그런가 하면 사마르칸드 지역으로 옮긴 알루구는 점차 세력을 회복해 그 지역에 대한 지배권을 강화해 나갔다. 그가 이제 쿠빌라이를 지지할 것이라는 것은 자명한 일이었다.

요컨대, 아릭 부케가 갑자기 쿠빌라이 진영을 찾아와 항복한 데는 이와 같은 알루구의 배반을 계기로 양 진영의 형세와 판도가 크게 바뀌게 되었다는 배경이 작용하고 있었다. 그럼 이런 제국의 형세나 판도에 변화가 일어난 근본적인 원인이 무엇이었는지를 알아보는 것이 중요하다.

제국의 분립

알루구는 왜 배반했을까. 이는 쿠빌라이와 아릭 부케라는 몽골 제국(예케 몽골 울루스)의 대칸이 양립하는 비상시국에서 이 두 황제가 분봉지의 칸국에 대해 각각 어떤 정책을 폈느냐에서 비롯되었다.

쿠빌라이와 아릭 부케의 내전이 벌어지자 각 분봉지의 지배자들은 각자의 노선을 선택해야 했다. 킵착 칸국의 지배자 베르케와 차가타이 칸국의 지배자 오르가나는 아릭 부케를 지지했고, 페르시아 지역을 지배한 훌레구는 일단 관망하는 태도를 보인다. 이러한 제국 내의 판도도 쿠빌라이에게 불리한 것이었다. 몽골 전통에 어긋난 그의 대칸 계승이 문제였다.

그런데 양 대칸이 가장 심혈을 기울여 자신의 영향력 하에 두려는 지역은 중앙아시아의 차가타이 칸국이었다. 그 이유는 이 지역에서 지원하는 재정이 중요하기도 했지만, 직접적인 원인은 차가타이계 후손들이 세력이 약해 이 지역을 충분히 장악하지 못하고 있었기 때문이다. 뭉케가 즉위한 후 반대 세력을 숙청하면서 우구데이계와 함께 차가타이계의 후손들이 제거당해 크게 실세한 탓이었다.

그래서 차가타이 칸국에는 중앙 정부의 대칸 뭉케와, 킵착 칸국의 지배자 베르케의 영향력이 모두 미치고 있었다. 뭉케 사후에도 차가타이 칸국의 이런 상황은 계속되어 오르가나가 지배하고 있었지만 확고하지 못해 외부의 간섭을 차단할 수 없었다. 그래서 쿠빌라이는 아비시카를 파견했지만 실패했고, 이에 아릭 부케는 다시 알루구를 파견해 이 지역을 장악한 것이다.

여기까지는 아릭 부케의 승리였다. 쿠빌라이가 이를 뒤집어엎는 방법은 딱 한 가지였다. 차가타이 칸국의 알루구에게 중앙아시아 지역에 대한 독자적인 통치권을 인정해 주는 것이었다. 이것은 중앙 정부나 킵착 칸국의 간섭을 받던 알루구에게는 뿌리칠 수 없는 유혹이었다. 반면에 아릭 부케는 알루구의 후원자임을 내세우며 이 지역에 대한 간섭과 지배를 계속하려고 했다. 그 점을 보여주는 것이 아릭 부케의 강제적인 공물 징수였다.

문제는, 쿠빌라이가 차가타이 칸국의 알루구에게만 독립을 인정할수 없었다는 사실이다. 페르시아 지역을 지배하고 있는 훌레구에게도 독자적인 통치권을 인정할 수밖에 없었다. 대칸 싸움에서 관망하고 있는 그를 자신의 지지자로 끌어들이는 것도 중요했기 때문이다.

그리고 킵착 칸국의 베르케는 이미 황제 뭉케 시절부터 중앙 정부의 통제에서 벗어나 있어 고려 대상이 아니었다. 다만 베르케는 아릭 부케의 가장 확실한 지지자여서 아릭 부케를 돕지 못하도록 러시아 지역에 묶어둘 필요가 있었다. 킵착 칸국의 간섭을 받아 오던 알루구의 독자적인 통치권을 쿠빌라이가 인정한 것은 그런 일석이조의 효과도 노린 것이었다. 알루구와 베르케의 싸움을 조장해 베르케의 발을 묶어 놓으려는 것이다.

쿠빌라이의 이런 대외 정책은 적중했다. 차가타이 칸국의 알루구는 공물을 징수하러 온 아릭 부케의 사신들을 억류하고 제거해 버렸다. 이어서 자신을 응징하러 온 아릭 부케의 군대에 맞서 그 선봉대까지 물리친 것이다. 이 사실이 쿠빌라이 측에 보고된 것으로 보아 사전 교감이 있었던 것은 분명해 보인다. 이것뿐이 아니었다. 알루구는 중앙아시아 지역에 주재하던 베르케의 대신과 감독관까지 제거해 킵착 칸국의 간섭도 배격한다.

한편 훌레구는 황제 뭉케의 소식을 접하고 중동 지역을 정벌하던 일부 원정대를 회군시켜 카스피해 부근까지 왔다. 이를 보면 자신이 직접 황제 계승전에 뛰어들려고 그랬는지도 모르겠다. 재미있는 사실은 알루구의 배반과 비슷한 시기에 훌레구도 자신의 원정대에 참여하고 있던 베르케 휘하의 장군과 대리인들을 제거한 것이다. 이것은 훌레구도 이제 알루구와 마찬가지로 쿠빌라이 지지로 돌아섰다는 것을 의미한다.

관망하던 훌레구와, 아릭 부케를 지지하던 알루구가 쿠빌라이를 지지하게 되었다는 것은 쿠빌라이의 외교 전략이 먹혀들었다는 뜻이다. 쿠빌라이의 대칸 계승을 인정해 주는 대가로, 대칸의 간섭과 통제를 받지 않겠다는 것이었다. 즉 자신들이 지배하던 지역에 대한 독자적인 통치권을 확보한 것이다. 쿠빌라이는 그것을 사전에 제안해 아릭 부케와의 황제위 싸움에서 승리한 것이다.

쿠빌라이의 제안은 몽골 제국에 대한 분할 통치안이었다. 중동의 페르시아 지역에 대한 통치는 훌레구에게 위임하고, 중앙아시아 지역은 알루구에게 위임해, 쿠빌라이는 대칸으로서 알타이 산맥 이동 지역만을 통치한다는 것이었다. 이렇게 되면 러시아 지역은 이미 독립한 그대로 베르케의 통치 영역이 되는 것은 당연한 귀결이다. 이것이 몽골 제국에서 분할 독립한 킵착 칸국, 차가타이 칸국, 일 칸국이다.

그리고 쿠빌라이에게 끝까지 저항한 카이두라는 인물이 있는데 그는 2대 헌종 우구데이의 손자다. 그는 1269년 무렵 탈라스강 연안에서 중요한 회의를 개최했다. 이 회의는 카이두를 대칸으로 추대했다고 잘못 알려져 쿠릴타이로 불리는데, 실은 그게 아니고 차가타이와 우구데이계의 부흥을 기치로 내세운 것으로 보통 '탈라스 회맹'이라고 부른다.

이 탈라스 회맹은 황제 뭉케가 즉위하면서 대칸 계승에서 소외된 차가타이와 우구데이계의 실력자들이 쿠빌라이의 대칸 계승에 즈음해 연맹을 형성한 것이었다. 여기서 차가타이계를 대표해 알루구를 계승한 바락이, 우구데이계를 대표해 카이두가 반 쿠빌라이 전선의 중심에 선다. 그 근거지는 차가타이 칸국이었다. 시간이 흐르면서 바락은 서쪽으로 진출해 일 칸국의 아바카(훌레구의 계승자)와 격전을 벌이게 되었고, 카이두의 세력은 동쪽으로 진출하면서 대칸 쿠빌라이에 대항했다. 이것이 카이두海都의 반란이다.

이 반란은 이후 30여 년 동안 내란으로 이어져 몽골 제국 전체에 심각한 혼란을 가져왔으며 쿠빌라이가 죽은 직후에야 완전 진압되어 종료된다. 카이두가 점령해 장악한 차가타이 칸국의 북쪽 지역을 우구데이가 대칸에 오르기 전에 분봉받은 적이 있어 우구데이 칸국이라고 부르기도 하지만 아예 그 존재 자체를 부정하는 경우도 있다.

바투에 이은 베르케와 그 후손들이 지배한 킵착 칸국은 동유럽과 러시아의 슬라브 국가들을 다스렸는데 이 지역의 지배자들도 끝까지 쿠빌라이를 대칸으로 인정하지 않았다. 일 칸국은 훌레구와 그 후손들이 아프가니스탄에서 터키에 이르는 이슬람 지역을 다스렸는데 페르시아 문화가 다시 나타나면서 근대 이란의 기초가 된다. 차가타이 칸국은 가장 전통적인 몽골인들이 차지해 '모굴리스탄'이라고도 불리는데, 지금의 시베리아 남부에서 카자흐스탄에 이르는 중앙아시아 지역과 아프가니스탄과 인도의 북부까지 아우른다. 이 지역은 수백 년 동안 여러 차례 분할되었다.

쿠빌라이와 아릭 부케, 양자의 대칸 싸움은 외교력 대 군사력의 싸움이었다고 말할 수 있다. 쿠빌라이가 외교력에 치중한 것은 제국의 전체 판도나 형세를 꿰뚫고 있었기에 가능했다. 그가 군사 지휘관이라기 보다는 외교 전략가에 가까운 성향이라는 것도 이것으로 충분히 짐작할 수 있다.

군사력과 외교력의 대결, 그 결과인 쿠빌라이의 승리는 '예케 몽골 울루스'로 불리던 몽골 제국을 분할해 전체 판도를 바꿔 놓았다. 쿠빌라이와 아릭 부케의 내전이 분봉지의 칸국을 더욱 몽골 제국의 중앙 통제에서 벗어나 독립국으로 치닫게 했다고 말할 수도 있다.

쿠빌라이와 아릭 부케의 황제 계승전을 중국 지역에 근거를 둔 한지파漢地派와, 초원 지역에 근거를 둔 막북파漠北派의 대결로 보는 시각도 있다. 쿠빌라이는 한지파로서 정주 세력이고 아릭 부케는 막북파로서 유목 세력인데 여기서 한지파가 승리했다는 것이다.

양측의 지리적인 세력 근거지로만 보면 그럴듯해 보이지만 지지 세력의 인적 구성을 보면 결코 그렇지 않다. 이런 학설은 쿠빌라이가 대칸을 계승한 후 중국화의 길로 들어서게 되었다고 판단한 데서 도출한 결과론적인 시각이라고 보는 것이 일반적이다. 이보다 중요한 문제는 쿠빌라이의 대칸 계승이 분봉지 칸국과의 관계에 어떤 변화를 가져왔을까 하는 것이다.

쿠빌라이가 집권했을 때 몽골 제국은 각 지역에 크고 작은 지방 정권이나 재래 왕조, 재지 세력이 얽혀 있었다. 분봉지의 칸국은 이미 그 자체로 충분히 제국이었다. 그러니까 쿠빌라이의 몽골 제국은 국가 연합체적인 성격을 띠고 있었다고 볼 수 있으니 몇 개의 독립적인 정치 단위로 나누는 것은 어쩌면 불가피한 일이었을 것이다.

쿠빌라이의 대칸 계승이 분봉지의 칸국들을 분할 독립시켰다면 이전의 대칸들이 행사하던 칸국들에 대한 정치적 우위나 유대 관계도 사라졌을까? 다시 말해 쿠빌라이는 '예케 몽골 울루스'로 불리는 대칸으로서 지위나 위상을 유지했을까 하는 문제다.

쿠빌라이의 대칸으로서 지위는 유지되었다고 보는 쪽이 일반적이다. 칸국의 다른 지배자들도 형식적이지만 그런 지위를 인정하고 있었기 때문이다. 하지만 분봉지의 칸국들이 쿠빌라이 이전보다 정치적인 독립성을 가지고 대내외적으로 독자적인 정책을 추진한 것도 분명한 사실이다. 게다가 쿠빌라이 이후 황제들은 그 정도의 지위도 누리지 못한 듯하다. 그러니까 쿠빌라이의 대칸 계승은 몽골 제국의 역사에서 전환점이었다고 볼 수 있다.

아릭 부케와 대칸 싸움에서 승리한 쿠빌라이가 몽골 제국의 5대 황제 세조世祖다. 1260년 그가 대칸에 오른 때는 46세의 중년으로 조부 칭기스 칸이 황제에 즉위한 나이와 비슷하다. 그리고 1294년 80세로 죽을 때까지 35년간 재위해 중국 역대 황제 중에서도 길게 통치한 편이다. 통치 기간이 긴 만큼 업적도 많은 황제다.

쿠빌라이의 대원 제국

쿠빌라이의 황제 즉위 이전의 경력은 잘 알려진 바가 없다. 기껏해야 남송 정벌에 참여했다는 정도인데 그것도 중단되어 그의 진면목을 엿 볼 수 없다. 다만 그가 주로 북중국에서 시간을 보내면서 몽골의 황족 중에서는 가장 중국 문화에 심취한 것만은 분명해 보인다. 따라서 쿠빌라이가 황제로 즉위하고 몽골 제국을 중국화의 길로 들어서게 한 것은 어쩌면 당연한 일일지도 모른다.

사실, 유라시아에 걸친 수많은 나라를 섭렵했지만 그 시대 몽골과 같은 세계 제국을 경영할 수 있는 치국책의 모형이 될 만한 체계를 갖춘 나라는 중국밖에 없었다. 쿠빌라이 이전까지는 제국의 경영을 정복 지역의 공물이나 전리품에 기반을 두고 있었는데 이를 위해서는 끊임없이 정복하고 침략해야만 했다.

쿠빌라이는 이런 식의 국가 경영이 더 이상은 불가능하다고 본 것이다. 쿠빌라이는 '정복은 말 위에서 할 수 있지만 통치는 말 위에서 할 수 없다' 는 생각을 분명히 하고 있었다.

쿠빌라이가 제일 먼저 착수한 일은 수도를 카라코룸에서 금나라의 수도이던 중도(북경)로 옮긴 일이다. 천도 사업은 1267년에 착수해 쿠빌라이의 재위 기간 내내 조영 작업을 계속했다. 이 수도를 대도大都라고 하는데 몽골인들은 '다이두' 라고 부르고, 서방에서는 '칸의 도시'라는 뜻으로 칸발릭Khanbalik 혹은 캄발룩Cambaluc이라 불렀다. 북경 천도는 제국의 중심을 유목 지역에서 정주 지역으로 옮긴 중국화의 상징적인 사건이었다.

그리고 쿠빌라이가 대칸에 오른 개평은 후에 상도上都라고 해 제2의 수도가 된다. 상도를 서방에서는 제너두Xanadu라고 했으며 무릉도원과 같은 이상향으로 알려지기도 했다. 쿠빌라이는 여름철에는 상도에서, 겨울철에는 대도에서 주로 시간을 보냈다. 마르코 폴로의 여행기 《동방견문록》에는 이에 대한 자세한 설명이 있다(《고려 무인 이야기》 4권, 95·198쪽에서 상도를 개평이 아닌 개봉으로 잘못 오해했는데 이 기회에 바로 잡는다. 상도는 개평이 옳다).

쿠빌라이는 천도와 함께 중국식 연호年號를 채택했다. 처음에는 '중통中統'이라 했다가 다시 '지원至元'으로 바꾸었다. 이어서 1271년 국호를 '대원大元'으로 정했다. '원元'은 《주역》에서 따온 말로 '으뜸' 혹은 '우주의 근원'을 뜻하는데, 중국 역사상 지역 이름에서 따오지 않은, 철학적 의미를 지닌 최초의 국호였다.

쿠빌라이는 원 제국을 중국의 정통 왕조로 만들기 위해 그 모델을 당唐이라는 세계 제국에서 찾았다. 중국 역대 왕조에서 당이 차지하는 역사적 의미는 중국 문화를 주변국에 확산시켜 세계화했다는 점이다. 쿠빌라이는 대원 제국을 그렇게 세계화하고 싶었다. 이렇게 보면 쿠빌라이는 '예케 몽골 울루스'로 불리던 대몽골 제국을 대원 제국이라는 뜻의 '대원 울루스'로 국호만 변경했다고 할 수 있다.

쿠빌라이는 아울러 유교 정치 이념도 받아들였다. 원 제국에는 몽골족 외에도 한족, 위구르족, 거란족, 여진족, 색목인 등 수많은 인종과, 유교, 불교, 도교, 라마교, 경교, 이슬람교 등 다양한 종교가 혼재하고 있었지만 정치에서는 유교를 그 중심으로 삼았다. 이를 위해서는 한족 유학자 출신의 관료 등용이 필요했고 행정 체계도 유교식으로 정비해 나갔다.

그렇게 정비된 중앙의 행정 체계에서 제일 중요한 부서 하나만 언급하자면 중서성中書省을 들 수 있다. 중서성은 당의 3성 6부제에 그 기원을 두고 있는데, 우구데이 황제 시절에 야율초재의 건의로 맨 처음 설치되었지만 그때는 일반 행정 사무만을 관장하는 부서였다. 쿠빌라이는 이 중서성을 제국 통치의 중추가 되는 부서로 만들고 중앙과 지방의 모든 행정 부처를 통괄하게 했다.

중서성이 하는 가장 중요한 일은 제국의 대내외 정책을 논의하고 결정하는 일이었다. 특히 정복 지역의 통치와 지배까지 중서성에서 관장했는데, 고려 왕조가 원의 지배를 받으면서 가장 밀접한 관련을 맺고 있던 부서가 이 중서성이다. 뿐만 아니라 분봉지 칸국과의 대외 관계도 중서성에서 관장했다. 그리고 중서성의 산하에 6부가 있었지만, 중국의 다른 왕조와는 달리 중서성에서 결정한 정책을 시행하는 정도의 사무 기능에 그쳤다.

원 제국에서 중서성의 독창성은 각 지방에 설치된 행중서성行中書省에서 볼 수 있으니, 중국 본토와 인근 정복 지역을 11개의 행성으로 나누어 지방 정부와 같은 구실을 하게 했다. 행중서성을 줄여서 행성이라고도 부르는데, 고려에도 일본 원정을 계기로 정동행성征東行省을 두었다. 앞으로 본격적으로 거론하겠지만 고려 국왕은 그 정동행성을 책임지는 지방 장관이기도 했다.

현재까지 중국의 지방 제도로 남아 있는 호남성이니 사천성이니 하는 각 성의 기원이 바로 행중서성, 즉 행성에 있다. 원 제국의 중서성은 쉽게 말하자면 지금의 미국 국무성과 비슷하다. 알다시피 국무성은 미합중국의 40여 주를 관할하면서 세계 모든 나라에 그 영향력을 끼치고 있는데, 중서성도 그와 같은 위상을 지닌 것이었다. 제국 내에서의 위상이나, 대내외적인 기능이나, 심지어 세계 각국에 끼치는 영향력에서나 그랬다.

중서성은 쿠빌라이가 직접 관장했다. 그래서 중서성의 장관인 중서령中書令에는 황태자인 칭킴眞金을 임명했다. 이런 행정 구조는 황제에게 절대적인 권한을 부여하는 것이었는데, 중국 역대 어느 황제가 누린 것보다 막강한 전제 권력을 보장했다. 쿠빌라이는 어떠한 방해도 받지 않고 지구상에서 가장 방대한 관료 조직과 영역을 지배하게 되었다. 쿠빌라이 이후의 중국 황제들, 명明이나 청淸의 황제들도 이를 그대로 계승해 절대적인 황제권을 행사한다.

원 제국에서 군사권은 반드시 몽골족이 차지했고, 중요한 결정권이나 감독관직도 마찬가지였다. 그 다음으로 중요한 직책에는 한족이 아니면서 정복 지역에서 협조한 귀족, 여진족이나 거란족, 위구르족들이 차지했다. 하지만 제국의 행정은 시간이 흐를수록 점점 한족이나 한화된 이민족들에게 의존했다. 몽골의 전통이 중국 문화에 잠식되어 갔다고 볼 수도 있고 중국 문화가 그만큼 확산하였다고 말할 수도 있다.

방대한 제국을 경제적으로 통일하는 문제도 중요했다. 이를 위해 지폐를 발행했다. 지폐는 쿠빌라이 이전 시대에도 세 차례 발행되어 불규칙하게 사용되고 있었다. 쿠빌라이는 지폐 남발이 부채를 증가시킨다는 위험을 인식하고 이를 통제하고 표준화할 기구를 만들었다. 각 나라의 전통적인 화폐는 그대로 인정하면서 중앙 정부의 통일된 지폐로 교초交鈔를 발행하고, 이를 관리할 교초제거사交鈔提擧司를 만든 것이다. 이로써 예산 수립이나 세금 징수가 편리해지고 표준화할 수 있었다. 이제 화폐만 통제하면 모든 경제 활동을 중앙 정부에서 파악할 수 있게 된 것이다. 중국에서 머나먼 페르시아까지.

쿠빌라이는 교통과 통신망도 정비했다. 인간이 하루 동안에 걸을 수 있는 30~40Km마다 역참驛站을 설치해 방대한 영역을 거미줄처럼 엮었다. 역참은 쿠빌라이 이전 시대에 이미 정비되어 동서 교통과 통신의 중요한 기능을 하고 있었다. 역참에는 여행에 필요한 말과 식량, 그리고 숙박시설이 갖춰졌다. 유라시아 대륙의 동서를 왕래하는 수많은 관리들과 상인 여행자들이 이를 이용했다.

쿠빌라이는 또한 중원의 남과 북을 잇는 운하도 재개했다. 양쯔강과 황하를 잇는 이 운하는 수나라 때 개통되었지만, 북송이 멸망하면서 남과 북의 교통이 단절되어 버려둔 운하를 복구한 것이다. 운하는 군대의 신속한 이동을 위한 군사적인 목적으로도 재건되었지만 남과 북의 물자 유통을 위한 경제적 목적으로도 복구되었다. 역참이 동서 교통을 활발하게 했다면 운하는 남북 간의 교통을 원활하게 했다.

이렇게 해 쿠빌라이 시대 중국 대륙은 송(북송)이 멸망한 이후 단절된 남과 북이 다시 한 덩어리가 되어 부활되었다. 세계 전역에서 생산하는 모든 물품이 중국으로 들어왔고 중국의 특산품은 세계 전역으로 팔려 나갔다. 그리하여 중원의 항구나 도시들은 각 나라에서 들어온 사람이나 물자로 흥성했다.

원 세조 쿠빌라이 시대는 몽골이라는 유목 민족의 역사에서 특별한 전환기고 중국 정통 왕조의 역사에서 보더라도 독특한 시기다. 쿠빌라이의 대원 제국을 중국 정통 왕조의 테두리 안에 두기에는 뭔가 독특한 면이 많았다. 그것은 당이 이룩한 중국의 세계화를 더욱 심화 확대한 것이라고 할 수 있다. 바야흐로 팍스 몽골리카Pax Monggolica 시대를 연 것이다.

세조 쿠빌라이 시대 대원 제국이 얼마나 화려하고 부가 넘치는 번성한 나라였는지는 마르코 폴로의 《동방견문록》에 자세히 언급되어 있다. 책 내용을 모두 믿을 수 없다고 쳐도 그 시대의 활기찬 분위기만은 충분히 느낄 수 있다.

쿠빌라이의 남방 원정

쿠빌라이는 북방의 카이두의 반란에 대응하면서 남송 정벌을 계획했다. 카이두의 반란에 대한 쿠빌라이의 전략은 전투보다는 주로 외교나 경제적 제재에 주력했다. 무력 충돌은 두 차례 정도였다. 그러면서 남송 정벌을 준비했다.

앞서, 쿠빌라이는 악주를 포위해 압박하던 중 황제 계승전에 뛰어들기 위해 회군했음을 언급했다. 그때 악주를 방어한 남송의 장수가 가사도賈似道라는 사람인데, 그는 쿠빌라이 군대가 회군하자 이를 자신의 승리로 위장해 1260년 개선장군이 되어 정권을 장악했다. 이후 가사도는 남송의 도종度宗과 그의 아들인 어린 황제 공종恭宗을 누르고 남송이 망할 무렵까지 황제위에 군림했다.

쿠빌라이는 바얀伯顏을 총사령관으로 임명해 1268년 남송 정벌을 재개한다. 이때는 새로운 전략을 채택했다. 방어가 튼튼해진 악주보다 국경의 중간쯤에 있는 양양과 번성을 점령해 한수漢水를 따라 남하한 후 수도 임안(항주)을 함락한다는 것이었다. 양양과 번성은 장강으

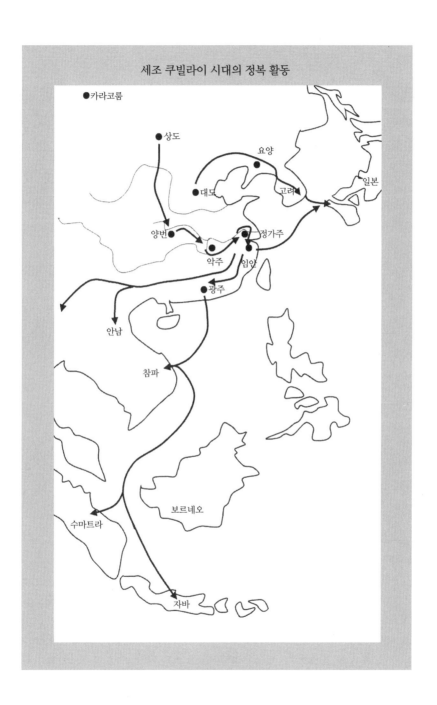

세조 쿠빌라이 시대의 정복 활동

로 흘러드는 한수의 남안과 북안에 걸쳐 있는 도시로 이를 합쳐 양번이라 불렀다.

양번을 공격할 때는 회회포回回砲라는 투석기가 큰 위력을 발휘했다. 양번은 몽골의 군대에 포위되어 고립한 상태에서도 군민이 4년 이상 끈질긴 저항을 해 1273년 2월에야 함락된다. 성을 지키던 남송의 장수 여문환呂文煥이 성의 주민과 군사들을 살육하지 않는다는 조건을 들어 항복한 것이었다.

양양을 함락한 바얀의 정벌군은 장강을 따라 내려가면서 1274년 5월 악주를 점령하고 계속해서 수도를 향해 진격했다. 진격 도중에 장강 하류의 정가주丁家州에서 1275년 2월 대대적인 전투가 벌어졌다. 이 전투에서 바얀의 군대는 가사도가 이끄는 13만 남송군을 대파했다. 남송군의 대참패로 끝난 이 전투의 중요한 의미는 남송의 마지막 보루인 수군을, 수전에 약한 몽골 군대가 격파할 수 있다는 능력을 과시한 것이었다.

남송의 운명은 이 전투로 결판이 났으니 함선 2천여 척을 잃고 재기 불능 상태에 빠졌다. 남송은 이후 수도 임안이 포위되면서 많은 세공물과 함께 자신들의 황제보다 쿠빌라이가 우위에 있다는 것을 약속하며 강화 요청을 했지만 수용되지 않았다. 중국 대륙 전체에 대한 지배를 눈앞에 둔 쿠빌라이가 이것을 받아들일 리 없었다.

1276년 1월 마침내 남송은 항복하고 어린 황제 공종은 쿠빌라이 조정으로 압송되었다. 이로써 남송은 사실상 정복되었다. 이후 각지에서 일어난 의병과 잔여 세력이 새로운 황제를 옹립해 3년 가까이 중국의 최남단에서 저항을 계속했지만 이미 기울어진 왕조를 돌이킬 수는 없었다. 쿠빌라이의 가슴속에는 1271년 몽골 제국의 국호를 대원으로 선포했을 때 남송은 이미 지워지고 없었을 것이다.

남송 정벌은 1235년에 시작해 1279년 완전 마무리될 때까지 무려 40년 이상이나 걸렸다. 2대 태종 우구데이 재위 때 시작해 4대 헌종 몽케를 거쳐 5대 세조 쿠빌라이 때 와서야 끝냈으니 한 국가의 정복에 이렇게 긴 시간이 소요된 경우도 드물 것이다. 더구나 유라시아에 걸친 수많은 정복 전쟁에서 승리한 몽골 군대가, 중국 역사상 가장 문약하다고 알려진 남송을 상대로 그렇게 고전했다는 점에서 잘 이해가 되지 않기도 한다.

여기에는 몽골 군대가 적응하기 힘든 중국 남방의 기후나 지형을 들어 설명하곤 한다. 고온 다습한 기후에다 하천이나 호수, 늪지대 같은 몽골 기병에 적합지 않은 지형들이 천연적인 방어물이었다는 것이다. 중국 남방은 지금까지 몽골이 정복한 어느 지역보다도 위도상으로 가장 낮은 지역이었으니 낯선 자연 환경이 큰 장애였음은 분명하다. 게다가 수군을 앞세운 남송의 저항도 기마 전술에 익숙한 그들에게는 당황스러웠을 것이다. 모두 그럴 듯한 설명이다.

하지만 그것뿐이었을까? 예나 지금이나 국가나 민족 간의 전쟁에서 정신적인 측면도 중요하게 작용한다. 유목 민족인 여진족(금나라)에게 북송의 멸망을 경험한 남송이, 또 다시 오랑캐에게 당할 수는 없다는 필사적인 각오로 더욱 단결한 결과가 아니었을까. 위로는 지배층에서부터 아래로는 농민 장사꾼에 이르기까지 모두 하나가 되어 저항했기 때문이라 본다.

쿠빌라이의 남방 원정은 인도차이나 반도까지 향했다. 몽골군이 인도차이나 반도를 처음으로 침략한 것은 황제 몽케 시절인 1257년 무렵이었다. 이때는 남송 정벌에 진척이 없자 몽케가 직접 친정하겠다고 나선 무렵이었다. 남송을 배후에서 치기 위해 사천성으로 우회해 진군하던 일부 군대가 안남安南(베트남 북부)으로 진격했다. 이때 안남의 항복을 받아내기는 했지만 계속 지배하기는 어려웠다.

쿠빌라이는 여기서 그치지 않고 남송 정벌이 마무리된 1277년 버마로 진격해 이라와디강 상류 지역을 정벌한다. 지금의 미얀마와 운남성의 접경 지역이다. 마르코 폴로의 여행기에 따르면 이때 버마에서는 코끼리 2천 마리를 동원해 방어에 나섰음을 자세히 이야기하고 있다. 하지만 이곳도 안남처럼 확실한 복속 관계를 계속 유지하지는 못했다. 이어서 1287년 버마의 수도까지 침공한 적이 있었지만 정복보다는 약탈 정도에 그쳤다.

몽골군이 정말 고전한 곳은 안남과 참파占城(베트남 남부와 캄보디아) 그리고 크메르 제국이었다. 이 지역은 쿠빌라이의 아들 토곤이 총사령관이 되어 1285년 공략에 나섰다. 처음 안남과 치른 전투에서 일단 승리했지만 고온 다습한 기후와 질병으로 많은 군사가 사망해 전투를 계속할 수 없었다. 이에 안남을 거쳐 참파로 진격하려던 애초의 계획을 취소하고 후퇴하던 중에 안남군의 기습 공격을 받아 대패하고 말았다.

하지만 쿠빌라이의 정복욕은 이것으로 멈추지 않았다. 수마트라와 자바를 공략하려고 시도한 것이다. 이 도서 지역에는 주로 수군을 이용해 정벌하였는데 한때 자바에 상륙해 그 중심까지 공략했으나 곧 철수하지 않을 수 없었다. 이때 원정군은 소규모였고 열대성 기후마저 생소한데다, 주로 남송 전투에서 투항한 패잔병들로 구성되어 능률적이지도 못한 탓이었다.

쿠빌라이가 남방의 도서까지 정벌에 나섰다는 것은 뜻밖이다. 여기에는 정복욕도 작용했겠지만, 해상을 통한 교통로를 확보하기 위한 것으로 보인다. 이 무렵 중앙아시아 지역을 장악한 카이두의 반란 때문에 중동 지역과의 육로 교통이 원활하지 못했기 때문이다.

한편, 쿠빌라이는 남송 정벌이 마무리되어 가는 1274년 10월 첫 번째로 일본 원정에 나선다. 이것이 실패로 끝나고 1281년 5월 재차 일본 원정에 나서지만 이번에도 실패한다. 일본 원정 문제는 고려 왕조와 긴밀한 관계 속에서 이루어진 것인데, 이 문제는 이 책의 중심 주제이니 뒤에 본격적으로 거론할 것이다.

끝이 없는 정복 활동, 이유 없는 필연

지금까지 몽골 제국의 세계 정복 활동을 대강 살펴보았다. 그야말로 지구가 좁다고 할 정도로 신속하고 광범위하여 혀를 내두를 지경이다. 마치 폭탄이 폭발하듯이 순식간에 팽창하여 그 파편이 지구촌 구석구석으로 튄 것 같은데, 여기서 몇 가지 의문을 제기하지 않을 수 없다.

그 의문점 하나. 왜 이렇게 정복 활동을 계속해야만 했을까?

이 문제는 일반적인 유목 민족이 그렇듯이 정복을 통한 약탈 경제로 설명한다. 하지만 중국 한 곳만 정복해도 이것은 충분히 해결된다. 몽골족 이전의 거란족이나 여진족은 그랬다. 최대 목표는 중원의 장악이었다. 그것이 어려우면 북부 중국만 지배해도 정복 전쟁은 그치고 안정기로 들어섰다. 그런데 몽골족의 정복 활동은 끝이 없었다.

의문점 둘. 소수 유목 민족에 불과한 그들이 어떻게 그게 가능했을까?

순수 몽골족은 아무리 많이 잡아도 백만을 넘지 않을 것이다. 여기에 인근 유목 민족을 다 합해도 수백만을 넘지 못한다. 그런 소수가 수십 배 수백 배에 해당하는 절대 다수의 인구를 정복하고 지배했다니 이해하기 쉽지 않다.

의문점 셋. 어떻게 그렇게 동시다발적으로 광범위하게 정복 활동을 펼칠 수 있었을까?

중국 북부를 공략하면서 호라즘 왕국의 정벌에 나서고, 남송 정벌을 시작하면서 러시아와 동부 유럽을 공략하고, 중동 지역을 원정하면서 남송을 정벌하고, 중국 남방을 치면서 일본 원정에 나서고, 이런 정복 활동이 어떻게 가능했느냐는 의문이다. 교통과 통신이 발달하여 지구촌이 손안에 있는 지금도 쉽지 않은 일이다.

위 세 가지 의문 중에서 가장 궁금한 문제가 첫 번째 사항이다. 두 번째와 세 번째의 의문은 그래도 그 해답을 찾기 위해 노력이라도 해 볼 수 있고, 그 해답이 옳건 그르건 대강 제시해 볼 용기라도 생긴다. 앞으로 고려와 긴밀한 관계 속에서 이루어지는 일본 원정을 살펴보면서 이런 의문에 대한 그 단서라도 찾아보겠다.

하지만 첫 번째 의문에 대한 해답을 찾는 일은 엄두가 나지 않는다. 동서고금을 막론하고 민족이나 국가 간의 대외 전쟁에는 분명한 그 배경과 원인이 있다. 그것이 당연한 일일 것이다. 이 글을 쓰면서 몽골 제국의 정복 전쟁을 다룬 여러 책을 살펴보았지만 이 문제에 대한 속 시원한 답을 제시한 연구는 보지 못했다.

몽골 제국의 세계 정복 활동을 살펴보면서 이런 생각도 들었다. 왜 그렇게 정복 활동을 계속했느냐는 의문보다는, 정복 대상이 있는데 왜 정복하지 않았을까 하는 의문 같은 것 말이다. 어쩌면 후자 쪽으로 이 문제를 접근하는 것이 더 쉽다는 생각도 해보았다. 그들의 끝이 없는 정복 활동이 너무나 당연하게 여겨져 갑자기 스친 생각이다.

끝이 없는 정복 전쟁, 그 해답은 역사 문제에서 찾기보다는 어쩌면 인간 문제에서 찾는 것이 쉬울지도 모른다. 이 대목에서 등산을 좋아했다는 어느 알피니스트의 대답이 문득 떠오른다. 왜 그렇게 자꾸 산에 오르느냐는 질문에 그는 이렇게 대답했다고 한다. "산이 거기 있으니까 오른다." 너무나 유명한 말로 잘 알려져 있지만 좀 싱거운 대답이 아닐 수 없다.

눈 앞에 산이 있으면 오르고, 그 산에 올라 또 그 앞에 산이 있으면 또 오르고, 그 산에 올라 더 높은 산이 보이면 또 다시 오르고, 어느 산이 높다고 알려지면 끝까지 좇아가 오르는, 인간의 끝없는 정복욕, 그 알피니스트의 대답은 바로 그것이었다. 몽골 제국의 끝이 없는 정복 활동은 혹시 그런 것이 아니었을까?

하지만 이런 해답은 역사적인 문제에 대한 올바른 해법이 전혀 못 된다. 그것은 인간의 보편적인 문제이기 때문이다. 그러나 어찌 하겠는가, 몽골 제국의 끝이 없는 정복 활동에 대해서는 그밖에 다른 해답을 찾을 수 없는 것을.

몽골 제국의 그런 정복 전쟁 과정에서 고려를 침략하고 일본 정벌이 이루어졌다는 것은 말할 필요도 없다. 금나라를 정복하니 고려가 보이고, 고려를 정복하니 일본이 보인 것이다. 그들의 정복 활동에서 고려와 그 가까이에 있는 일본이 예외가 될 수 없다는 것은 너무나 당연했다.

쿠빌라이의 대원 제국과 고려

고려 태자와 쿠빌라이의 만남

황제 뭉케와 쿠빌라이가 남송 정벌에 온 국력을 쏟고 있을 때 고려에서는 중요한 정치적 변화가 일어난다. 최씨 정권의 마지막 집권자 최의가 아버지 최항의 권력을 세습한 지 1년도 채 못 된 1258년(고종 45) 3월에 김준金俊 등의 반대 세력에게 제거된 것이다. 이로써 60여 년 동안 국왕 위에 군림해 온 무소불위의 최씨 무인정권은 붕괴하였다.

최씨 정권이 붕괴하자 1231년(고종 18) 몽골이 최초로 침략한 이후 계속해 온 대몽 항쟁을 더는 계속할 수 없었다. 최씨 정권이 대몽 항쟁을 치열하게 잘해서가 아니라 승산이 없는 줄 알면서도 정권 유지를 위해 항쟁을 강압적으로 밀어붙이고 있었기 때문이다.

그런 최씨 정권이 붕괴한 것이다. 이제 전쟁을 끝내기 위해서는 몽골과 강화를 해야 한다는 논의가 자연스럽게 일어났고 우여곡절 끝에 몽골과 강화하기로 결정했다. 이것은 말만 강화지 사실상 항복을 의미했다. 몽골에서 요구하는 항복의 우선 조건은 친조親朝였다.

몽골에서 요구하는 친조는 국왕 고종高宗이 직접 몽골 조정으로 들어오라는 것으로 이는 보통 문제가 아니었다. 우리 역사상 재위 중인 국왕이 중국 조정에 들어가 입조한 적은 한 번도 없었다. 그렇게 역사적으로 전례가 없던 문제인데다 왕조의 자존심이 걸린 문제이기도 했다.

여기에 막상 국왕이 입조를 실행하는 데 또 다른 현실적인 어려움도 있었다. 국왕 고종이 친조 문제가 논의될 당시 68세로 병석에 있었기 때문이다. 노구를 이끌고 장도에 오르기도 어려웠지만 왕위를 잠시라도 비워 둘 수도 없었다. 그래서 생각해 낸 것이 당시 태자인 왕전王倎(후의 원종)을 대신 보내는 것이었다. 이것도 내일을 예측할 수 없는 연로한 고종에게는 마뜩찮았지만 이에 대해서는 몽골 측에서도 허용했다.

마침내 1259년(고종 46) 4월 21일, 태자는 백관의 전송을 받으며 몽골로 향했다. 문무 관리로 구성된 수행단 40여 명이 태자를 따랐다. 이때 태자 나이 이미 중년을 넘긴 41세로 몽골과 강화 교섭을 하는 데는 충분한 연륜이었지만 살아서 다시 돌아올지는 예측할 수 없었다. 몽골 황제가 자진 투항하는 정복 지역의 지배자를 처단하는 경우는 극히 드문 일이었으니까 극단적인 처분이야 피할 수 있겠지만, 고려가 30년 가까이 항쟁을 계속했다는 점을 감안하면 쉽게 예측할 수 없는 일이었다.

태자는 길을 재촉해 5월 17일 동경(요양)에 이르렀다. 여기서 태자 일행은 고려를 정벌하기 위해 출정 중인 송길 대왕末吉大王이라는 자가 이끄는 몽골 군대를 만난다. 송길 대왕은 몽골 황실의 일원으로 보이는데, 태자는 그에게 지금 친조를 실행하고 있으니 약속대로 출정을 정지하라고 설득해 어렵사리 관철한다.

그런데 송길 대왕은 여기서 또 다른 문제를 거론하는데 바로 출륙出陸 문제였다. 출륙은 천도한 강화도에서 나오라는 것으로, 친조와 함께 몽골 측에서 줄기차게 요구했지만 최씨 정권은 여러 핑계를 대며 회피해 온 문제였다. 송길 대왕은 출륙을 위한 전제 조건으로 강도의 성곽을 모두 헐라고 요구했다. 항복하러 가는 태자의 입장에서는 거절할 명분이 없었다.

태자 일행이 요양에 잠시 체류하는 동안 송길 대왕의 사신들은 강도에 들어왔다. 그 사신들이 지켜보는 가운데 강도의 성곽은, 그 성곽을 쌓은 고려 군사들의 손으로 헐리고 만다.

당시 강도의 성곽은 최씨 정권이 몽골 침략에 철저히 대비하기 위해 3중으로 축성한 것이었다. 내성과 외성 그리고 중성까지 있었는데 이때 모두 헐리고 말았다. 이것은 항쟁의 마지막 보루가 무너진 것으로, 최씨 정권의 대몽 항쟁 체제가 붕괴했음을 상징하는 사건이었다.

태자 일행은 다시 북으로 길을 재촉했지만 남송을 친정 중인 황제 뭉케의 행궁을 찾아가는 것도 쉬운 일이 아니었다. 황제 뭉케는 당시 육반산(섬서성)에 본영을 세우고 본격적인 남진을 계획하고 있었다. 황제의 행궁을 알아낸 태자는 북경을 거쳐 육반산에서 멀지 않은 경조부(당의 수도이던 지금의 서안)에 들어섰다.

여기서 태자는 부왕 고종의 부음을 접한다. 고종의 사망일은 1259년 6월 30일이니까, 태자가 부음을 접한 때는 거리를 감안해서 평상시의 시간 소요로 보면 8월 말이나 9월 초쯤이라고 볼 수 있다. 하지만 국왕의 유고라는 비상시의 급보였을 것을 감안한다면 의외로 신속히 전달되었을 수도 있다.

고종의 부음을 접한 태자는 이국 만리의 여정 도상이었지만 상을 치러야 했다. 사흘 만에 상복을 벗은 태자는 무거운 발길을 옮겨 다시 육반산으로 향했다. 그런데 이때 황제 뭉케는 이미 육반산을 떠나 장강 상류의 조어산(사천성) 부근에서 군사 작전을 펴다가 그해 7월 30일 사망한 상태였다.

몽골 황제가 죽었다는 소식은 외부에 알려지지 않는 금기 사항이니 태자 일행은 뭉케의 죽음을 전혀 몰랐을 것이다. 그것도 모르고 태자 일행이 육반산에 당도하니 몽골 군사들이 길을 막아섰다. 이 군사들은 뭉케가 이끌던 우익 군단의 일원으로 보인다. 이때는 황제가 죽은 지 최소한 한 달 가까이 지난 시점으로, 그 시신과 함께 황제의 행궁은 이미 카라코룸을 향해 떠난 뒤였다.

태자 일행은 육반산에서 그 군사들과 만나 친조의 목적을 밝히면서 황제의 죽음을 알게 되었을 것이다. 친조를 위해 수만 리를 달려왔는데 황제는 이미 죽고 행궁마저 떠나고 없었으니 태자 일행은 무척 당황했다. 이후 상당히 많은 시간, 최소한 수개월을 중원에서 방황하며 지체했다고 보인다. 그러다가 우여곡절 끝에 쿠빌라이를 만나게 되는데 이 대목에서 궁금한 점이 많다.

앞서 살펴보았듯이 쿠빌라이는 남송 정벌 도중에 타가차르의 작전 실패로 그가 이끌던 좌익 군단의 지휘를 이어받았다. 그리고 황제 뭉케의 죽음을 알게 된 후에도 장강 중류 부근에서 군사 작전을 계속하고 있었다. 쿠빌라이가 악주를 공략하기 위해 장강을 건넌 때는 1259년 9월이었다. 이어서 악주 공략을 계속하다가 그해 12월 대칸 계승을 위해 회군을 단행한 것이다.

태자 일행은 쿠빌라이의 좌익 군단이 양양에서 회군해 북상 중이라는 소식을 듣는다. 그리고 북상하는 쿠빌라이 진영을 조우한 곳이 황하 바로 아래의 개봉이었다. 하지만 이는 우연한 조우가 결코 아니었다.

태자 일행은 쿠빌라이가 장강 유역에서 전투 중이라는 사실을 알고 있었고, 이어서 회군을 단행해 북상한다는 소식을 접한 것으로 보인다. 그래서 육반산 부근에서 악주를 향해 남하하던 태자 일행은 쿠빌라이의 북상 소식을 듣고 다시 북상해 개봉에서 쿠빌라이 진영을 만난 것이 분명하다.

궁금한 점은 바로 이 부분이다. 황제 뭉케가 죽은 후에 쿠빌라이와 아릭 부케, 양자의 대칸 싸움이 벌어졌다는 것을 앞서 언급했다. 태자 일행은 여기서 왜 카라코룸의 아릭 부케 진영을 찾지 않고, 전장에 있다가 북상하는 쿠빌라이를 굳이 기다려서 만났을까 하는 점이다. 태자 일행이 정확한 정세 분석을 토대로 아릭 부케보다는 쿠빌라이가 대칸 계승에 유리하다는 판단을 내리고 그랬다고 한다면 너무 지나친 추측이다. 초반 형세는 누가 봐도 아릭 부케 쪽이 유리했다는 점을 감안하면 더욱 그렇다.

태자 일행이 쿠빌라이를 선택한 것은 육반산에 주둔하고 있던 황제 뭉케 진영의 군대에게 친조를 거절당했기 때문인 것으로 보인다. 그 이유는 황제가 이미 죽고 없었기 때문이지만, 더 중요한 이유는 뭉케 시절의 대고려 정책과 관련 있다고 생각한다. 황제 뭉케는 고려에 대한 침략을 어느 황제보다도 가장 강력하게 전개했다. 천도한 강도를 경제적으로 봉쇄해 고사 작전을 편 것도 그의 시대다. 다시 말하자면 황제 뭉케는 고려를 무력으로 기어이 정복하고야 말겠다는 분명한 의지를 가지고 있었다. 그러다가 죽은 것이다.

고려의 태자 일행을 육반산에서 저지한 몽골 군사는 황제 뭉케가 직접 통솔한 우익 군단의 일부임이 분명하다. 황제는 죽고 없었지만 태자는 그 우익 군단의 수장들에게 친조의 목적을 분명히 밝혔을 것이다. 하지만 이 우익 군단에서는 태자 일행의 친조를 수용하지 않았다. 왜냐하면 이들은 고려를 무력으로 정복하려던 뭉케의 직속 수장들이었기 때문이다. 게다가 황제도 죽고 없었으니까.

태자 일행이 뭉케의 진영에게 친조를 거부당했다는 것은 아릭 부케 진영에게도 거부당한 것이나 다름없다. 왜냐하면 아릭 부케는 황제 뭉케를 대신해 몽골 본토에서 제국의 행정을 총괄하고 있었고, 또한 뭉케가 죽은 후 그 우익 군단은 아릭 부케 진영으로 대부분 흡수되었기 때문이다. 육반산의 우익 군단이 친조를 수용하였다면 태자 일행은 틀림없이 카라코룸의 아릭 부케 진영으로 달려갔을 것이다.

그렇게 친조를 거부당한 태자 일행이 선택할 수 있는 길은, 그냥 아무 소득 없이 환국하든지 아니면 좌익 군단을 이끄는 쿠빌라이 진영을 찾을 수밖에 없었다. 아무 소득 없이 환국할 수는 없었을 것이니, 태자 일행이 아릭 부케가 아닌 쿠빌라이 진영을 찾게 된 것은 불가피한 선택이었다. 하지만 이것은 큰 행운이었다. 태자에게나, 고려 왕조의 처지에서나. 결국 쿠빌라이가 대칸 계승에서 승리했으니까.

개봉에서 북상하던 쿠빌라이 진영을 만난 태자 일행은 뜻밖의 큰 환대를 받았다. 쿠빌라이는 태자를 반기며 이렇게 말했다.

"고려는 만 리 밖의 나라다. 당 태종이 친히 정벌했어도 항복을 받아내지 못했거늘 이제 그 태자가 스스로 항복해 오니 이는 하늘의 뜻이로다."

대칸 계승전에 뛰어든 쿠빌라이로서는 하늘의 뜻으로 여겼을 것이다. 환대를 받은 태자 일행은 북상하는 쿠빌라이 진영을 따라 개평부로 향했다. 북상 도중에 쿠빌라이는 부왕 고종의 죽음을 알고 태자를 고려 국왕으로 삼는다는 언명을 내렸다. 이후 태자는 귀국해 고려 왕위를 계승하고 든든한 후원자까지 만난 셈이었지만, 아쉽게도 당시 쿠빌라이는 아직 황제가 아니었다.

쿠빌라이가 회군을 결정해 북경에 도착한 것은 1260년 1월이었고, 이어서 개평부에 입성한 것은 그해 3월 초며, 여기서 독자적인 쿠릴타이를 개최해 대칸 계승을 선언한 것은 3월 말이었다. 그런데 《고려사》에 따르면 태자 일행이 귀국길에 올라 개경에 당도한 것은 3월 중순이었다. 이런 일정으로 보면 태자 일행은 북경까지는 쿠빌라이와 함께 동행했다가 그곳에서 헤어져 돌아온 것으로 보인다.

결국 태자는 개평부에서 열린 쿠릴타이를 보지 못했고 아직 황제도 아닌 쿠빌라이에게 친조를 대신한 셈이었다.

군대의 철수, 종전

쿠빌라이는 태자를 환국시키면서 다루가치達魯花赤를 임명해 딸려 보냈다. 다루가치는 몽골 제국이 정복한 지역에 통상적으로 파견하는 일종의 행정 감독관으로 고려 내정을 감시, 감독하는 것이 주 임무였다. 다루가치에는 속리대束里大라는 인물이 임명되었는데, 그가 우선 해결해야 할 일은 출륙을 실천에 옮기도록 하고 이를 감독하는 일이었다. 그런데 태자 일행은 서경(평양)에서 입경을 늦추고 1주일 이상을 지체했다. 이는 다름 아니라 출륙 문제를 놓고 고려 내정에서 이상한 조짐이 보였기 때문이다. 태자의 친조가 실행되면서 강도의 성곽이 헐리고 이와 함께 출륙도 준비하고 있었는데, 이를 저지하려는 세력이 있었다.

출륙을 반대하는 세력이 움직인다는 것은 태자에게는 결코 우호적이지 않은 일이었다. 이들은 아직 정치의 전면에 나서지는 않았지만 1

년 가까이 강도를 떠나 있던 태자에게는 불길한 일이었다. 그들은 바로 최씨 정권을 붕괴시킨 김준을 비롯한 무장들이었다. 이들은 태자가 강도를 떠날 당시부터 자신들의 앞길에 불리하다고 판단해 친조를 마땅치 않게 여기고 있었다.

그렇게 귀국을 지체하고 있다는 태자의 소식을 들은 쿠빌라이는 당장 조치를 취한다. 그가 보낸 장황한 내용의 서신을 요약하면 이렇다.

(1) 우리는 태조 이래 수많은 나라를 정복해 사해四海를 차지했고 아직 복종하지 않은 나라는 고려와 남송뿐인데 남송의 정복은 이제 멀지 않았다.

(2) 고려는 태자가 스스로 항복해 오니 이를 불쌍히 여겨 정벌을 중단하고, 옛 강토를 회복하고 평안히 살도록 돌려보냈다.

(3) 내란(김준 일당의 준동을 말한 듯함)이 일어나 출륙 약속을 어기고 우리 변방의 장수가 계엄을 요청하니 이게 무슨 일인가.

(4) 태자는 어찌 환국을 서두르지 않고 지체하는가. 여러 이간질하는 말이 들리지만 군사로써 정벌하는 것은 나의 본심이 아니니 안심하라.

(5) 김준 이하 그 도당들이 이 명령 이전에 저지른 일에 대해서는 모두 용서한다. 이후의 난동에 대해서는 그대(태자)를 범하는 것만이 아니고 나의 법을 어지럽히는 것이니 용서하지 않겠다.

(6) 태자는 속히 귀국해 강도에서 나와 농사에 힘쓰고 백성들을 평안히 하라. 우리 군사는 절대 국경을 넘지 않을 것이다.

서신의 핵심은 군사적 정벌을 중단하니 안심하고 출륙하라는 것과, 출륙을 저지하는 김준 일당의 준동을 앞으로는 용서하지 않겠다는 것이다. 태자에 대해 상당한 격려와 후원의 표시였다. 한 가지 특이한 점은 쿠빌라이가 김준의 이름을 정확히 거명했다는 사실이다. 이는 쿠빌라이가 고려의 내정을 예의 주시하면서 매우 정확한 정보를 파악하고 있었다는 것을 말해 준다.

그런데 이 서신을 보낼 때까지도 쿠빌라이는 아직 대칸에 오르기 전이었다. 여기서 상당히 중요한 의미를 읽을 수 있다. 쿠빌라이 이전의 황제들은 고려에 대해 강력한 침략을 통해 항복을 요구했다. 특히 황제 뭉케 시절이 그랬다.

그런데 쿠빌라이는 고려에 대한 정책에서 이전과 다른 방법을 생각하고 있었다. 황제에 오르기 전부터 그런 것이니 이는 즉흥적인 것이 아니고 그가 오랫동안 북중국에서 활동하면서 고려와 몽골의 전쟁을 주시해 온 결과가 아닌가 싶다. 그런 속에서 고려 내정에 대한 정확한 정보도 갖고 있었다고 보인다.

이어서 쿠빌라이가 황제위에 올랐음을 알리는 사신이 도착해 평양에 주둔하고 있는 몽골 군대를 철수하겠다고 통보했다. 이는 황제에 즉위한 쿠빌라이가 최초로 내린 대고려 정책이었다. 또 고려의 요청을 받아들여 전쟁 포로도 송환하겠다는 약속도 했다. 이런 일련의 조치들은 세조 쿠빌라이의 대고려 정책의 일단을 보여주는 것으로 이제는 확실히 전쟁을 끝내겠다는 의지의 표현으로 읽을 수 있다.

강도를 떠났다가 거의 1년 만에 환국한 태자는 1260년 4월 강도의 강안전에서 즉위식을 가졌다. 고려 24대 왕 원종元宗이다. 국왕을 억압해 온 최씨 정권이 무너진 후 처음 있는 즉위식으로 문무백관이 도열한 가운데 성대하게 치렀다. 하지만 새로운 국왕의 즉위식을 기뻐하기만 할 상황이 아니었다. 국왕 원종이 처한 상황이 그렇게 녹록하지만은 않았다.

출륙 문제

태자의 친조가 실행되면서 출륙 문제는 이미 돌이킬 수 없는 사실이 되었다. 환국하던 태자가 평양에 도착하면서부터 출륙 문제가 거론되었다.

평양에 주둔한 몽골 군대 사령관 야속달也速達은 색다른 요구를 했다. 김준이 문무백관을 거느리고 평양까지 나와 태자를 영접해야 한다는 것이다. 이것은 환국 도중의 태자를 강도에 들여보내지 않고 개경에 입경시켜 출륙 환도를 확정하려는 것이었다.

몽골 측에서 고려의 출륙 문제에 대해 이렇게 민감한 반응을 보인 것은 고려의 투항자나 반민들의 이간질도 작용했다. 최씨 정권이 붕괴한 후 변방의 관리나 군대 지휘관들이 몽골에 투항하거나 고려 정부에 반기를 드는 일이 다반사로 일어났다. 이들 중 일부는 고려 정부의 출륙이 진실이 아닌 가장과 허위라고 몽골 측에 고자질했다. 실제로 그런 측면이 없지 않았다.

태자가 평양에 머무르고 있을 때 강도에서는 출륙 문제를 관장하는 임시 관청으로 출배도감出排都監이 세워졌다. 이어서 문무 관리들에게 관곡을 풀어 가옥 건축 비용을 지원하도록 했고, 개경에서는 새로운 궁궐을 조영하는 일을 시작하고 있었다. 하지만 이런 출륙 준비에는 몽골의 강압적인 요구가 작용하고 있었고, 고려 측에서는 가능하면 지연시키면서 마지못해 응하는 정도였다.

세조 쿠빌라이는 이런 강도의 정세를 어느 정도 파악하고 있었다.

그래서 보낸 것이 앞의 서신이었다. 세조 쿠빌라이가 환국하는 태자 일행에게 딸려 보낸 다루가치 속리대는 태자가 개경에 도착해 승천부(경기 개풍군, 강화도 맞은편 대안)에 들어서자 입궐을 반대했다. 승천부에서 강만 건너면 강화도인데 이곳에는 출륙을 가장하기 위해 10여 년 전에 마련한 임시 대궐이 있었다.

속리대는 끝내 입궐하는 국왕을 따르지 않고 교외에 주둔하면서 다시 몽골로 돌아가겠다는 엄포를 놓기도 했다. 이에 태자는 태손(후의 충렬왕)에게 강도의 관리들이 나와 속리대를 환영하고 회유하라고 해 겨우 강도에 들어올 수 있었다.

강도에서 뒤늦게 즉위한 국왕에게 출륙 문제는 다급한 현안으로 골치 아픈 문제였다. 속리대의 눈을 피해 출륙을 계속 지연시키기도 힘들었고, 그렇다고 당장 출륙 환도를 단행하기도 쉬운 일이 아니었기 때문이다.

출륙 감독관인 속리대가 국왕을 압박하는 무기는 몽골로 다시 돌아가겠다는 것이었다. 이는 쿠빌라이에게 고려 정부가 출륙 의지가 없다는 점을 사실대로 보고하겠다는 뜻으로 국왕 원종으로서는 큰 낭패를 불러올 수 있었다. 속리대는 그것을 무기로 몇 차례 고려 정부를 압박했지만, 그때마다 문무 관리들이 개경으로 왕래하는 모습을 보여 출륙을 가장하는 임시방편으로 대처했다.

그런 와중에 결국 속리대는 문제를 일으키고 만다. 강도를 나와 개경에 머물고 있었던 그가 이제는 돌아가 황제께 그대로 보고하겠다고 선언한 것이다. 이에 강도에서는 관리들을 파견해 수차례 회유하기도 하고, 심지어는 국왕 원종이 직접 그의 거처를 방문해 구슬렸지만 소용없었다. 속리대는 그를 회유하는 고려 관리에게 이런 말을 던졌다.

"너희 왕이 귀국할 때 곧 출륙 환도하겠다고 했는데 지금 수개월이 지났다. 너희는 머리가 몇 개인지 모르지만 나는 머리가 하나여서 두렵다. 무엇을 더 기다리겠느냐?"

출륙 문제를 해결하라는 쿠빌라이의 명령을 받은 그도 두려웠던 모양이다. 1260년(원종 1) 7월 말, 다루가치 속리대는 결국 개경을 떠났다. 속리대는 고려에 들어온 지 4개월 만에 출륙을 실행하려다 실패하고 돌아간 것이다. 이제 그가 돌아가 쿠빌라이에게 고려의 출륙 문제를 어떻게 보고하느냐에 따라 앞으로의 양국 관계가 달려 있었다.

그런데 이와 같은 출륙 문제가 대두하면서 강도에 있는 고려 정부의 내정에 미묘한 변화가 오기 시작했다. 그것은 국왕 원종이 주도권을 잃고 김준과 무인들이 점차 국정을 장악하기 시작했다는 사실이다. 즉 새로운 무인정권이 태동하기 시작한 것이다. 왜 그렇게 되었는지 명쾌하게 설명하기 어렵지만 출륙 문제와 무관하지 않다는 것은 분명해 보인다.

태자의 친조가 실행되자 이제 몽골의 요구 중에서 미해결로 남은 과제는 출륙이었다. 출륙은 몽골에 대한 완전한 항복을 뜻했는데, 이를 고려 측에서는 항복 이상의 지배와 복속을 의미한다고 생각했다. 따라서 이에 대한 거부감이 조야를 막론하고 넓게 퍼져 있었다. 이는 출륙이 쉽사리 단행될 수 없으리라는 점을 보여 주는 것이다.

이러한 여론을 등에 업고 출륙을 지연시키면서 정치의 주도권을 장악한 세력이 바로 김준과 그를 따르는 일군의 무장들이었다.

쿠빌라이, 고려의 독자성은 보장하겠다

쿠빌라이의 황제 즉위를 축하하는 사절로 몽골에 들어간 영안공永安公이 1260년(원종 1) 8월 돌아왔다. 영안공은 세조 쿠빌라이의 조서를 가지고 왔는데, 그 내용을 요약하면 이렇다.

(1) 한漢 무제武帝 이후 창업 수성한 군주는 모두 즉위 초에 개원改元(새로운 연호를 세움)했는데 짐이 이제 대업을 계승해 금년(1260) 5월 19일에 연호를 세워 중통中統 원년이라 했으니 이를 널리 포고하라.

(2) 의관衣冠은 고려의 풍속을 그대로 유지하고, 사신은 반드시 조정에서만 보낼 것이며, 개경 환도 문제는 완급을 헤아려 하라. 군대의 철수는 가을까지 마치겠고 다루가치는 모두 귀환토록 했다. 짐은 천하를 하나의 법도 안에 두고 성의를 보이는 것이니 의심하지 말라.

(3) 요청한 바는 모두 조칙을 내려 시행토록 했으니, 진실로 백성을 풍족하게 하고 나라를 이롭게 하는 것이라면 형편에 맞게 편의대로 하라. 이제 경에게 호부국왕인虎符國王印을 주노라.

(1)은 중통이라는 새로운 연호 제정을 알린 것이다. 연호는 중국 정통 왕조에서 새 황제가 즉위할 때마다 새로운 시작을 알리기 위해 제정되는데 우리 왕조는 대부분 그것을 차용해 사용했다. 고려가 세조 쿠빌라이의 연호를 포고해 사용한다는 것은 그 질서에 순응한다는 뜻으로, 이는 이전의 중국 정통 왕조와의 관계 속에서도 의례적으로 있었던 일로 특별할 것은 없다.

그런데 이때는 세조 쿠빌라이가 황제에 즉위하기는 했지만 아릭 부케와 내전을 치르는 중이었다. 그래서 아직 정통성이 확립되지 않은 상태였지만 연호를 세운 것이다. 그러면서 자신을 창업 수성한 군주에 비유한 점은 조금 이채롭다. 중통이라는 연호는 아릭 부케를 진압한 후 1264년 다시 지원至元으로 바뀐다.

(2)는 고려의 처지에서 대단히 중요한 내용으로 쿠빌라이의 대고려 정책을 압축해서 보여 준 것이다. 의관 등 고려의 풍속을 그대로 유지하라는 것은 고려 전통 문화의 특수성과 독자성을 인정하겠다는 것이다. 더욱 뜻밖인 것은 개경 환도를 강제하지 않겠다는 것인데, 지금까지 출륙 환도를 끈질기게 요구한 정책과는 사뭇 다르다. 더구나 군대와 다루가치의 철수까지 약속한 것을 보면 아무런 견제 장치 없이 출륙 환도 문제를 고려에 일임한 것이다. 이것은 고려의 요구를 조건 없이 전폭적으로 수용한 것이라고 볼 수 있다.

(3)에 보이는 '진실로 백성을 풍족하게 하고 나라를 이롭게 하는 것이라면 형편에 맞게 편의대로 하라'는 것은 고려에 대한 정치적 간섭을 하지 않겠다는 뜻이다. 이는 고려의 정치적 독자성을 인정하겠다는 것이고, 독립된 왕조 국가로서의 자율성을 침해하지 않겠다는 뜻과 통한다.

그리고 국왕 원종에게 준다는 호부국왕인은 호랑이 문양이 있는 국왕인으로 왕권을 상징하는 부표이면서 군 통수권을 상징하는 것이다. 이는 고려 국왕의 권위는 인정하지만 그 권위의 원천은 쿠빌라이 자신에게 있다는 뜻이다. 당시 김준 등 일군의 무장들이 군사권을 장악한 고려 내정을 감안하면 그들을 저지하려는 국왕 원종에 대한 적극적인 후원이나 비호로도 생각할 수 있겠다.

이와 같은 쿠빌라이의 조서를 한마디로 말한다면, 고려가 세조 쿠빌라이의 체제에 순응만 한다면 군사적 압박이나 정치적 간섭을 중단하고 고려의 독자성이나 자율성을 인정하겠다는 것이다.

이 대목에서 중요한 문제는, 왜 쿠빌라이가 이렇게 고려에 대해 일방적으로 양보하고 허용했을까 하는 점이다. 고려의 끈질긴 항쟁 때문에 어쩔 수 없이 그랬는지, 아니면 쿠빌라이의 색다른 외교 전략을 보여 주려는 것인지 궁금한 것이다. 후자 쪽에 무게가 있겠지만, 이 경우에도 다시 '왜?'라는 의문은 따라붙는다.

쿠빌라이의 고려에 대한 새로운 외교 전략은 두 가지 사항에 초점이 맞춰져 있다고 보인다. 하나는 아릭 부케와의 내전이고 또 하나는 남송 정벌이었다. 두 가지 모두 쿠빌라이에게는 중대한 과제였지만 우선 다급한 것은 아릭 부케와의 내전이었다. 왜냐하면 당장 황제 계승 문제가 달려 있었기 때문이다.

남송 정벌은 쿠빌라이 이전의 역대 황제들이 가장 심혈을 기울인 정복사업이었지만 큰 진척이 없었고, 장기전의 수렁으로 빠져들면서 몽골 제국의 성패가 달린 문제가 되어 버렸다. 세계를 모두 정복한다 해도 중국을 완전히 정복하지 못하면 이는 결코 완성된 정복이 아니라고 쿠빌라이는 생각했을 것이다. 남송 정벌을 마무리하는 일은 몽골 제국을 새로운 중국식 제국으로 만들려는 쿠빌라이에게 반드시 성공시켜야 할 가장 중요한 과업이었다.

그런데 남송은 고려와 관계를 유지하고 있었다. 북송이 멸망하고 중국 북쪽의 금나라가 융성하면서 남송과는 공식적인 외교 관계가 끊겼지만 이면에서는 관계를 유지하고 있었다. 금나라의 감시가 있어 드러내 놓고 활발한 교류를 갖지는 못했지만 고려의 처지에서 남송은 여전히 중국 정통 왕조로서 마음속에 자리하고 있었다.

이런 양국의 관계를 생각할 때 쿠빌라이는 남송과 고려를 동시에 정벌하는 것은 적절치 않다고 판단한 것이다. 더구나 고려는 태자의 친조를 계기로 외형적으로 일단 항복한 상태였다. 다만 출륙 환도만이 아직 실행되지 않은 것인데, 친조를 실행한 나라를 굳이 강압적으로 밀어붙일 필요는 없었다. 아릭 부케와의 내전으로 잠시 휴전 중이었지만, 쿠빌라이는 장차 남송 정벌을 재개하기 위해서 고려를 적극적으로 회유하고 포용할 필요가 있었다.

하지만 쿠빌라이가 고려를 회유하고 포용한 직접적인 동기는, 남송 정벌 보다는 아릭 부케와의 내전이 더 중요하게 작용했다. 아릭 부케와의 내전은 당장 발등에 떨어진 불이었기 때문이다. 그런 내전 중에 고려를 군사적으로 압박하는 것은 배후에 적을 키우는 꼴이 될 수도 있었다. 그보다는 고려의 정치적 독자성을 인정해 주고 자신에 대한 확실한 지지로 돌려놓는 것이 중요했다. 고려의 독자성을 인정한 쿠빌라이의 위와 같은 조서는 그래서 나왔다.

그런데 쿠빌라이의 이러한 외교 전략은 고려만을 대상으로 한 것이 아니었다. 앞서 몽골 제국의 판도에서 살펴보았듯이 쿠빌라이는 아릭 부케와 내전을 치르는 과정에서 차가타이 칸국과 일 칸국에 대해서도 이와 같은 정책을 적용했다. 각 칸국의 독자성을 인정해 주는 대신에 자신의 대칸 계승을 지지하고 후원하게 한 사실 말이다.

그렇다면 쿠빌라이의 외교 전략은 극동의 고려와, 중앙아시아의 차가타이 칸국, 페르시아의 일 칸국을 대상으로 거의 동시에 같은 목적으로 진행되었다고 볼 수 있다. 그 결과는 각 칸국의 독자성이 확보되면서 분립 독립으로 나타났다. 그렇다면 고려에서도 마찬가지 결과를 가져왔을 것이다. 결국 쿠빌라이의 이러한 세계 전략은 아릭 부케와의 내전이 중요한 계기였음을 알 수 있고, 그 결과 고려의 처지에서는 독자성을 인정받을 수 있었다.

혹자는 고려의 독자성이 확보되고 형식적이나마 왕조 체제가 유지된 것에 대해, 수십 년간의 끈질긴 대몽 항쟁 때문이라고 보는 경우가 있으나 그건 아니다. 이것은 마치 최씨 정권의 끈질긴 대몽 항쟁 덕택으로 고려의 독자성이 유지되었다는 식이다. 고려의 독자성이 유지된 것은 순전히 쿠빌라이가 처한 몽골 제국의 내전 때문이다.

쿠빌라이가 인정한 고려의 독자성은 원 제국이 멸망할 때까지 약간의 기복이나 위기는 있었지만 그 기조는 그대로 유지된다. 쿠빌라이의 위와 같은 조서는 고려 왕조의 존재를 위협할 때나 자주성을 침해할 때마다 고려 측에서 그것에 반대하는 중요한 근거로 힘을 발휘한다.

세조 쿠빌라이는 일본 정벌을 준비하면서 한편으로는 수차례 사신을 파견해
외교로써 회유하지만 통하지 않는다. 그런데 고려에서는 무인정권이 계속되고 개경 환도를 반대하면서
확실하게 복속되지 않았다. 원종 폐립 사건을 계기로 세조 쿠빌라이는 고려에 군대를 파견해
개경 환도를 관철하지만 또 삼별초의 난이 일어나 일본 원정의 발목을 잡고,
진도와 제주도로 이어진 삼별초의 항쟁은 일본 원정을 지연시킨다.
그러면서도 일본 원정을 위한 모든 인적·물적 자원의 징발은 고려의 몫으로 떨어졌다.
쿠빌라이는 제주 삼별초를 진압하고서야 겨우 일본 원정에 나서지만 실패하고 만다.

2·1차
일본 원정

김준 정권과 여원 관계

무산된 왕정복고

최씨 정권이 붕괴한 후 정상적인 정치 상황이라면 국왕에게 정권이 다시 돌아가는 왕정복고는 당연한 수순이었다. 하지만 그렇게 되지 않고 최씨 정권을 타도한 김준을 비롯한 일군의 무장들이 정권을 장악하면서 왕정복고는 무산될 위기에 놓이게 된다. 그러니까 왕정복고가 무산되는 과정과 김준이 권력을 장악해 가는 과정은 그 궤를 같이한다.

왕정복고를 이룩하는 과정에서 가장 중요한 일은 국왕의 고유 권한인 군사권과 인사권을 확보하는 문제였다. 이 두 가지 권한을 국왕이 다시 회수해 실질적으로 장악하지 못한다면 왕정복고는 가망 없는 일이 될 터였다. 또한 이 두 가지는 국왕 스스로 확립해야지 어느 누가 해결해 줄 수 있는 일도 아니었다.

최씨 정권이 붕괴한 후에도 왕권을 뒷받침해 줄 군사적 기반은 전혀 갖춰지지 않았다. 국가와 왕실에 충성하는 진정한 국가의 상비군 체제가 복원되지 않았기 때문이다. 이는 최씨 집권기 동안에 국가의 상비군을 무력화시킨 도방都房이라는 사병 집단이 해체되지 않고 그대로 온존되었기 때문이다. 국가의 상비군뿐만이 아니라 국왕의 신변을 호위할 최소한의 친위군도 사병 집단인 도방에 흡수되거나 잠식되어 있었다. 그래서 국왕은 군 통수권은 말할 필요도 없고 자신의 신변 경호마저 사병 집단에 의존해야 하는 신세였다.

국왕 원종이 군 통수권이나 자신의 친위군을 다시 확립하려면 무엇보다도 먼저 도방을 해체해야 했다. 하지만 도방은 그들이 충성을 바친 주군(최씨 집권자)이 사라졌을 뿐이지 해체되지 않고 새로운 주군인 김준을 찾아 결집했다. 도방의 군사들로서도 그 길을 택하는 것이 자연스러운 일이었고 이런 과정에서 김준의 권력 기반도 확고해졌다.

국왕이 자력으로 국가의 상비군을 복원할 수도 없었다. 고려의 군역 제도는 직업군인제를 바탕으로 하고 있었다. 특히 중앙의 상비군은 군역만을 세습하여 담당하는 군인 가문, 즉 군반씨족軍班氏族에서 맡고 있었다. 이들은 군역에 대한 반대급부로 국가에서 군인전軍人田을 지급받아 생활했다. 그러니까 군인전은 국가의 상비군 체제를 유지하는 근간이었다. 중앙의 상비군이 복원되려면 이러한 군인전이 우선 확보되어야 했는데 그것은 요원한 일이었다. 군인전을 확보하려면 토지 제도를 재정비해야 했고 이는 국가의 통치 체제 전반을 건드리는 대대적인 사업이었기 때문이다.

이런 상황에서는 설사 사병 집단인 도방이 해체된다 해도 그들을 명실상부한 국가의 상비군으로 수용할 수 없었다. 그들에게 군역에 대한 대가로 지급해야 하는 군인전을 확보할 수 없었기 때문이다. 더구나 강도가 몽골의 침략으로 고립되면서 재정파탄에 직면해 군인전은커녕 그들의 생계도 보장하기 어려웠다.

이렇게 도방이 해체되지 않고 상비군 체제를 복원할 수 없었으니 당연히 왕정복고도 무산될 수밖에 없었다. 이에 최씨 정권을 타도한 김준과 그 일당이 다시 새로운 무인정권을 성립한다는 것은 피할 수 없는 일이었다.

왕정복고를 이루는 데 군사권과 함께 또 하나 중요한 문제가 인사권이다. 왕정복고王政復古라는 어휘에서 '정政'은 바로 인사권을 의미하는 것으로, 왕정복고의 진정한 의미는 국왕의 인사권 회복을 말한다.

최씨 집권기 동안 인사권을 장악한 곳은 최씨 사저에 설치된 정방政房이었다. 국왕의 인사권을 회복하기 위해서는 이 정방도 해체되어야 했다. 하지만 정방은 그대로 존속되었는데, 다만 최씨의 사저에서 국왕의 편전으로 옮겨졌을 뿐이었다.

김준은 최씨 정권을 타도했다는 공로로 '위사공신衛社功臣' 서열 1위에 오르고, 그해 1260년(원종 1) 12월 정기 인사에서는 마침내 재상급의 반열에 오른다. 고려 시대 재상은 2품 이상의 관료를 말하는데, 이들이 6부의 장관을 겸직하고 국가의 최고 정책을 결정하는 도병마사의 구성원이 된다. 이제 김준은 일개 무장에서 쿠데타를 일으킨 후 2년 만에 국가 최고 기구의 구성원이 된 것이다. 아마 이 무렵부터 김준은 확실하게 권력을 장악하고 인사권에 영향력을 행사했다고 보인다. 이는 국왕이 인사권을 재량껏 발휘하지 못했다는 뜻이다. 다만 김준은 최씨 집권자들처럼 인사권을 독점하지는 않았다. 김준 정권이 아직은 최씨 집권자들처럼 1인 전제 정치를 할 수 있는 기반이 약한 탓이었다.

이렇게 군사권과 함께 인사권마저 국왕이 장악할 수 없었다면 왕정복고는 완전히 물 건너간 것이나 다름없는 일이다. 이런 속에서 1262년(원종 3) 10월, 김준 정권의 향방을 가늠할 수 있는 중요한 조치 한 가지가 추가된다. 강도에 공신당을 중창했는데 김준을 비롯한 위사공신 13인의 초상을 벽상에 도형한 것이다. 이 위사공신 13인은 최씨 정권을 타도한 주역들로 김준 정권의 핵심 무장들이다. 공신당의 중창과 위사공신 13인의 도형은 김준 정권이 확실하게 기반을 잡았다는 것을 보여 주는 것이었다.

그런데 김준 세력은 이때 최이崔怡를 '천도공신'으로 새롭게 명명해 공신당에 자신들과 함께 도형하도록 했다. 최이는 최충헌崔忠獻의 아들로 몽골의 침략이 시작되자 전격적으로 강화 천도를 단행해 최씨 정권의 기반을 확실하게 다진 무인집권자였다. 그런 최이를 최씨 정권을 타도한 김준 세력이 공신당에 세운 것은 최이에 대한 복권을 의미하는 것으로 자가당착 같은 일이었다.

최이에 대한 복권은 강화 천도에 대한 역사적 재평가로 그의 천도에 대한 공로나 천도의 정당성을 뒤늦게 인정한 것이었다. 이는 김준 정권이 출륙 환도를 계속 반대하겠다는 선언과 다름없었으며 이후에도 출륙 환도를 계속 저지하면서 자신의 정권을 확립해 나가겠다는 뜻이었다. 김준은 자신의 정권 장악을 위해 이미 죽은 최이를 복권시킨 것이었다.

이제 김준 정권은 몽골과의 관계를 대결 국면으로 이끌어가면서 그들의 정치적 영향력을 더욱 확대할 것이다. 이것은 무리하게 천도를 단행하고 대몽 항쟁으로 일관한 최씨 정권을 계승하겠다는 것과 다를 바 없었다. 나아가 최씨 정권이 그런 것처럼, 김준 정권도 정권 안보를 위한 대몽 항쟁을 재현할 공산이 커졌다. 최씨 정권의 망령이 다시 되살아날 기미를 보인 것이다.

다시 친조 문제

이렇게 김준 정권이 점차 기반을 다져가는 중에도 고려와 몽골 사이에는 사신 왕래가 계속되었다. 1262년(원종 3) 12월에는 세조 쿠빌라이의 조서가 다시 도착했는데 여기에는 여섯 가지 중요한 사항이 들어 있었다.

1) 볼모(인질)를 보내라 2) 백성들의 호구를 조사해 보고하라 3) 역참을 설치하라 4) 군사를 보내라 5) 군량미를 보내라 6) 군비를 보조하라, 이렇게 이른바 6사라는 것이다. 황제 몽케 시절에도 고려에 이 6사를 요구한 적이 있었다. 그때는 국왕의 친조와 다루가치의 설치가 들어가 있어 지금의 6사와는 조금 차이가 있다. 이번 6사에서는 특히 군사적인 지원을 많이 요구했다는 사실이 주목된다.

세조 쿠빌라이의 이 6사 요구는 고려에 대한 독자성을 인정한 이전의 조서와는 그 분위기가 사뭇 다른 강압적인 것이다. 이 무렵에는 쿠빌라이가 아릭 부케와의 내전에서 이미 기선을 제압해 고려를 압박할수 있었다고 보인다. 그래서 이제 남송 정벌을 재개하기 위한 군사적 지원을 강요한 것이라고 볼 수 있다.

그런데 문제는 김준이 이런 쿠빌라이의 강압적인 요구를 정권 기반을 다지는 데 이용했다는 사실이다. 원과의 대결 국면을 조장해 출륙환도를 계속 거부할 수 있는 명분을 제공했기 때문이다. 세조 쿠빌라이는 그 점을 알아채서 그랬는지 모르지만 이 6사를 요구한 지 1년 만에 고려의 사정에 맞게 알아서 시행하라고 다시 통보한다.

하지만 세조 쿠빌라이는 또 다른 요구를 해 왔다. 1264년(원종 5) 5월에 온 세조 쿠빌라이의 사신은 깜짝 놀랄 만한 조서를 가지고 왔다. 조서의 내용은 이렇다.

"조회하는 것은 제후들이 지켜야 할 큰 법이다. 짐이 황위를 계승한 지 5년이 되었지만 그 동안 군사 활동으로 여가를 얻지 못했다. 근래에 서북 지방의 여러 왕과 제후들이 귀부하니 조회를 상도에서 받고자 한다. 경도 역마로 달려와 세견지례歲見之禮를 닦으라."

국왕 원종은 몽골 조정으로 들어와 조회하라는 내용이었다. 다시 친조를 요구한 것이다. 이때는 쿠빌라이가 아릭 부케와의 내전에서 완전히 승리해 주변의 모든 복속국의 지배자에게 조회를 요구했다. 고려도 이미 복속되었으니 여기에 참여하라는 것이었다. 이런 쿠빌라이의 요구는 김준 세력뿐만 아니라 조야에 큰 파문을 불러일으켰다.

친조 명령을 받은 고려 정부는 일단 연기해 줄 것을 요구하는 표문을 올렸지만 친조를 반대하는 여론이 높았다. 모두 친조를 위험하다고 판단한 것이다. 국왕 원종도 결단을 내리지 못하고 망설였다. 반대 여론도 문제였지만 왕위를 비우고 국내를 떠나 있어야 하는 것도 부담이 되었기 때문이다. 그렇다고 친조를 정면으로 거부할 수도 없는 노릇이었다.

결단을 내리지 못하고 망설이던 국왕은 재상회의를 열어 의견을 물었다. 모두 망설이며 입을 다물고 있는데 유일하게 친조를 주장하는 사람이 있었다. 이장용李藏用이라는 인물이었다.

"국왕께서 조회하면 원과 화친하는 것이고, 그것을 거부하면 틈이 생겨 전쟁을 피할 수 없습니다."

이장용의 생각은 단순 명쾌했다. 전쟁을 피하기 위해서는 친조를 해야 한다는 것이었다. 그러자 여기에 즉각 반대하고 나선 인물이 있었다. 바로 김준이었다.

"조회에 들어갔다가 만약 변이라도 생기면 어찌 하겠소."

김준이 염려한 것은 국왕의 신변 문제였다. 이는 물론 국왕에 대한 충성심에서 나온 말이 아니었다. 정권의 기반을 다져 가던 김준은 국왕의 친조가 자신의 정권에 어떤 영향을 미칠 것인지에 더 신경이 쓰였다. 김준의 반박에 이장용은 거침없이 말했다.

"나는 반드시 무사할 것이라 믿소. 만약 국왕의 신상에 조그만 문제라도 생기면 죽음을 달게 받겠소."

이장용은 국왕이 친조를 하더라도 무사할 것이라는 확신을 가지고 있었음이 분명하다. 또한 김준이 국왕 신변상의 안전을 이유로 친조를 반대한 것은 다른 의도가 있다는 것도 이미 간파했다. 김준은 이장용의 그런 확신에 찬 주장에 반대할 명분이 없었다. 그리하여 국왕은 친조하기로 결정되었다. 당연히 이장용은 국왕의 친조를 무사히 마칠 책임을 지고 그 행차를 따르기로 한다.

홀로 친조를 주장한 이장용은 고려 시대 최대 문벌 가문인 인주(인천, 경원) 이씨로 유명한 이자연李子淵(이자겸의 조부)의 6세손이다. 그는 최씨 정권의 마지막 집권자 최의의 장인이기도 한데 최씨 정권이 붕괴한 후에도 승진을 계속해, 친조를 주장할 때는 중서시랑평장사(정2품)로서 판병부사(종1품)를 겸하는 관직서열 2위에 있었다. 앞으로 일본 원정 문제가 거론되면서 이장용의 활약은 계속된다.

친조 문제와 김준 정권

국왕 원종의 친조가 결정되었지만 막상 실행하기에는 중대한 문제가 있었다. 앞서 고종 때에도 친조 문제가 있었지만 그때는 지금의 국왕인 원종이 태자로서 대신해 중대한 문제를 피해갈 수 있었다.

그 중대한 문제란 국왕의 궐위만을 두고 하는 말이 아니다. 친조는 독립 국가의 재위 중인 국왕이 중국의 황제 체제에 실질적으로 복속한다는 의미로 역사적으로 전무후무한 일이었다. 중국과의 사대 관계가 굳어진 조선 시대에도 결코 실행되지 않은 일이었다. 즉 친조 문제는 고려 왕조의 자주성이나 주체성과 관련된 문제였다.

그래서 고려에서는 국왕의 친조를 왕조의 위기나 국난으로 인식했다. 이런 인식 속에서 친조를 피하기 위해서 참성단塹星壇(강화군 마니산 정상)에 천제를 올리고, 삼랑성(강화군 길상면 전등사 뒤편)과 신니동(강화군 선원면 지산리)에 가궐假闕을 창건하자는 주장이 나왔다.

참성단은 앞서 고종의 친조 문제가 대두하였을 때 마니산 남쪽에 이궁離宮을 창건하면서 산 정상에 조영된 천제단으로, 아래는 둥근 원형이고 위는 네모난 방형의 석축 제단이다. 《고려사》〈지리지〉나 《신증동국여지승람》에는 이 참성단을 단군이 하늘에 제사지낸 곳이라 해 단군 신앙과 관련시켜 설명하고 있다. 이것이 단군 신앙이 언급된 역사상 최초의 기록이다.

그렇다면 우리 역사에서 단군을 건국의 시조로 여기고 단군 숭배를 시작한 것도 바로 이 친조 문제가 대두한 때가 아닐까 생각한다. 친조 문제가 대두하면서 단군 숭배 사상이 시작되었다는 것은 그것이 우리 민족의 기원이나 정체성을 확인하는 계기가 되었다는 뜻이다. 그만큼 친조 문제를 고려 왕조의 자주성이나 주체성과 관련한 왕조의 위기로, 역사적으로 전례가 없는 중대한 사안으로 여겼다.

삼랑성과 신니동의 가궐 창건도 왕조의 위기를 보여 주는 것이다. 가궐은 환난이 있을 때 길지에 세우는 임시 대궐을 말하는데 이것은 왕업을 연장하기 위한 풍수도참설에 근거했다.

친조 문제에 대한 대응은 이것만이 아니었다. 수많은 불교 행사를 개최하게 되는데 대표적인 것이 소재도량逍災道場이다. 소재도량은 국가의 재난이나 환난을 없애 달라고 기원하는 법회다. 이런 사실들 역시 친조를 왕조의 위기나 국난으로 인식했다는 것을 말해 준다.

그런데 이러한 친조 문제가 대두하면서 그것에 반대하며 정국의 주도권을 행사한 인물이 바로 김준이었다. 가궐의 창건이나 여러 불교 행사를 주도한 것도 김준이었다. 물론 국왕 자신도 친조를 중대한 문제로 여기고 있었기 때문에 이런 일을 마다하지 않았지만 그 속내는 서로 달랐다. 김준은 친조가 국난이나 왕조의 위기라는 인식을 확대하고 여론을 그런 쪽으로 몰아 자신의 입지를 더욱 강화하려고 했다.

1264년(원종 5) 7월, 마침내 국왕은 친조를 하겠다는 교서를 반포하고 김준에게는 후한 포상까지 내린다. 왕위를 비우고 먼 길을 떠나야 하는 국왕에게는 이제 권력을 쥐고 있는 김준의 협조와 도움이 절실했다. 이에 김준은 장도에 오르는 국왕을 위해 대관전에서 인왕도량仁王道場을 성대하게 열었다. 인왕도량은 국태민안을 기원하는 것으로 호국 경전인 인왕경을 암송하는 법회다. 그리고 다음 달 8월, 국왕은 김준을 교정별감敎定別監으로 임명해 국가의 비위를 규찰하라는 명령을 내렸다. 교정별감은 최씨 정권에서 최고 집정부로 만든 교정도감의 장관으로 최씨 집권자들은 반드시 이 직책을 차지했다. 김준이 교정별감에 올랐다는 것은 이전의 최씨 집권자와 마찬가지로 이제 그가 명실상부한 최고 집권자가 되었다는 뜻이다.

1258년 최씨 정권을 타도한 지 6년 만에 김준은 비로소 최고 집권자의 위치에 오른 것이다. 이렇게 권력 장악이 더디게 진행된 것은, 세조 쿠빌라이가 등장하면서 종전을 위해 군대를 철수하고 고려의 독자성을 인정하는 등의 유화 정책이 중요하게 작용했다. 이전처럼 군대를 통해 강압적으로 밀어붙였다면 김준의 권력 장악은 훨씬 신속하게 이루어졌을지도 모를 일이다. 그게 아니면 권력 장악에 완전 실패했든지.

국왕, 쿠빌라이와 두 번째 만남

1264년(원종 5) 8월, 국왕 원종은 친조를 위해 여러 종친과 문무백관의 전송을 받으며 강도를 출발했다. 강화도에서 바다를 건너 육지로 나가는 관문인 제포관에는 국왕을 전송하는 문무 관리들과 그것을 구경 나온 백성들로 발디딜 틈이 없었다. 우리 역사상 처음 있는 일이었으니 충분히 그럴 만도 했다.

국왕은 제포관을 떠나기 전에 김준에게 감국監國을 부탁했다. 감국은 보통 국왕의 궐위시에 태자가 국정을 대신 처리하는 것을 말한다. 이때는 태자(후의 충렬왕)가 있음에도 불구하고 김준이 그 감국을 맡게 된 것이다. 이제 국왕 원종이 친조를 떠나면 국내에서 김준보다 우위에 설 자는 아무도 없었다.

국왕은 그해 9월 하순경 대도(북경)에 도착해 쿠빌라이를 대면했다. 쿠빌라이와 국왕 원종의 두 번째 만남이었다. 이때 국왕은 황제 쿠빌라이가 베푸는 연회와 별도로 중서성에서 개최하는 연회에도 참석했다. 또한 국왕을 따르는 수행 관리들까지 모두 비단을 하사받는 등 후한 대접을 받았다. 예상치 못한 환대였다.

김준이 우려한 것처럼 국왕의 신변에 무슨 일이 일어날지도 모른다는 것은 기우에 불과했다. 세조 쿠빌라이가 국왕을 그렇게 환대한 것은 아릭 부케와의 내전에서 완전히 승리한 후 새로운 대원 제국의 위상을 과시하려는 것이었다. 이는 앞으로 고려에 대해 단순한 사대 관계를 넘어서 지배와 종속이라는 복속 관계를 강화하려는 것이었다. 고려 국왕에 대한 환대는 그것을 확인하는 자리였다.

앞서 이장용이 홀로 친조를 주장한 것은 그런 양국 관계를 이미 간파했다는 뜻이다. 김준이 친조를 반대한 것은 다른 이유가 아니었다. 국왕이 황제와 다시 대면하게 되면 두 사람은 가까워질 수밖에 없고 이는 양국 관계가 더욱 긴밀해진다는 의미였다. 정권을 장악한 김준으로서는 이런 변화가 자신의 정치적 입지를 어렵게 만드는 일로 판단했다. 혹은 황제를 대면한 국왕이 원의 세력을 등에 업고 자신에게 위해를 가할 수 있다고 우려했을 법도 하다.

국왕 원종은 그해 10월 대도를 출발해 12월에 강도에 돌아왔다. 출발해서 돌아올 때까지 4개월 정도밖에 소요되지 않은 것인데, 왕복하는 시간을 감안하면 대도에 머문 시간이 극히 짧았음을 알 수 있다. 국내의 사정이 다급하여 그렇게 서두른 것일까.

귀국한 국왕이 제일 먼저 한 일은 김준에 대한 포상이었다. 국왕 원종은 김준에게 봉후입부封候立府를 명했다. 봉후입부는 김준을 제후로 책봉하고 관부를 세운다는 것으로 이전의 최씨 집권자들이 권력의 최정상에 올랐을 때마다 시행한 일이다. 김준은 어김없이 이전 최씨 집권자들이 권력을 장악해 간 과정을 그대로 따르고 있었다.

이어서 김준은 1265년(원종 6) 정월 수상직인 문하시중門下侍中 자리도 차지했다. 이미 권력의 정상에 올라 수상직은 그에게 별 의미가 없었지만 그 상징성은 컸다. 이후 김준은 전국 각 도에 자신의 측근들을 파견해 대토지를 소유하고, 막대한 재력을 바탕으로 사병도 따로 모집했다. 이런 모습도 최씨 집권자들의 행태를 한 점 착오 없이 답습한 것이었다.

최씨 정권을 붕괴시키고 정권을 장악한 김준이었지만 이전 최씨 정권의 테두리를 조금도 벗어나지 못했다. 못한 것이 아니라 그럴 수밖에 없었다고 보인다. 원에 대한 대응이나 사소한 권력의 운용, 국왕과의 관계 등 모든 면에서 최씨 정권의 전철을 그대로 밟아 갔다. 김준에게는 그것이 최선의 길이었고 다른 길이 없었다.

일본 문제, 외교냐 전쟁이냐

고려의 군사 수를 묻다

국왕 원종이 친조할 때 수행한 이장용은 귀국해 개국백開國伯이라는 작위와 후한 포상을 받았다. 이것은 국왕을 잘 모시고 무사히 환국한 것에 대한 포상만이 아니었다. 여기에는 고려의 군사 수를 추궁하는 원의 요구에 임기응변의 능력으로 잘 대처한 것에 대한 포상의 성격도 있었다.

이 무렵 원에서는 고려의 군사 규모에 지대한 관심을 가지고 그것을 정확히 파악하기 위해 고심하고 있었다. 그때 고려의 군사 수를 세조 쿠빌라이에게 알려 준 인물이 고려 왕족 출신인 영녕공永寧公 준緯이었다.

영녕공은 1241년(고종 28), 전쟁 중에 국왕의 친아들처럼 가장해 원에 인질로 들어간 인물이다. 나중에 친아들이 아니라는 사실이 드러나지만, 이후 그는 원의 황실 여성과 결혼까지 해 거의 귀화한 것이나 다름없는 인물이었다. 영녕공은 세조 쿠빌라이가 궁금해 하는 고려의 전체 군사 규모를 귀띔해 준 것이다.

영녕공은 쿠빌라이에게 고려에는 38령의 군사가 있으니 만약 자신을 보내 주면 모두 거느리고 와서 원 조정을 돕겠다고 제안했다. 고려 시대 군대 편제상에 1령은 1천 명 단위의 군사를 말하니까 영녕공의 말대로라면 고려의 군사 수는 3만 8천 명이 된다.

여기서 잠깐 고려의 군제에 대해 살펴보고 넘어가자. 고려의 군제는 크게 중앙군과 지방군으로 나뉘는데, 중앙군은 전문적인 직업 군인의 성격이 강하고, 지방군은 보통 농민으로 구성된 군대로 보고 있다. 이 중앙군의 구성원이 앞서 말한 군반씨족으로 군인전을 받는다. 혹은 지방의 농민군 일부가 교대로 중앙으로 상경해 중앙군으로 근무한다고 보는 경우도 있다. 정규군(상비군)이라고 하면 일반적으로 중앙군을 말하는데, 이 중앙군의 편제가 8개 부대에 총 45령으로 되어 있었다. 그러니까 고려의 정규군 총수는 4만 5천 명이 되는 것이다.

그런데 이 중앙군 가운데 보승保勝(보병)과 정용精勇(기병)만을 말하면 38령으로 3만 8천 명이었다. 여기 보승과 정용은 요즘 식으로 말하자면 전투병과에 해당한다. 그 나머지 7령은 비전투병과로 예를 들면 국왕의 친위부대나 의장대, 성문 수비병 등이다. 영녕공이 말한 고려의 군사 38령은 바로 이 전투병과만을 말한 것으로 보인다.

하지만 중요한 문제는 이러한 고려의 군제가 옛날 이야기란 점이다. 무인 집권 시대를 지나면서 고려의 군제는 편제상으로만 남아 있었다. 실제는 군사 대부분이 최씨 정권의 사병으로 흡수 잠식되어 정규군 체제는 무너진 지 오래였다. 영녕공이 이를 모를 리 없었으니 아마 그는 편제상의 숫자만을 말한 것으로 보인다. 하지만 이 편제상의 숫자도 충분히 검증이 안 된 것이어서 쿠빌라이는 미심쩍어 했다.

그때 마침 국왕을 따라 원에 들어간 이장용에게 원의 고위 관리가 고려의 군사 수에 대한 정확한 실상을 말하라고 요구한다. 원의 고위 관리는 영녕공이 밝힌 내용의 진위 여부를 확인하기 위해 영녕공과 이장용을 동석시켜 대질 신문까지 했다. 이에 이장용은 영녕공의 말은 사실과 다르다면서 다음과 같이 답변했다.

"원래의 법제대로 한다면 그와 같지만 오랜 전쟁과 흉년으로 사망한 자가 많아 실제 군사 수는 1령이라 해도 법정 정원을 다 채우지 못할 실정이오. 청컨대 영녕공과 함께 환국해 군사 수를 점검해 보게 해주시오. 내 말이 옳으면 영녕공을 베고 영녕공의 말이 옳으면 나를 베어도 좋소."

이장용의 단호한 대응에 영녕공은 더 이상 대구를 하지 못했다. 원의 관리는 민망한지 이장용에게 다시 고려의 전체 호구 수를 물었다. 이장용은 자세히 알 수 없다고 답했다. 이에 원의 관리는 이장용에게 핀잔을 주면서 이렇게 책망한다.

"일국의 재상이 그것을 어찌 모른다고 할 수 있소."

그러자 이장용이 원의 관리에게 다시 반문했다.

"승상께서는 저기 보이는 창살이 모두 몇 개나 된다고 생각하시오."

원의 관리가 잘 모르겠다고 말하자 이장용이 고개를 끄덕이며 말을 이었다.

"우리나라 각 주현의 호구 수는 그것을 관장하는 관청이 따로 있는데 내가 비록 재상이지만 어찌 모두 알겠소."

원의 관리는 다시 묻지 못하고 입을 다물고 말았다.

그 후 원에서는 이장용의 논변이 소문나면서 그의 이름이 알려지고, 원의 고관들이 그를 자택으로 초대해 융숭하게 대접하는 일도 있었다. 가끔 술자리를 통해서 음악이나 고전에 대한 조예도 깊다는 것이 드러나면서 이장용의 명성은 쿠빌라이의 귀에까지 들어갔다.

세조 쿠빌라이는 이장용을 '달변의 이재상'이라 부르면서 감탄했다고 한다. 이장용을 만나 본 사람들은 그를 해동현인海東賢人이라 칭하면서 그의 초상을 그려 놓고 예배드리기도 했다니, 그가 원 조정에 일대 선풍을 일으켰음을 알 수 있다. 그런데 세조 쿠빌라이는 왜 그렇게 고려의 군사 수에 관심을 가지고 있었을까?

첫 번째 일본행 사신, 통교하라

1266년(원종 7) 11월, 원에서 특별한 임무를 띠고 흑적黑的과 은홍殷弘이라는 사신 두 명이 도착했다. 두 사신은 세조 쿠빌라이의 조서를 가지고 왔는데, 이 조서가 앞으로 양국 관계에 중대한 문제를 가져온다. 조서의 내용을 간추리면 이렇다.

일본은 그대의 나라와 가까이 있고 법제나 정치도 갖추어져 있어 한·당 이래로 간혹 중국과 통교했다는 말을 들었다. 이제 사신을 보내 그들과 통교하고자 하니 경(국왕 원종)은 가는 사신을 잘 인도해 도착하게 하고 그들을 깨우쳐 대의를 따르도록 힘써야 할 것이다(《고려사》 26, 원종 7년 11월 계축).

더 부언할 것도 없이 일본과 통교하는 데 고려가 책임을 다하라는 내용이다. 중요한 사실은 이 통교가 양국의 평등한 국가 관계를 말하는 것이 아니라 일본에게 원에 대한 복속을 요구하고 있다는 점이다. 세조 쿠빌라이는 일본도 예외 없이 대원 제국 중심의 세계 질서에 복속시키겠다는 의도를 분명히 드러낸 것이다.

당시 일본은 교토 지방에 수도를 두고 있는 왕정보다는 가마쿠라鎌倉 지방에 근거를 두고 있는 바쿠후幕府라 불리는 무사정권이 통치하고 있었다. 가마쿠라 바쿠후는 내전을 승리로 이끈 요리토모賴朝를 1192년 왕실에서 정이대장군征夷大將軍으로 임명하면서 성립한 무사정권이다. 이후 가마쿠라 바쿠후는 요리모토의 장인인 도키마사時政, 그의 아들 요시도키義時, 다시 그의 아들 야스도키泰時로 이어진 호조北條 가문에서 정권을 장악해 1세기 이상 이어진다.

이 가마쿠라 바쿠후의 무사정권은 고려의 최씨 무인정권과 거의 같은 시기에 성립해 조금 더 길게 지속된다. 최씨 무인집권기 이후 이 가마쿠라 바쿠후와는 사신 왕래가 한 번도 없었다. 같은 무인정권이니 서로 통할 만도 한데 그랬다. 적대적인 관계는 아니었지만 특별히 우호적인 관계도 없었으니 양국의 무인정권 서로가 무관심했다고 보인다. 극히 제한적인 교역을 허용했을 뿐인데, 왜구들의 노략질이 있으면 그에 대한 항의나 침략의 근절을 약속받기 위한 사신 파견이 고작이었다. 이것도 가마쿠라 바쿠후를 상대로 한 것이 아니라 대마도의 도주를 상대한 것이 전부였다.

지금까지의 이런 양국 관계에서 갑자기 일본의 바쿠후 정권과 통교를 한다는 것은 쉬운 일이 아니었다. 게다가 그것이 원의 강압에 따른 일본의 복속을 의미하는 것이라면 외교적 마찰은 피할 수 없었다. 그렇다고 고려의 처지에서는 쿠빌라이의 요구를 회피할 수도 없었다.

원의 두 사신 흑적과 은홍이 쿠빌라이의 조서를 가지고 온 지 사흘 후, 고려에서는 송군비宋君斐와 김찬金贊 등 두 명의 사신이 동행해 일본으로 출발하였다. 사안의 중대성을 감안한 매우 신속한 조치였다. 여기 송군비는 김준 정권에 밀착한 인물로 사신단을 감시하는 역할을 담당했을 것으로 보인다.

그런데 양국의 사신들은 일본으로 가기 위해 거제도까지 갔다가, 1267년(원종 8) 정월 풍랑이 험하다는 이유로 되돌아오고 만다. 그 즉시 양국 사신들은 쿠빌라이에게 사정을 설명하기 위해 해명서를 가지고 다시 원으로 출발했다. 그런데 그들이 되돌아올 수밖에 없었던 이유가 궁색했다.

조서에 유시한 바대로, 사신을 인도해 거제현에 이르러 대마도를 바라보매 대양만리의 풍파가 하늘을 찌를 듯해 상국의 사신을 받들어 경솔하게 움직일 수가 없었습니다. 비록 대마도까지 간다고 해도, 그들은 완고한 풍속으로 예의가 없으니 불측한 변을 염려하지 않을 수 없습니다. 또한 그들은 우리와 통교한 적도 없고 교역을 위해 대마도인들이 금주(김해)에 가끔 왕래했을 뿐입니다(《고려사》 26, 원종 8년 정월).

이러한 고려 정부의 해명은 앞뒤가 전혀 맞지 않는 말이다. 풍랑이 험해 가지 못했다는 말인지, 갈 수는 있었지만 불측한 변을 염려해 가지 않았다는 뜻인지, 아니면 지금까지 통교한 적이 없으니 갈 필요가 없었다는 뜻인지 아리송할 뿐이다. 이런 변명을 쿠빌라이가 수긍할 리 없었다. 하지만 고려 정부가 일본과의 통교 문제를 달갑지 않게 생각하고 있다는 점만은 분명하게 읽을 수 있다.

고려 정부에서 일본과의 통교를 꺼린 것은 그럴 만한 중대한 이유가 있었다. 고려에서는 그것이 성공할 수 없다는 점을 이미 알고 있었다. 일본이 원 제국에 복속하는 것을 수용하지 않으리라는 것은 충분히 예측할 수 있었기 때문이다. 그래서 고려 정부는 원과 일본의 통교 문제에서 어떻게든 벗어나고 싶었다.

하지만 세조 쿠빌라이는 일본이 한·당 이후 중국과 통교했다면 이제는 대원 제국에 복속하는 것을 당연하게 생각했다. 그것이 쿠빌라이가 꿈꾸는 대원 제국의 위상에 맞는 세계 지배였다. 문제는 통교가 되지 않았을 때, 다시 말해서 일본이 이런 쿠빌라이의 의도에 순순히 응하지 않았을 때는 전쟁이 불가피하다는 점이다.

쿠빌라이는 이때 일본 정벌까지는 언급하지 않았지만 그것은 말할 필요도 없이 예상되는 수순이었다. 그래서 더욱 중요한 문제는 통교가 되지 않아 일본 정벌이 불가피해진다면 그 전쟁 준비는 고려의 부담으로 떨어질 수밖에 없다는 점이다.

세조 쿠빌라이가 앞서 고려의 군사 수를 정확히 파악하려 했다는 사실을 상기하면 일본과 통교를 언급하기 전부터 이미 마음속에는 전쟁을 준비하고 있었다는 것을 말해 준다.

일본과 남송

그런데 이때는 원이 남송 정벌을 시작하기도 전이었다. 쿠빌라이는 아릭 부케와의 내전 중에 중단한 남송 정벌을 1268년 무렵에야 재개했다. 그러니까 세조 쿠빌라이의 의도는 남송 정벌을 재개하면서 동시에 일본 정벌도 추진하겠다는 것이었다.

상식적으로 생각하면 남송 정벌을 끝내고 일본을 치는 것이 순서일 텐데, 쿠빌라이는 왜 이렇게 일본 정벌을 서두르고 있었을까?

일본은 남송과 교역을 하고 있었다. 1263년(원종 4) 6월, 일본 상인 5백 60여 명이 남송에서 돌아오다가 태풍을 만나 군산 앞바다에 표류한 일이 있었다. 이때 고려 정부에서는 선박과 양식을 주어 이들을 일본으로 돌려보냈다. 또 그해 7월에는 일본 상선이 평안도 앞바다까지 표류해 오기도 했는데 역시 구호 양식을 주어 돌려보냈다. 이런 일들은 당시 중국 남방과 일본 사이에 활발한 교류가 있었음을 보여 준다.

당시 일본과 중국 남방의 교역로는 규슈 지방에서 제주도 남쪽 바다를 지나 동중국해를 따라 왕래하는 항로였다. 이 항로상에서 태풍을 만나 표류하면 해류의 흐름으로 보아 제주도나 한반도 서해안에 표착하게 된다. 일본 상선이 군산 앞바다나 평안도 앞바다까지 표류해 온 것은 그 때문이었다.

그런데 원에서는 일본이 남송과 교류한다는 사실을 알고 주시하고 있었다. 그것은 원이 제주도에 깊은 관심을 나타낸 사실에서 드러난다. 1266년(원종 7) 11월, 고려 정부를 찾아온 제주도의 성주가 곧바로 원으로 보내진 일이 있었다.

이 무렵 제주도는 고려 중앙 정부가 지방관을 파견하는 경우도 있었지만 완전히 고려의 지방 행정 조직으로 편입한 상태는 아니었다. 그래서 제주 성주가 독립한 정치 주체로서 고려 국왕을 찾아 조공의 예를 표시하는 경우가 더러 있었다.

하지만 이번 제주 성주의 고려 방문은 원의 요구에 따른 것으로 보인다. 원에서는 제주도의 지정학적인 위치를 감안해 제주도나 그 주변 해역의 사정을 자세히 파악하기 위해 그 성주를 데려가지 않았나 싶다. 그것은 일본과 남송이 교류하는 데 제주도가 항로상의 중요한 길목에 자리하고 있었기 때문이다.

남송을 완전히 정복하지 못한 세조 쿠빌라이에게는 양국의 교류가 미묘한 자극이 되었다. 남송 정복을 신속하고 확실하게 마무리하기 위해서라도 일본 정벌은 반드시 필요했다. 세조 쿠빌라이가 남송 정벌을 재개하기도 전에 일본과의 통교를 시도한 것은 그런 의도를 드러낸 것으로, 말하자면 남송 정벌을 단행하기 위한 수순이었다.

이장용, 전쟁만은 피하자

그런데 세조 쿠빌라이가 요구한 일본과의 통교가 결국 전쟁으로 이어질 것이라는 점을 예측한 인물이 이장용이었다. 앞서 이장용이 국왕을 모시고 원에 들어갔을 때 고려의 군사 규모에 대해 논쟁을 벌였는데, 그때 그는 쿠빌라이가 일본 정벌을 생각하고 있다는 사실을 이미 알아차렸을 개연성이 많다. 꼭 일본 정벌은 아니라 하더라도, 이장용은 고려의 군대가 장차 원의 정복 전쟁을 위해 동원되리라는 사실은 충분히 짐작했을 것이다.

이장용이 그렇게 판단하고 있었다면 고려 정부에서도 그 점을 모를 리 없었다. 앞서 원에 보낸 해명서에서 그런 정황을 읽을 수 있다. 일본과의 통교 문제가 결국에는 전쟁으로 이어질 수밖에 없다고 판단했기 때문에 고려 정부는 통교를 회피하는 그런 식의 해명을 한 것이다.

고려에서는 일본이 통교를 거부할 것임을 뻔히 알고 있었지만, 그렇다고 전쟁을 준비하는 것도 그 부담을 감당하기 어려웠다. 그냥 놔둘 수도 없고 어찌 해볼 수도 없는 골치 아픈 존재가 아닐 수 없었으니, 그래서 일본은 뜨거운 감자 같은 존재였다. 어쩌면 고려 정부에서는 통교를 위한 원의 사신을 일본에 보내는 문제를 고의로 방기했는지도 모를 일이다.

일본으로 가는 것을 포기하고 되돌아온 양국의 사신들이 고려 정부의 해명서를 가지고 원으로 들어갔다가, 1267년(원종 8) 8월 환국했다. 이들은 세조 쿠빌라이의 새로운 조서를 가져왔는데, 쿠빌라이는 고려의 변명에 대한 불편한 심사를 그대로 드러내었다.

전자에, 일본과 통교 문제로 사신의 향도를 경에게 부탁했는데 되돌아올 줄은 생각하지 못했다. 이는 변명일 뿐이니 자성해야 할 것이다. 이제 일본 문제는 모든 것을 경에게 위임하니 짐의 뜻을 체득해 일본을 회유하는 데 계책을 세워 반드시 성과를 얻도록 하라. 경이 일찍이 성은에 보답한다고 했는데 이것이 바로 성은에 보답하는 길이다(《고려사》 26, 원종 8년 8월 병진).

이제 일본 문제는 도저히 회피할 수 없었다. 외교로 가느냐 전쟁으로 가느냐, 하는 문제만 남아 있을 뿐인데 전쟁으로 가는 길이 뻔히 보였다. 이 문제를 마지막까지 붙들고 전쟁을 피하기 위해 고심한 인물이 바로 이장용이었다. 이장용은 원의 사신 흑적에게 다음과 같은 내용의 개인 서신을 전달했다.

일본은 바다 멀리 있어 중국과 서로 통하기는 했으나 공물을 바치지는 않았다. 중국도 이를 개의치 않았고 그들이 오면 무마하고 가면 그만이었으니, 일본과 통교하더라도 이익이 없고 그만두더라도 황제의 위상에는 손상이 없다. 수隋의 문제文帝 때 그들이 이르기를 '해 뜨는 곳의 천자가 해지는 곳의 천자에 글을 보내노라' 했으니 그 교만하고 분수를 알지 못함이 이와 같다. 국서를 보냈다가 거절하면 황제께 누가 되고 전쟁을 하자면 군사들의 안전을 보장할 수 없다. 그들이 제국의 번성함을 알고 있다면 마땅히 입조할 것인데 아마 바다가 가로막혀 있음을 믿는 듯하다. 서두르지 말고 기다려 그들이 오면 복속을 권장하고 오지 않으면 망각의 땅에 내버려 두는 것이 성인의 지극한 덕이다. 배신(이장용 자신)은 견마의 충성을 다할 것이다(《고려사》 102, 이장용 열전).

서신 내용을 한마디로 말하면 일본과의 통교에 매달릴 필요가 없다는 뜻이다. 이장용이 그런 생각을 피력한 것은 그것이 성공할 수 없다는 점을 너무나 잘 알고 있었고, 이는 전쟁으로 이어질 것이란 점도 확신하고 있었기 때문이다. 그래서 개인적으로 원의 사신을 설득하려 한 것이다.

그런데 이 서신은 이장용이 원의 사신을 설득하려는 것만이 아니라 세조 쿠빌라이에게도 그 서신 내용이 알려지도록 의도하고 있었다고 보인다. 서신의 마지막 문장에 견마의 충성을 언급한 부분에서 그 점을 엿볼 수 있다. '배신'이나 '견마의 충성'이라는 표현은 황제인 쿠빌라이를 향한 말이기 때문이다. 그래서 이장용의 이 서신은 세조 쿠빌라이가 읽을 것을 염두에 둔 것이었다고 보인다.

하지만 이장용의 이 서신은 나중에 국왕에게 알려지면서 문제가 되었다. 나중에야 이 사실을 알게 된 국왕이 이장용의 행동에 혹시 다른 마음이 있지 않나 의심한 것이다. 마침내 이장용을 유배하기로 결정하고 군사를 보내 체포하려는데, 원의 사신 흑적이 미리 알고 그를 변호해 구해 주었다. 원의 사신 흑적은 이장용과 분명 어떤 교감이 있었다고 보인다.

그런데 이때 이장용을 의심해 유배할 것을 결심한 사람은 사실은 국왕이 아니라 김준이었다. 이장용은 김준의 반대를 누르고 친조를 주장했고, 국왕을 모시고 친조를 성공적으로 마치고 돌아오면서 그의 정치적 위상은 높아졌다. 게다가 원의 조정에서뿐만 아니라 쿠빌라이까지도 그의 이름을 알고 있었으니 앞으로 원과의 관계를 주도해 나갈 수 있는 위치에 있었다. 이것을 가장 꺼릴 사람은 바로 김준이었다.

김준은 고민하였다. 자신이 정권은 장악하고 있지만 점점 정치의 주도권을 놓치고 있다는 불안감을 떨칠 수 없었다. 이는 일본과 통교 문제가 대두하면서 이장용이 정치적으로 부상하는 것과 밀접한 관련이 있었다.

마침내 1268년(원종 9) 정월에 김준은 수상직인 문하시중을 이장용에게 양보하고 만다. 이제 이장용은 수상으로서 정치의 주도권을 장악할 수 있는 근거를 마련한 것이다. 그렇다고 이장용이 정권을 잡고 김준은 실각했다고 판단하면 오해다. 정권은 여전히 김준이 장악하고 있었다. 김준은 수상직을 이장용에게 양보했을 뿐이다.

일본 복속 문제를 놓고 앞으로 전개될 여원 관계에서 수상직은 오히려 김준에게 정치적 부담만 안겨 줄 수 있었다. 원의 직접적인 압박을 피하고, 골치 아픈 일본 문제는 수상인 이장용에게 미루면서 김준 자신은 뒷전에서 강도의 정권만 지키겠다는 속셈이었다.

그래도 이장용의 정치적 부상은 분명했다. 그에 꼭 반비례하지는 않겠지만, 김준의 퇴조 또한 어쩔 수 없는 일이었다. 세조 쿠빌라이가 등장하면서 원과의 관계가 김준 정권의 부침에 깊게 작용하고 있었다.

두 번째 일본행 사신, 문전박대당하다

앞서, 세조 쿠빌라이의 조서를 다시 받은 고려 정부는 일본을 회유하는 일을 더는 회피할 수 없었다. 쿠빌라이는 일본을 회유하는 국서 까지 작성해 보냈는데, 어떻게든 이 국서를 일본에 전달하지 않으면 안 되었다. 이에 고려 정부에서도 별도로 일본에 보내는 국서를 작성 했다. 양국의 국서 내용을 간략히 요약하면 이렇다.

○ 원의 국서

대몽골 황제는 국서를 일본 국왕에게 전하노라. 짐이 생각건대 소국의 왕은 신의를 구하고 친목 다지기에 힘써야 하는 것이다. 우리가 하늘의 밝은 명을 받아 중국 전역을 차지하니 그 위엄을 두려워하고 덕을 사모 하는 자가 헤아릴 수 없었다. 짐이 즉위해 고려에서 군대를 철수하고 포 로들을 돌려보냈는데, 이에 고려가 감읍해 입조하니 그 의리는 군신 관 계지만 기쁨은 부자 관계와 같았다. 일본은 고려와 가깝고 중국과도 한 때 통교했으면서 아직도 사신을 우리에게 보내고 있지 않다. 이에 글로 써 짐의 뜻을 포고하노니 통교를 해 서로 친목할 지어다. 군사를 일으키 는 것을 누가 좋아하겠는가(《고려사》 26, 원종 8년 8월 정축).

○ 고려의 국서

우리가 몽골 대국에 신사해 그 연호를 받은 지 몇 해가 되었고, 황제가 어질고 밝아 천하로 한집을 삼아 먼 곳 보기를 가까운 곳과 같이 하시니, 해와 달이 비치는 곳은 모두 그 덕을 받들고 있다. 이에 한·당 이후로 중국과 교류해 온 귀국에 통교하고자 해, 과인에게 그 엄하고 간절한 뜻 을 내려 할 수 없이 황제의 조서를 받들어 가노라. 황제가 귀국과 통교하 고자 하는 것은 공물의 이득을 위한 것이 아니라 온 천하가 복종했다는 명성을 천하에 높이고자 하는 것이다. 귀국이 통교하면 반드시 이득을 얻을 것이니 사신이라도 한번 보내는 것이 어떠하겠는가. 귀국은 잘 헤아려 생각하라(위와 같음).

원의 국서나 고려의 국서 모두 일본을 회유하는 것을 목적으로 하고 있지만 그 어조는 사뭇 다르다. 원의 국서는 부드러우면서도 강하게 일본을 압박하고 있는데, 군사까지 들먹이면서 은근히 위협을 가하고 있다. 사신을 보내지 않을 경우, 이는 말할 필요도 없이 복속을 거절하는 것이니 정벌도 불사하겠다는 것이다.

이에 비해 고려의 국서는 이 일에 나서지 않을 수 없는 불가피한 고려의 사정을 말하고, 회유를 위해 일본의 비위를 맞추고 있다. 일본의 심기를 건드리지 않으려는 조심성마저도 엿보인다. 정벌을 하지 않고 일본을 회유하려면 조심스럽게 의사를 타진하는 쪽이 더 낫다고 판단했을 것이다. 이와 같은 양국의 국서를 지닌 고려 사신 반부潘阜는 1267년(원종 8) 9월 23일 거제도를 출발해 일본으로 향했다. 이때 원의 국서가 별도로 있는 것으로 보아 원의 사신도 고려 사신과 함께 동행했을 것으로 보인다.

그런데 양국의 국서를 지닌 고려 사신 일행은 일본을 회유하는 데 결국 실패하고 만다. 실패한 정도가 아니라 심한 냉대만 받다가 1268년(원종 9) 7월 돌아왔다. 규슈의 다자이후太宰府에 도착한 사신 일행은 수도인 교토로 안내받지 못하고 그곳에서 한 발자국도 벗어나지 못했다. 다자이후에서 무려 5개월 동안이나 지체하며 양국의 국서에 대한 답서를 기다렸으나 답서는커녕 푸대접만 받는다. 이들은 가지고 간 선물까지 낭비하며 다방면으로 힘을 썼지만 소용이 없었다.

일본 측 기록에 따르면 이때 양국의 국서는 분명히 가마쿠라의 막부에 전달되었고, 교토의 조정에도 사신의 내왕이 알려지면서 원이 곧 공격할 것이라는 사실도 보고되었다. 이에 막부에서는 규슈 지역에 원의 공격에 대비해 방어 체제를 갖추라는 명령을 하달했다. 그리고 자세한 전말은 드러나 있지 않지만 국서에 대한 답서 문제로 막부와 교토의 조정은 의견을 달리하다가 결국 답서를 보내지 않기로 결정했다고 보인다.

일본에 보낸 쿠빌라이의 국서는 현재 동대사東大寺에 필사본으로 소장되어 있는데 《고려사》에 실린 내용과 거의 일치한다. 다만 국서의 첫 부분에 '上天眷命(상천권명)'이라는 용어와, 본문 끝 부분에 '不宣(불선)'이라는 용어, 그리고 마지막에 '至元 三年 八月 日'이라는 연월이 추가되어 있다. 그리고 《원사》〈세조본기〉 지원 3년 8월 정묘 조와 〈일본전〉에도 《고려사》에 실린 것과 똑같은 내용이 있다.

국서 시작 부분의 '상천권명'은 굳이 해석하자면 '신(상천)의 명령을 받아', 혹은 몽골식 표현으로 하자면 '영원한 텡그리(하늘, 신, 무당)의 힘으로'라는 뜻인데 이를 한자식으로 옮긴 것이다. 몽골의 황제들이 대외 문서의 첫머리에 정형구로 항상 쓰던 말이다.

국서 마지막 부분의 '불선'은 '불선백不宣白'의 줄임말로 '모두 말한 것은 아니다'라는 뜻이다. 쿠빌라이가 일본에 보낸 국서는 그 전문이 의외로 간략한데, 군사 동원 운운하면서 그 말미에 '더 이상 구차스럽게 말로 하지 않겠다' 정도로 해석되어 정벌도 불사하겠다는 것을 극대화하는 표현이라고 보인다.

그런데 국서 끝에 명기된 지원 3년(1266) 8월이라는 연대는 문서 작성 시기를 보여 주는 것으로 생각해 볼 대목이다. 처음에 일본과 통교하기 위해 원의 두 사신이 갔다가 거제도에서 되돌아 왔는데, 이 국서가 그때 가지고 간 것임을 알게 해 준다. 쿠빌라이는 그때 이미 국서를 작성해 보냈지만 사신들은 일본에 가 보지도 못하고 돌아왔고, 이번에 다시 그 국서를 가지고 일본으로 향했지만 답서를 받지 못해 또 실패한 것이다.

일본 측에서 국서를 받았지만 답서를 주지 않았다는 것은 쿠빌라이의 제안을 묵살해 버린 것이나 다름없다. 이는 교토 조정의 뜻이라기보다는 가마쿠라의 막부에서 결정된 것으로 보인다. 사신의 대표인 반부는 돌아오자마자 다시 원으로 달려가 위와 같은 전말을 자세히 보고했다. 세조 쿠빌라이가 이를 어떻게 받아들일지는 분명한 일이었으니 이제 길은 외길뿐이었다.

고려에 대한 압박

양국의 국서를 지니고 간 사신이 일본에서 돌아올 때까지, 그 동안에도 고려와 원 사이에는 사신 왕래가 빈번했다. 1267년(원종 8) 11월에는 국왕 원종의 친동생인 안경공 창을 원에 보내어 다가올 신년을 하례하고 고려 사신을 일본에 파견했다는 사실도 보고했다. 안경공은 여러 차례 원에 왕래하면서 사신으로서 경험이 많은 인물이었다.

안경공은 이듬해 2월 환국했는데, 그는 세조 쿠빌라이에게 심한 질책을 받고 돌아왔다. 쿠빌라이는 국왕 원종에 대한 불만을 안경공에게 대신 쏟아 부었다. 그 불만은 이런 것이었다.

(1) 진심으로 항복했다면 왜 아직도 6사를 실천하지 않는가.

(2) 처음에 약속한 출륙 환도를 왜 아직도 실행에 옮기지 않는가.

(3) 우리 사신이 가면 왜 군사로써 경계를 하는가.

(4) 너희가 바치는 공물의 품질과 액수가 형편없는데 이게 무슨 일인가.

(5) 너희는 일본과 통교한 바가 없다고 했는데 왜 짐을 속이는가.

(6) 너희가 우리와 전쟁을 원한다면 응해 주겠다.

세조 쿠빌라이의 감정이 그대로 드러난 질책이었다. (1)의 6사 문제는 전쟁 후의 고려 사정을 이해해 전후 복구 사업이 끝나면 실천하라는 쿠빌라이의 양해가 있었다. 1263년의 일이다. 이 6사에서 가장 중요한 사항이 다루가치의 설치와 군사 동원이었는데 이는 남송과 일본을 정벌하기 위한 것이었다.

(2)의 출륙 환도 문제는 1260년(원종 1) 쿠빌라이가 황제로 즉위한 직후에 고려의 재량에 맡긴다는 조치가 내려진 적이 있다. 이 문제를 다시 거론해 고려를 압박한 것은 고려 정부의 지연 전술에 제동을 건 것으로 보인다. 출륙 환도가 지금까지 미뤄지고 있었던 것은 김준 정권의 반대가 가장 크게 작용하고 있었다.

(3)에서 원의 사신을 경계한 것은 김준 정권의 대응으로 보인다. 김준은 원과의 관계가 긴밀해지고 사신 왕래가 빈번해지는 것이 자신의 정권에 이롭지 못하다고 판단했다. 김준 정권은 이전의 최씨 정권이 지향한 원과의 대결 국면을 계승할 수밖에 없었기 때문이다. 출륙 환도 문제도 그래서 반대할 수밖에 없는 처지였다.

(4)의 공물 문제는 괜한 트집일 수 있지만 당시 고려의 실정으로 보아 양과 질을 충분히 맞추지는 못했을 것으로 보인다. 하지만 이 문제 역시 원과의 우호적인 관계를 꺼린 김준 정권이 고의로 그랬을 가능

성도 있다. 이 공물 문제는 원의 사신을 경계했다는 것과 함께 김준 정권이 원에 저항하기 위한 나름대로의 실력 행사였는지도 모른다.

(5)의 일본과 고려의 통교 문제는 단순한 교역을 긴밀한 외교 관계로 오해한 것이었다. 고려와 일본이 교역을 하고 있다는 것은 원으로 도망간 고려인들이 이미 알린 내용이었다. 그럼에도 새삼스럽게 거론한 것은 앞으로 일본과 관련한 모든 문제를 고려에 떠넘기려는 술책으로 보인다.

(6)에서 전쟁도 원한다면 응해 주겠다는 말은 조금 뜻밖이다. 쿠빌라이의 분노가 그대로 드러난 것으로, 아마 이는 김준 정권을 염두에 두고 그를 압박하기 위한 말이라고 생각된다. 그래서 전쟁을 불사하겠다는 말은 이제 더는 양보하지 않겠다는 세조 쿠빌라이의 결연한 의지를 드러낸 것이다.

안경공에게 이런 질책을 전해 들은 고려 정부는 난감했다. 다시 원과 전쟁을 벌인다는 것은 도저히 생각할 수 없었고, 그렇다고 원의 요구를 모두 수용하기도 곤란했다. 하지만 누구보다도 어려운 처지에 놓인 사람은 바로 국왕 원종이었다. 국왕은 김준 정권에 구속되어 있어 스스로 할 수 있는 일이 거의 없었다. 가장 중요한 출륙 환도 문제가 바로 그랬다.

1268년(원종 9) 3월, 고려 정부는 다급하게 출배도감을 설치했다. 출배도감은 개경으로의 환도를 준비할 임시 특별기구로 1260년에도 설치한적이 있다. 그 무렵 쿠빌라이가 출륙 환도를 요구하자 출륙을 준비하고있다는 것을 보여 주기 위해 설치했는데, 지금의 출배도감 역시 그랬다. 하지만 김준 정권은 출륙 환도를 전혀 고려하고 있지 않았다.

김준의 반대에도 불구하고 출배도감이 설치된 것은 이장용의 주장이 크게 작용했다. 출륙 환도 문제를 논의하는 조회 석상에서 이장용은 이런 주장을 했다.

"종묘사직을 걱정 없게 하고 안팎으로 편안하게 하려면 개경으로 환도하는 수밖에 없습니다."

이에 김준 일당이 반대하자, 이장용은 다시 이렇게 대안을 제시한다.

"만약 완전한 출륙 환도가 어렵다면 개경에 임시 궁궐이라도 지어, 여름에는 개경으로 옮기고 겨울에는 다시 강도로 돌아와, 상국(원)에서 하고 있는 양도와 같이 운영하면 어떻겠소."

원에서는 북경을 대도, 개평을 상도라 해 양도 제도를 운영하고 있었는데 그것을 모방하자는 것이었다. 원의 출륙 환도 요구와 김준 정권의 반대를 모두 감안한 지극히 현실적인 대안으로 이장용의 독특한 아이디어가 돋보이는 대목이다. 그렇게 해서 개경에 출배도감이 설치된 것이다.

하지만 김준 정권이 이런 중재안에 얼마나 적극적인 반응을 보였는지는 의문이다. 출륙 환도는 김준 정권이 결코 수용할 수 없는 일이었다. 개경으로 환도한다는 것은 원에 완전히 굴복하는 것이고, 그러면 고려는 원의 정치적 간섭과 지배를 피할 수 없으며, 이는 곧 김준 정권의 붕괴를 의미하는 것이었다. 그래서 강도는 김준 정권에게 은신처나 다름없었다.

출배도감이 설치된 직후 김준을 원 조정으로 불러들이라는 황제의 조서가 도착했다. 조서에는 앞서 안경공을 질책한 내용을 그대로 문서로 옮긴 것인데, 그 끝부분에 김준과 이장용이 조정으로 들어와 6사에 대한 자세한 진척 사항을 보고하라는 내용이 있었다. 쿠빌라이가 김준과 이장용의 이름을 거론해 들어오라고 명령한 것은 보통 일이 아니었다. 쿠빌라이는 김준이 고려의 내정을 장악해 출륙 환도가 지연되고 있다는 사실을 알고 있었다.

쿠빌라이의 소환 명령을 받은 김준은 너무 놀라 어찌할 바를 몰랐다. 처음에는 원의 사신을 죽이고 바다의 먼 섬으로 도망칠 생각을 했다. 황제의 소환은 김준 정권의 사활만이 아니라 김준 자신의 생사가 걸린 문제였기 때문이다. 하지만 국왕 원종의 완강한 반대로 벽에 부딪히고 만다.

이에 김준은 국왕을 갈아 치울 생각까지 했다. 한 걸음 더 나아가 스스로 왕위에 오르는 것도 생각했다. 이런 무모한 생각은 김준 측근의 극소수 무장들이 부추긴 결과인데, 황제의 소환을 받은 김준이 얼마나 절박한 처지였는지를 알 수 있다. 하지만 이런 극단적이고 무모한 계획에 아무도 동조하지 않자 김준도 마침내 그 계획을 포기하고 만다.

1268년(원종 9) 4월, 김준을 소환하기 위해 온 원의 사신이 돌아가는데 당연히 김준은 따르지 않고 이장용만 따라갔다. 사지로 뛰어들 바보가 어디 있겠는가. 이장용이 가지고 간 표문을 살펴보자.

육지로 나오는 일은 개경에 거처를 복구하고 있으며, 군사를 도우라는 명령은 비록 남아 있는 백성일지라도 있는 대로 준비할 것이고, 전함을 만들고 군량을 수송하라는 일은 힘이 닿는 대로 제공할 것을 기약합니다. 다만 다루가치를 보내 호구를 조사하는 일은 바야흐로 출륙을 준비하느라 여가가 없으므로 그것을 마친 후에 다시 보고하겠습니다. 그리고 김준과 이장용을 불러들인 일은, 이장용은 표문을 갖추어 보내지만 김준은 출륙을 준비하고 있으니 그것을 마치면 보내겠습니다(《고려사》 26, 원종 9년 4월 무술).

쿠빌라이가 요구한 것 중에서 다루가치의 설치만 정중하게 거절하고 나머지는 대부분 수용하고 있다. 다루가치의 설치는 고려에 대한 실질적인 내정 간섭으로 김준 정권을 무력하게 하는 중대한 사안이었다. 하지만 나머지 문제도 반드시 실행하겠다는 의지의 표현이라기보다는 형식적인 수사로 보인다.

이제 세조 쿠빌라이가 여기에 어떤 반응을 보일지 주목된다.

이장용과 쿠빌라이의 논쟁

세조 쿠빌라이의 소환을 받고 1268년(원종 9) 4월 원으로 들어간 이장용은 황제와 양국의 중요한 현안 문제인 군사 수를 놓고 격렬한 논쟁을 벌였다. 김준이 함께 오지 못한 것에 대해서는 의외로 크게 문제 삼지 않았다. 논쟁의 자리에는 쿠빌라이의 명령으로 영녕공까지 참석했다.

쿠빌라이: (이장용을 보며) 짐이 그대 나라에 군사를 내어 전쟁을 도우라고 명했는데 너희는 군사 수를 정확히 말하고 있지 않다. 영녕공이 일찍이 고려에는 군사 5만이 있다고 해서 1만은 나라를 지키고 4만은 와서 우리의 전쟁을 돕도록 했다. 하지만 그대는 영녕공의 말이 사실과 다르다고 하면서 실제 군사 수를 점검해 사실과 다르면 영녕공이 죄를 받고, 그것이 사실이면 그대가 죄를 받겠다고 했다. (영녕공을 가리키며) 그렇게 할 수 있는지 이 자리에서 논변해 보라.

(영녕공이 처음에 말한 고려의 군사 수는 3만 8천이었다. 그런데 갑자기 5만의 이야기는 왜 나왔는지 모르겠다. 앞서 살펴보았듯이 고려의 군제에

는 비전투병과까지 모두 합해도 4만 5천밖에 안 되는데 5만이라는 숫자는 잘 이해되지 않는다. 쿠빌라이가 좀 과장해서 대강 말하지 않았나 싶다.)

영녕공: (별 말이 없음)

쿠빌라이: (이장용을 보며) 그대는 본국으로 돌아가 지체 없이 군사 수를 보고하라. 그렇지 않으면 토벌하겠다. 그대들이 군사를 보내 주면 남송과 일본을 칠 것이다. 돌아가 너희 국왕에게 전하라. 전함 1천 척을 건조하되 큰 배는 쌀 3, 4천 석을 실을 수 있도록 하라. (쿠빌라이는 이때 처음으로 일본을 정벌하겠다고 천명한다.)

이장용: 전함을 건조하는 일은 감히 명령을 받들지 않겠습니까마는, 급히 군사를 보내라고 독촉한다면 재목이 있는데도 인부가 부족해 건조 시기를 맞추지 못할까 염려됩니다.

쿠빌라이: 칭기스 칸 때 하서왕河西王이 딸을 바치고 화친을 청하면서 여진과 회회回回(이슬람)를 칠 때 돕겠다고 한 적이 있다. 그런데 후에 칭기스 칸께서 정벌을 도우라고 명령했지만 응하지 않아 그들을 멸망시켰다는 말을 그대도 들었을 것이다.

(여기 하서왕은 탕구트의 왕으로 보인다. 칭기스 칸 때 호라즘을 정벌하는데 탕구트가 배반한 적이 있었다. 호라즘 정벌을 마치고 몽골로 귀환한 칭기스 칸은 바로 탕구트를 정벌해 멸망시킨 적이 있었다.)

이장용: 우리나라는 옛날에는 군사 4만이 있었으나 30년 동안의 전쟁과 역질로 많이 죽어 비록 군대 편성은 옛날대로 있지만 편제상의 이름만 있을 뿐입니다.

쿠빌라이: 죽은 사람이 있다면 어찌 태어나는 사람이 없겠는가. 그대는 나이 들어 사리에 맞지 않는 허망한 말을 하는구나. (이장용의 이때 나이 68세였고 쿠빌라이는 54세였다.)

이장용: 성은을 입어 군대가 철수한 이후 태어나서 자란 사람들이 있지만 겨우 아홉 살 열 살 정도입니다. 아직 어리고 약해 군사에 충당하기는 어렵습니다. 군사 4만을 동원하는 일은 쉬운 일이 아닙니다.

쿠빌라이: 그대 나라에서 순풍을 만나면 남송은 2, 3일 만에 도착하고 일본은 아침에 출발해 저녁이면 도착한다고 들었다. 그대들은 어찌 군사가 없다는 허망한 말만 하고 이들을 토벌하자고 먼저 주장하지 않는가.

영녕공: (이때 영녕공이 다시 군사 수를 거론해) 고려의 군사는 저의 생각대로 4만 명을 동원할 수 있습니다.

이장용: (영녕공의 말을 막으며) 지존 앞에서 대질해 다툴 수 없으니 사람을 보내어 점검해 보면 곧 알 수 있을 것입니다.

쿠빌라이: 그대는 속히 돌아가 자세하게 군사 수를 보고하라.

이 논쟁에서 이장용은 고려의 전쟁 부담을 최소화하려고 애썼다는 것을 알 수 있다. 어차피 전쟁을 피할 수 없다면 부담을 줄이는 쪽으로 나갈 수밖에 없었을 것이다.

이장용은 원으로 들어간 지 두 달 후인 1268년(원종 9) 6월 오도지悆都止라는 원의 사신을 동반하고 돌아왔다. 이렇게 두 달 만에 신속히 환국한 것은 쿠빌라이의 명으로 고려의 군사 수를 정확하게 파악해 보고하기 위한 것이었다. 원의 사신 오도지는 도착하자마자 고려의 군사 수를 점검하고, 전함 건조도 착수에 들어갔다.

그러는 동안 앞서 언급한 양국의 국서를 가지고 일본으로 간 고려 사신이 그 답서도 받지 못하고 돌아온다. 그러니까 일본행 사신이 돌아오기도 전에 쿠빌라이는 남송과 일본을 정벌하기 위한 군사적 준비에 들어간 것이다. 두 차례나 일본과 통교를 시도한 것은 전쟁 부담을 고려에 일임하기 위한 수순에 불과했다. 그해 8월 오도지는 고려 사신을 대동하고 전쟁 준비 상황을 보고하기 위해 원으로 돌아갔다. 이때 고려에서 보낸 보고문의 내용은 이러했다.

> 우리나라는 전성기에도 백성이 적었는데 신묘년(1231년, 몽골이 침략한 해) 이후 30년 동안 전쟁과 역질로 죽은 자가 너무 많습니다. 얼마 남지 않은 백성들이 생업으로 돌아왔지만 병적에 올라 있는 자들 중 날쌔고 용맹한 장정들이 적습니다. 황제의 칙명을 어기기 어려워 백방으로 조발해 겨우 1만 명을 얻었습니다. 그리고 전함은 재목을 갖추어 준비하고 있습니다(《고려사》 26, 원종 9년 8월).

고려가 지원할 수 있는 군사를 1만으로 보고한 것은 이장용의 힘이 컸다. 이렇게 보면 4만을 동원할 수 있다고 한 영녕공의 말은 거짓이었음이 드러났다. 하지만 꼭 그렇게만 볼 수도 없었다. 영녕공은 군대 편제상의 법정 정원을 말한 것이고 이장용은 실제 동원 가능한 숫자를 말한 것이니 두 사람 모두 옳다고 볼 수도 있는 것이다.

군사 1만은 원의 사신 오도지와 함께 보고한 것이니 쿠빌라이도 이에 대해서 더는 할 말이 없었을 것이다. 이제 고려가 동원할 수 있는 군사 1만은 더할 수도 덜 수도 없게 되었다.

이어서 1268년(원종 9) 10월, 원에서는 아주 특별한 사신단이 도착했다. 명위장군 도통령 탈타아脫朶兒, 무덕장군 통령 왕국창王國昌, 무략장군 부통령 유걸劉傑 등이었다. 이들은 그 직책으로 보아 모두 원 제국의 최고위급 무관으로 구성된 군사 전문 사신단이었다.

이들의 목적은 고려가 징발할 수 있다고 한 군사 1만과 전함 건조 등의 전쟁 준비 상황을 점검하는 것이었다. 그해 12월, 탈타아는 고려 군대를 사열해 그 숫자를 점검하고, 유걸은 서해도(황해도)로 가서 전함 건조 상황을 점검했다.

전함 1천 척은 각 도에 분담해 건조했을 것으로 보이는데 조선용 재목과 인력 동원 등을 감안해서 서해도에서 먼저 착수한 것으로 보인다. 이것과는 별도로 제주도에서도 전함 1백 척을 건조하도록 했다.

또한 이 군사 전문 사신단 일행은 쿠빌라이의 명령으로 흑산도 근해를 답사하고 시찰했다. 이는 남송을 정벌하기 위한 조사 작업으로, 쿠빌라이는 흑산도에서 남송 연안까지의 항로가 잘 발달해 교류가 활발하다는 것을 이미 알고 있었다. 그래서 남송 정벌을 중국 본토에서의 육로 공격과 흑산도에서의 해로 공격, 이 양면 공격을 생각하고 있는 듯했다. 이렇게 남송과 일본을 정벌하기 위한 전쟁 준비는 시작되고 있었다.

세 번째 일본행 사신, 일본인을 잡아 오다

군사 전문 사신단이 분주하게 움직이고 있는 가운데 맨 처음 일본행 사신으로 왔던 흑적과 은홍 두 사신이 1268년(원종 9) 11월 다시 고려에 왔다. 이 사신들은 쿠빌라이가 국왕 원종에게 경고하는 조서도 지니고 왔는데, 고려 사신을 대동하고 바로 일본으로 향했다.

경에게 지난번 일본에 사신을 보내 통교하라고 위임했더니 풍랑이 험하다고 해 가지 못한다고 했다. 그러면 앞서 반부 일행은 어떻게 도달했는가. 이는 경이 거짓을 말했음이 드러난 것이니 두려워하라. 너희 사신 일행이 일본에 가서 핍박을 받았다고 했는데 이 또한 어떻게 믿겠는가. 이에 다시 흑적과 은홍을 보내니 반드시 중신으로 인도해 도달토록 하라(《고려사》 26, 원종 9년 11월 정묘).

세조 쿠빌라이는 일본 정벌을 준비하면서도 마지막까지 외교적 노력을 포기하지 않았다. 전쟁을 하지 않고 외교로 해결할 수 있다면 그보다 더 좋은 길은 없을 것이다.

세 번째 일본으로 향한 고려와 원의 사신은 일본 본토에는 들어가지도 못하고 이듬해 3월 대마도에서 일본인 두 명만을 잡아 돌아온다. 이어서 흑적과 은홍은 즉시 그들을 데리고 원으로 들어갔다.

여기서 의문이 든다. 쿠빌라이의 조서에는 분명 일본까지 도달하도록 고려가 책임지라는 내용이 있고, 더구나 《원사》에는 이때 다시 쿠빌라이의 국서까지 지니고 갔다고 언급되어 있다. 그런데 왜 일본 본토에는 상륙도 하지 않고 대마도에서 일본인만 잡아 돌아왔을까 하는 의문이다. 일본 본토에는 들어갈 수 없는 상황이었는지, 아니면 들어갈 수는 있었지만 고의로 방기했는지 궁금한 것이다.

아마 후자 쪽에 더 무게가 있어 보인다. 흑적은 앞서 일본과의 통교는 실익이 없다는 이장용의 서신을 받은 적이 있고, 이 때문에 이장용이 궁지에 몰렸을 때 이장용을 구해준 적이 있다. 이를 보면 원의 사신 흑적은 일본 문제를 놓고 이장용과 어떤 교감을 가지고 생각을 같이 했다고 여겨진다. 그렇다면 이 세 번째 일본행 사신도 고의로 방기한 것이 아니었을까. 다만 그 책임을 조금이라도 면하기 위해 대마도에서 일본인 두 명을 잡아오지 않았을까 여겨진다.

원으로 데리고 간 일본인 두 명은 세조 쿠빌라이와 직접 대면했다.

일본인을 데리고 간 고려 사신에게는 기뻐하며 칭송의 말을 아끼지 않았다.

"너희 왕이 짐의 명령을 받들어 해로의 위험함을 마다하지 않고 일본에 가서 이렇게 생환해 복명하니 그 충절이 가상하다."

쿠빌라이는 고려 사신과 그 수행원에게까지 후하게 비단을 내려 포상했다. 사신 일행이 대마도에서 되돌아오고 말았지만 일본인을 잡아온 것에 만족했던 모양이다. 그리고 쿠빌라이는 일본인에게는 이런 말을 했다.

"너희 나라가 중국과 친해 가까이 함이 오래되었는데, 이제 짐이 너희 나라의 내조來朝를 바라는 것은 너희를 핍박하고자 함이 아니다. 짐은 다만 이름을 후세에 드리우고자 함이다."

세조 쿠빌라이가 일본인을 직접 대면한 것은 이것이 처음이다. 쿠빌라이의 말에 따르면 일본을 복속시키려는 이유가 어떤 현실적인 이득을 보려는 것이 아니라 세계 제국으로서 대원 제국의 위상을 세우려는 것임을 알 수 있다. 하지만 이것이야말로 세계 제국의 가장 현실적인 문제였을 것이다.

세조 쿠빌라이의 처지에서는 일본을 한번 건드린 이상 반드시 굴복시켜야 했다. 회유를 하든지 전쟁을 하든지 그 수단은 중요하지 않았다. 그것이 세계 제국이 살아가는 생리고 세계를 지배하는 방식이었다. 제국으로서 체면과 위상을 지키는 길만이 가장 중요한 제국의 존재 이유였다. 쿠빌라이는 일본인에게 거대한 천당불찰天堂佛刹, 대도의 만수산 궁전, 장대한 성곽 등을 관람시켰다. 일본인이 놀란 표정을 짓자 쿠빌라이는 흡족해 선물까지 내렸다. 제국의 위대한 면모를 보게 해 변방의 약소국민을 위압하려는 수법이고, 일본을 회유해 복속시키려는 지극한 노력이기도 했다.

원으로 끌려가 쿠빌라이를 대면한 일본인 두 명은 1269년(원종 10) 7월 고려 사신을 동반해 다시 일본으로 보내졌다. 이때 일본인을 송환하면서 원에서는 중서성의 첩장을 딸려 보냈고 고려 정부에서도 경상도 안찰사 이름의 첩장을 별도로 보냈다. 이 문서들은 일본 측에 남아 있는데, 원의 중서성 첩장은 거역할 경우 정벌하겠다는 의지를 밝히고 있어 상당히 강경한 내용을 담고 있다.

재미있는 사실은 일본 측 기록에 따르면 이때 원과 고려에 보낼 답서를 작성했다는 점이다. 하지만 막부의 반대로 발급이 저지당하고 만다. 막부와 교토 조정 사이에 의견 충돌이 있었는데, 막부는 여기서 교토 조정을 무시하고 강경론을 견지하고 있었음을 알 수 있다.

이 무렵 일본의 막부에서는 벌써 전쟁 준비를 하고 있었다. 1269년(원종 10) 5월, 경상도 안찰사의 보고에서 그런 조짐이 나타나고 있었다.

"제주 사람들이 태풍을 만나 일본까지 갔다가 돌아와서 말하는데, 일본이 장차 전함을 갖추어 우리의 해변을 침공하려 한다고 합니다."

심상치 않은 보고였다. 일본이 전함을 준비한다는 것은 고려를 침공하기 위한 것이라기보다는 원과의 전쟁에 대비하려는 것으로 생각된다. 그렇다면 일본의 막부 정권은 원에 대한 복속을 거부하고 이미 일전결사를 준비하고 있었다는 얘기다.

일본 원정의 걸림돌, 고려 삼별초

진퇴양난의 마지막 무인정권

일본 문제로 고려와 원 사이에 사신 왕래가 빈번한 가운데 김준 정권이 무너진다. 1268년(원종 9) 12월의 일이다. 흑적과 은홍 등이 세 번째로 일본을 향해 출발한 후에, 그리고 원에서 군사 전문 사신단이 들어와 군대를 사열하고 전함 건조 상황을 살펴보는 와중에, 김준이 임연林衍이라는 무인에게 제거된 것이다.

임연은 김준이 최씨 정권을 타도할 때 가장 적극적으로 협조하고 공을 세운 무인이다. 하지만 시간이 흐르면서 두 사람의 틈이 벌어진 데다 임연이 김준 정권에서 소외되면서 불만이 쌓여 갔다. 이때 김준 정권에 억압당해 불만이 많던 국왕 원종이 임연과 연결되어 김준을 타도한 것이다.

그런데 김준 정권을 타도하는 데 힘을 합친 임연과 국왕은 그 처지가 너무나 달랐다. 국왕은 하루빨리 무인정권을 종식시키고 왕권을 회복하는 것이 급선무였다. 이를 위해서는 출륙 환도를 미룰 수 없었으며, 출륙을 하려면 새로운 집권자 임연 역시 타도의 대상이 될 수밖에 없었다. 하지만 새로이 성립한 임연 정권은 이전의 무인정권과 마찬가지로 출륙 환도를 거부할 수밖에 없었다. 임연 정권의 사활이 걸려 있었기 때문이다.

이런 상황에서 임연은 결국 무리수를 두게 된다. 1269년(원종 10) 6월, 임연은 국왕 원종을 전격적으로 폐위하고 국왕의 친동생인 안경공 창을 받들어 새로운 왕으로 모신 것이다.

국왕 폐위에는 이장용의 일조가 있었다. 폐위를 받아들이지 않으면 임연이 국왕의 신변에 해를 가할지도 모른다는 이장용의 국왕에 대한 깊은 배려가 양위 형식으로 나타난 것이다. 하지만 말이 양위이지 강제적인 폐위나 다름없는 것으로, 이장용이나 국왕이나 임연의 위세에 눌려 따를 수밖에 없는 일이었다.

임연이 다급한 마음에 국왕을 갈아 치우기는 했지만 왕위 교체를 원에 설명할 길이 난감했다. 게다가 당시 태자(후의 충렬왕)는 원에 들어가 있었다. 태자는 그때 환국 중이었는데 압록강 근처까지 왔다가 부왕의 폐위 소식을 접하고 다시 원으로 들어가 버린다. 세조 쿠빌라이는 되돌아온 태자에게 맨 처음 원종의 폐위 소식을 들었을 것이다.

임연은 양위를 건의한 이장용을 원으로 보내 양위를 설명하도록 했지만 그가 임연의 의지에 역행하는 말을 할 수 없었다는 것은 뻔하다. 이후 양국 사이에는 왕위 교체의 진상을 묻고 그에 답하는 사신들이 긴박하게 오갔다. 하지만 쿠빌라이는 왕위 교체 경위에 관한 보고 내용이 되돌아온 태자의 설명과는 달라 갈피를 잡기 힘들었다. 고려에서 파견한 사신들은 대부분 임연의 측근 인물들로 진상을 왜곡했기 때문이다.

마침내 쿠빌라이는 고려에 여러 차례 왔던 흑적을 파견해, 국왕과 안경공 그리고 임연 이 3자를 모두 원 조정으로 불러들이라는 명령을 내린다. 그리고 만약 이를 어기면 즉시 군대를 보내 토벌하겠다고 압박을 가했다. 실제 쿠빌라이는 두연가頭輦哥 국왕에게 군사를 주어 파병할 준비를 했다. 두연가 국왕은 칭기스 칸이 신임해 동방 경략을 맡긴 무칼리의 후손인데, 황제 체제 아래의 여러 왕들 중에서 제일 서열이 높은 자로 요양 지방을 책임지고 있는 인물이었다. 그만큼 사태가 심각했다는 것을 보여 준다.

이런 급박한 상황에서 누구보다도 궁지에 몰린 사람은 임연이었다. 임연은 원의 사신 흑적을 자기 집으로 초대해 잔치를 베풀고 뇌물도 주면서 도움을 구했다. 이에 흑적은 국왕 원종을 다시 복위시킬 것을 요구했고, 임연은 흑적의 권고를 따를 수밖에 없었다.

1269년(원종 10) 11월, 폐위된 국왕이 다시 복위하니 폐위된 지 불과 5개월 만의 일이었다. 폐위에 관계한 이장용은 그 후 수상직에서 파면당하고 말았다.

국왕 원종이 복위했지만 그렇다고 문제가 해결된 것은 아니었다. 쿠빌라이의 소환 명령에 대해서는 어떻게든 대응해야 했다. 임연이 쿠빌라이의 소환에 응해 원으로 들어간다는 것은 호랑이 굴로 들어가는 것과 다름없었으니 도저히 그렇게 할 수는 없었다. 1269년(원종 10) 12월, 임연과 안경공을 제외하고 국왕 원종은 흑적을 대동해 원으로 향했다.

그리하여 1270년(원종 11) 2월, 국왕 원종은 대도에서 쿠빌라이를 대면한다. 황제가 마련한 성대한 연회에 초대되어 큰 환영도 받았다. 황제 쿠빌라이와의 세 번째 만남이었다. 우리 역사상 이런 국왕도 없을 것이다.

이 자리에서 국왕은 가히 역사적 사건이라 할 만큼 중요한 문제를 두 가지 요청한다. 하나는 태자의 청혼 문제고 또 하나는 원의 군대 파견 요청이었다. 태자의 청혼은 원 공주와 혼인토록 해달라는 것인데, 이 문제는 다음 장에서 자세히 살필 것이다.

그런데 국왕 원종이 군대를 요청하기 전에, 원으로 되돌아간 태자의 요청으로 이미 서경(평양)에는 원의 군대가 들어와 있었다. 여기에 국왕이 다시 군대를 요청한 것인데, 다루가치와 군대를 딸려 보내 주면 임연을 제거하고 출륙하겠다고 했다. 무인정권을 끝내려면 원의 군대에 의존할 수밖에 없다고 판단한 것이다. 국왕의 요청을 받은 원에서는 다시 후속군의 파병을 논의했다.

국왕 원종의 바람은 자신의 신변을 호위할 정도의 군대였지만 원에서는 이 기회에 직접 임연 정권을 토벌하겠다는 강한 의지를 드러냈다. 만일 그렇게 된다면 고려와 원 사이에는 다시 전쟁이 벌어질 것이었다. 그런데 이것은 국왕이 원하는 바가 결코 아니었다. 국왕은 다시 후속군의 파병을 정지해 줄 것과, 서경에 주둔한 군대도 대동강을 넘어 남하하지 못하도록 요청했다. 전쟁으로 확대되는 것을 막기 위한 국왕의 노력이었다.

하지만 원에서는 후속군 파병 중지 요청을 거절하고 요양에 주둔하고 있는 두연가에게 국왕을 호송하도록 했다. 서경에 주둔한 군대가 대동강을 넘지 못하도록 한 요청은 받아들여진 것 같다. 아울러 국왕은 후속군으로 파병되는 두연가의 군대도 개경에만 머물고 강화도에는 들어가지 못하도록 요청했다.

1270년(원종 11) 2월 11일, 국왕은 대도에서 쿠빌라이를 대면한 지 10여 일 만에 두연가 군대의 호위를 받으며 환국 길에 올랐다. 이전에 환국하려다 원으로 되돌아간 태자를 동반해서였다. 외국 군대의 호위를 받으며 환국하는 국왕의 심정은 어땠을까.

국왕이 원의 군대를 이끌고 환국한다는 소식은 임연에게 거의 절망적이었다. 이제 방법은 전쟁밖에 없었다. 임연은 야별초를 동원해 백성들을 섬으로 피난시키고 원의 군대에 맞설 준비를 했다. 하지만 임연은 원의 군대에 맞서 보지도 못하고 갑자기 죽고 만다. 아마 울분으로 인한 돌연사로 생각된다.

임연이 죽자 그의 아들 임유무林惟茂가 바로 권력을 계승했다. 강도에 남은 문무 관리들은 앞으로 벌어질 사태에만 주목했는지 임유무의 권력 계승에는 별 관심이 없었다. 임유무는 사병들을 동원해 자신과 그 형제들의 집을 더욱 철저하게 호위하도록 했지만, 사면이 포위된 상태에서 힘없이 칼자루만 쥐고 있는 꼴이었다.

개경 환도

1270년(원종 11) 2월에 대도를 출발한 국왕은 그해 5월 11일 서경 근처에 도착했다. 급박한 상황에 비하면 매우 느린 여정이었다. 여기서 국왕은 강도의 문무 관리들에게 비장한 내용의 통첩을 보냈다.

황제께서 요양행성의 두연가 국왕에게 군사를 거느리고 과인을 호위하게 해 귀국시키면서 "경이 돌아가 나라 사람들을 모두 구경(개경)으로 옮겨 옛날과 같이 하면 아군은 곧 돌아올 것이다. 하지만 만일 명령을 거역하는 자가 있으면 그 자신뿐만 아니라 처자까지 모두 포로로 할 것이다" 라고 하셨다. 지금의 출륙은 옛날과 같이 하지 말고 문무 관리로부터 거리의 백성에 이르기까지 모두 가족을 거느리고 나오라. (중 략) 사직의 안위가 이 일거에 달렸으니 마땅히 각자 마음을 다하라(《고려사》 26, 원종 11년 5월 경술).

개경으로 환도하라는 국왕의 이런 통첩을 받은 강도의 관리들은 거부할 수 없었다. 다만 임연의 권력을 계승한 임유무와 그 측근의 인물 몇몇만이 출륙 환도를 거부했다. 임유무는 측근 무장들과 야별초를 동원해 전쟁에 대비했지만 완전히 수세에 몰렸다. 대세는 이미 기울어진 것이다.

출륙 환도하라는 국왕의 명령이 강도에 접수된 지 사흘 후, 임유무는 강도에서 일어난 정변으로 제거되고 만다. 임유무를 제거한 주동 인물은 홍규洪奎인데, 그는 임유무의 매부가 되는 인척이었지만 정권에서 소외되어 불만이 많았다. 홍규는 임유무를 제거하라는 국왕의 은밀한 편지를 받고, 삼별초를 지휘하는 무장들의 도움을 받아 거사를 성공시켰다. 환국 중인 국왕 일행이 강도에 도착하기도 전이었다.

그렇게 쉽게 임유무 정권은 무너졌다. 무엇보다도 원의 군사적 압박이 결정적이었고, 그에 힘입어 사직을 수호하라는 국왕의 명령을 문무 관리와 삼별초의 군사들이 어김없이 받아들인 것이다. 임유무의 제거로 무려 1세기 동안 지속해 온 무인정권은 막을 내린다. 임유무가 무인정권의 마지막 주자가 된 셈이다.

임유무를 제거했다는 소식은 환국 중인 국왕 일행에게 바로 전해졌다. 국왕이 용천역(황해도 서흥)에 이르렀을 때였다. 홍규 등 거사의 핵심 인물들은 바로 국왕이 머물고 있는 행재소로 향했다. 이후 강도에 남아 있던 많은 중신들도 국왕의 어가를 맞이하기 위해 앞 다투어 행재소로 달려갔다.

이어서 5월 23일, 강도에서는 개경 환도를 논의하기 위한 재상회의가 열렸다. 여기서 개경 환도는 이미 확정된 사실이어서 그 가부는 문제가 아니었다. 환도 기한 날짜가 정해졌고 기일 안에 모두 강도를 떠나 개경으로 나오라는 내용의 방문이 거리마다 나붙었다.

그런데 방문이 나붙자 삼별초 군사들이 갑자기 여기에 반발하고 나선다. 이들은 개경 환도 결정에 반발하면서 강도에 있는 국가의 창고까지 점령해 마음대로 열어젖혔다. 이것이 '삼별초의 난'의 시작으로 어느 누구도 전혀 예측하지 못한 뜻밖의 사건이었다.

삼별초 난이 일어난 어수선한 속에서 환국 중이던 국왕은 강도로 들어가지 않고 5월 27일 개경의 사판궁에 어가를 들인다. 곧이어 아직 강도에 남아 있던 국왕의 비빈과 문무 관리들도 삼별초 난을 피해 속속 개경으로 들어왔다. 이제 강도에 남아 있으면 삼별초 난에 부화뇌동하는 꼴이 되었다. 그래서 죽음을 무릅쓰고 탈출하는 자들도 있었고 탈출하려다 삼별초의 군사들에게 붙잡히는 자들도 있었다. 서로 먼저 배를 타려는 사람들로 강도는 아비규환이 따로 없었다. 이것이 개경 환도였다. 아무런 준비 없이 개경에 들어온 국왕도 의관을 격식대로 갖추지 못해 행색이 말이 아니었고, 신하들도 모두 군복 차림이었다. 관아도 폐허가 된 것이 많아 장막을 치고 거처할 정도였다.

1232년(고종 19) 7월, 최이가 몽골과의 항쟁을 명분으로 강화도로 천도한 지 38년 만의 환도였다. 아무런 준비도 없이 개경 환도는 그렇게 졸지에 이루어졌다.

일본 원정에 동원될 위기의 삼별초

최씨 정권이 조직한 삼별초나 지금 설명할 삼별초 난, 이어지는 진도와 제주도의 삼별초 항쟁에 대해서는 《고려 무인 이야기 4》에서 자세히 이야기했다. 삼별초에 대해서는 이 책을 참고하기 바라며 여기서는 일본 원정이나 원과의 관련 부분만 언급하겠다.

1270년(원종 11) 5월 23일, 강도의 재상회의에서 개경 환도 결정이 내려지자 삼별초 군사들이 국가의 창고를 점령했는데 이것이 삼별초 난의 시작이었다. 이렇게 삼별초 군사들이 동요한 것은 언뜻 보면 개경 환도 결정에 반발한 때문이라 할 수 있다.

그런데 개경으로 환도하라는 명령은 환국 중인 국왕이 이보다 10여 일 전에 이미 전달하였다. 당시 임유무 정권은 개경 환도에 즉각 저항할 태세를 갖추었지만 그때 삼별초는 참여하지 않았다. 삼별초가 처음부터 개경 환도에 반발할 생각이 있었다면 그때 임유무 정권을 따랐어야 옳은 것이다. 그렇게 하지 않고 오히려 임유무 정권을 타도하는 데 앞장섰는데, 이것은 삼별초의 동요가 개경 환도 결정에 반발한 때문이 아니라는 것을 보여 준다.

그러면 무엇 때문에 삼별초 군사들이 동요했을까? 그들의 맨 처음 행동이 국가 창고를 점령했다는 사실을 염두에 둘 필요가 있다. 삼별초 군사들은 임유무 정권을 타도하고 경제적 시혜 조치를 기대했다. 이전에도 무인정권을 타도한 직후에 그런 조치가 항상 있어 왔기 때문에 충분히 그런 기대를 할 만했다. 더구나 삼별초 군사들은 최씨 정권이 붕괴한 이후 경제적 불만도 쌓여 있었다. 맨 처음 삼별초 군사들이 동요한 것은 바로 이 때문이다.

5월 25일, 삼별초 군사들이 동요하자 국왕은 수행 중인 무장을 강도에 들여보내 삼별초 군사들을 회유 설득한다. 어떤 내용으로 어떻게 설득했는지 모르겠지만 별 효과는 없었다. 이후에도 삼별초 군사들은 계속 동요하였기 때문이다.

5월 27일, 환국 중이던 국왕은 강도가 아닌 개경의 사판궁에 어가를 들인다. 당시 개경 외곽에는 국왕 일행보다 먼저 이미 두연가가 이끄는 원의 군대가 주둔하고 있었다. 이 사건은 개경 환도를 확정 짓는 일이었는데 이게 삼별초 군사들을 더욱 자극했다고 보인다.

삼별초 군사들은 국왕이 개경이 아닌 강도로 들어오기를 기대했다. 국왕이 강도에 들어와 자신들이 그 국왕을 호위하고 개경으로 환도한다면, 사직을 수호한다는 명분으로 임유무 정권을 타도한 삼별초 군사들에게는 더 바랄 게 없었을 것이다. 지금까지 복무해 온 무인정권의 사병이 아니라 명분 있는 왕조의 정식 군대로 거듭 날 기회였기 때문이다. 그런데 국왕은 원의 군대가 주둔하고 있는 개경으로 들어가 그 기대를 완전히 저버린 것이다.

5월 29일, 삼별초 군사들이 계속 동요하자 국왕은 다시 측근 무장을 강도에 들여보내 삼별초를 혁파해 버린다. 이것으로 그치지 않고 그 삼별초 군사들의 이름이 올라 있는 명부를 탈취해 온다. 이 사건은 타오르는 불에 기름을 끼얹는 꼴로, 삼별초 난의 가장 결정적인 원인이었다.

삼별초를 혁파한다는 조치는 단순히 군대 해산만을 의미하는 것이 아니다. 삼별초를 제도적으로 없애 버리고 존재 자체를 인정하지 않겠다는 것이니 삼별초 군사들에게 배신감을 안겨 주기에 충분했다. 국왕은 삼별초를 무인정권에 충성을 다한 사병집단으로만 본 것이다. 이제 삼별초는 사직을 수호한다는 명분으로 임유무 정권을 타도한 것에 대한 보상도 받을 길이 없고, 앞으로 왕조의 군대로 거듭날 기회마저 박탈당해 버린 것이다.

그런데 삼별초의 군사들을 더욱 배신감에 휩싸이게 한 것은 그 명부를 탈취해 온 일이었다. 이 명부는 장차 일본 원정에 동원될 군사들을 확보해 놓기 위한 근거였다. 이것은 왕조의 배신 정도가 아니라 앞으로 자신들이 일본과의 전쟁에 동원되어 생명의 위협까지 받게 되었다는 것을 의미했다. 삼별초 난이 더욱 확대된 것은 이 때문이었다.

일본 원정에 동원될 위기에 놓인 삼별초를 살펴보기 위해, 앞서 고려의 군사 수를 놓고 이장용과 쿠빌라이가 벌인 논쟁을 다시 상기해 보자. 그때 쿠빌라이는 처음으로 일본과의 전쟁을 언급했고 고려의 군대를 동원한다는 것을 기정사실로 했다. 여기서 이장용은 영녕공의 주장을 부정하기만 했지 자신이 동원할 수 있는 군사 수를 정확히 말하지 않았다. 그것은 무인정권에 충성하면서 사병 기능을 하고 있는 삼별초를 계산에 넣어야 할지 말아야 할지 고민스러웠기 때문이다.

이장용의 뇌리에는 동원할 수 있는 고려의 군사에서 삼별초는 아예 고려 대상이 아니었다. 자신이 마음대로 그렇게 할 수도 없었지만, 권력을 쥐고 있는 김준이 자신의 정권을 수호할 삼별초의 군사들을 동원하도록 놔두지도 않을 것이기 때문이다. 김준 정권은 이 점에서 애초부터 일본 문제가 전쟁으로 발전하는 것을 누구보다도 싫어했을 것이다. 이런 측면으로 보면 군사 4만을 동원할 수 있다는 영녕공의 주장도 고려의 처지를 무시했다기 보다는 김준 정권의 눈치를 볼 필요가 없는 위치에서 나온 말이라고 볼 수 있다.

삼별초를 무인정권 때문에 동원할 수 없다면, 삼별초를 제외하고 동원할 수 있는 군사라는 것이 너무나 뻔했다. 고려 전통의 군제상에 상비군으로 이름만 남아 있는 2군 6위의 군사들이나 일반 백성을 징발할 수밖에 없었다. 그래서 이장용은 쿠빌라이에게 30년 전쟁으로 남아 있는 군사가 거의 없고 군대 편제는 이름만 남아 있다고 말한 것이다.

그 후 이장용은 원의 사신과 함께 환국해 군사 1만을 동원할 수 있다고 보고했다. 여기 1만에도 역시 삼별초는 제외되었다고 보인다. 이것은 정확히 군사의 숫자를 점검해서 보고한 것이 아니라 막연히 동원 가능한 숫자를 언급한 것으로 보인다.

그런데 동원 가능한 군사를 1만으로 보고한 직후, 원에서는 군사 전문 사신단을 파견해 전함 건조를 살펴보고 직접 군대를 사열했다. 탈타아라는 사신이 고려의 군대를 사열했는데, 아마 동원할 수 있다고 보고한 군사 1만을 점검하기 위한 것으로 보인다. 이때 군사 1만을 모두 집결시켜 사열했는지 모르겠지만, 역시 삼별초는 사열 대상에 포함되지 않았을 것으로 생각된다.

재미있는 사실은 탈타아가 고려의 군대를 사열한 지 보름 후에 김준이 임연에게 제거되었다는 점이다. 두 사건에 어떤 관련성이 있을 듯한데 명쾌하게 드러나지 않는다. 분명한 것은 고려의 군사를 동원하는 문제로 양국 간에 사신이 빈번하게 왕래하면서 이미 김준 정권이 위축하기 시작했다는 점이다.

김준 정권이 무너지고 다시 임연 정권이 들어섰지만 일본 원정을 준비해야 하는 고려의 처지는 전혀 달라지지 않았다. 세조 쿠빌라이의 동원령에 따르기는 싫었지만 고려의 군사 1만을 동원해야 한다는 사실에는 변함이 없었다. 무인정권이 장악하고 있는 삼별초를 제외하고 군사 1만을 동원한다는 것은 쉬운 일이 아니었다.

6월 1일, 삼별초 군사들의 동요는 확실하게 반란으로 발전한다. 그 중심 인물로 장군 배중손裵仲孫과 야별초 지휘관 노영희盧永僖가 등장했다. 삼별초 군사들이 동요를 시작한 지 1주일 만에 이제야 비로소 주동자가 나선 것인데, 이 점 역시 처음부터 반란을 도모하려는 것이 아니었다는 것을 말해 준다. 배중손과 노영희는 반란을 선동하면서 강도의 백성들에게 이렇게 외쳤다.

"오랑캐 군대가 쳐들어와 인민을 살육하고 있다. 보국을 하려는 자는 모두 대궐 앞에 모여라."

원의 군대가 개경까지 진주한 것은 사실이지만 인민을 살육하는 정도는 아니었다. 오랑캐의 침략에 대항해 보국輔國을 외친 것은 봉기의 명분을 얻기 위한 것이었다. 하지만 불안한 백성들은 여기에 동조했고 이제는 삼별초 군사들뿐만 아니라 일반 백성이나 하층민들도 참여하게 된다.

이어서 삼별초 군사들은 무기 창고인 금강고를 장악하고 병장기를 꺼내어 군사들에게 나누어 주었다. 무기를 손에 든 것도 이때가 처음이다. 이 단계에 오면 이제는 봉기 정도가 아니라 군사적 반란이 분명해졌다. 이렇게 삼별초 난이 단순한 동요에서 봉기로 비화하고, 다시 군사적 반란으로 확대된 것은 삼별초 혁파와 명부 탈취가 중요한 계기였다.

배중손과 노영희는 무장한 삼별초 군사들을 거리에 모아 놓고 왕족인 승화후承化候 온溫을 새로운 왕으로 추대하고 관부도 설치해 관리를 임명했다. 삼별초가 환도한 개경 정부를 부정하고 새로운 정부를 구성한 것이다. 이때부터 삼별초는 반고려 왕조의 기치를 확실하게 내세우기 시작했다.

삼별초 정부와 원 제국

새로운 정부를 표방한 삼별초는 1270년(원종 11) 6월 3일 강화도를 떠나 그해 8월 19일 진도에 도착해 새로운 거점을 마련한다. 이렇게 늦게 진도에 안착한 것은 서해안의 여러 섬과 해안 지역을 공략하면서 남하했기 때문이다. 삼별초가 강화도를 떠나면서 처음부터 진도를 목표로 한 것 같지는 않고 여러 섬들을 공략하면서 항쟁에 전략적으로 유리한 위치를 찾은 결과로 보인다.

삼별초가 진도에 안착하기 전, 그해 8월 1일 고려 정부는 태자를 원으로 보내 삼별초의 반란 사실을 보고했다. 태자는 그해 12월 환국했는데 세조 쿠빌라이의 조서를 가지고 왔다.

(1) 고려가 남송, 일본과 교류한다는 말을 들었는데 경은 그렇지 않다고 했다. 금년에도 남송의 상선이 오자 경이 몰래 돌려보냈다가 (요양)행성에서 알아채고 힐난하자 그때야 사실대로 말했는데, 앞으로는 이를 숨기지 말라.

(2) 또 작년에 경이 군사를 모으고 전함을 건조한다고 하면서 별 성과가 없는 것을 임연 때문이라고 했다. 이제 일국의 왕으로서 모든 권한을 가지고 남송이나 일본 정벌을 위해 병마와 전함과 군량을 갖추어 내 명을 기다리라.

(3) 임연의 반역으로 우리 군사를 보내 나라를 안정시켰고 이제 경은 개경에 들어왔으니 동방이 무사할 것이다. 다만 삼별초의 반란이 일어나 걱정이 많을 것이나, 짐의 뜻을 유시한 후에 다시 돌아오는 자가 있으면 과거의 허물을 묻지 말고 안심하고 생업에 종사케 하라.

세조 쿠빌라이는 이 무렵 바얀(伯顔)을 총사령관으로 한 남송 정벌을 이미 재개해 양양을 포위하고 총공격을 하는 중이었다. 아울러 일본을 정벌하기 위해 인적·물적인 제반 전쟁 준비를 고려에 강요한 상태였다. 여기에 삼별초 난이 일어나 복병을 만난 것이다. 이때까지만 해도 쿠빌라이는 삼별초 난을 심각하게 보지 않았다.

다만 (1)에서 보듯이 고려가 남송이나 일본과 교류하고 있다는 사실에 대해서는 민감한 반응을 보였다. 남송은 지금 정벌 도중에 있고 일본은 곧이어 정벌할 대상인데 고려가 이 양국과 교류를 한다는 것은 미묘한 자극이 되었을 것이다. 여기에 삼별초 난이 일어났다는 보고를 받자 경계심을 드러냈고, (1)은 그 점을 고려에 경고한 것으로 보인다.

(2)는 임연 정권 때문에 일본 원정 준비를 충분히 할 수 없었다는 고려의 변명을 이제는 무인정권이 끝났으니 더는 용납하지 않겠다는 뜻이다. 고려의 변명은 사실이 그러했다. 김준 정권과 이어진 임연 정권에서 군사 동원이나 전함 건조를 충분히 협조했을 것 같지 않고, 실권이 없는 국왕이 마음대로 할 수도 없었기 때문이다.

(3)은 세조 쿠빌라이의 삼별초 난에 대한 초기 대응을 보여 준다. 군사적 진압보다는 회유를 먼저 생각한 것인데, 남송 정벌과 앞으로 일본 원정을 준비해야 하는 상황에서 당연한 대응이었다. 어쩌면 세조 쿠빌라이는 삼별초 세력이 남송이나 일본과 연결되는 것을 가장 꺼려했을 수 있다. 회유를 먼저 생각한 것은 그 때문이라 할 수 있다.

고려 정부에서는 나름대로 군대를 보내 진압을 시도하지만, 왠지 전장에 나선 고려 측 장수들은 소극적이었고 삼별초의 위세에 눌려 있었다. 그해 11월에는 진도의 삼별초 세력이 제주도까지 점령한다. 고려 정부에서는 제주도가 위험하다는 것을 미리 알고 군대를 보내 대비했지만 삼별초 세력에게 함락당하고 말았다.

삼별초 세력이 제주도를 장악했다는 것은 쿠빌라이에게 큰 타격이었다. 쿠빌라이는 일찍부터 제주도를 주목하고 있었다. 남송을 정벌 중에 있고 또 앞으로 일본을 정벌하려는 쿠빌라이에게 제주도는 해로상의 중요한 거점이었다. 제주도를 장악한 삼별초 세력은 이제 간단한 문제가 아니었고 쿠빌라이가 반드시 넘어야 할 산이었다.

1270년(원종11) 12월, 원에서도 장수가 파견되어 고려 측 장수 김방경金方慶과 함께 연합 작전을 펴 진도를 공략하지만 대패하고 말았다. 이때 김방경은 삼별초와 해전을 치르는 중에 포위된 상태에서 겨우 살아 돌아왔고, 함께 참전한 원의 장수 아해阿海는 전투에 소극적이었다는 이유로 원으로 소환되고 말았다.

한편, 쿠빌라이의 조서를 받은 고려 정부에서는 원의 사신을 동반한 관리를 즉시 진도로 파견했다. 이때 쿠빌라이의 조서와 고려 정부의 국서를 함께 지니고 갔는데, 양국의 사신을 맞은 삼별초 정부는 원의 사신을 억류해 버리고 쿠빌라이의 조서를 거부하면서 이런 말을 전한다.

"이 조서는 우리에게 전달한 것이 아니니 받을 수 없다."

진도의 삼별초 정부가 조서를 거부한 것은, 고려 국왕에게 보낸 조서를 그대로 삼별초 정부에 전달했기 때문이다. 이는 자신들을 개경 정부의 반란 세력쯤으로 취급한 것에 대한 반감의 표출이고, 앞으로는 자신들의 정부를 정식으로 인정하고 공식 조서를 보내라는 의미로 해석된다.

그런데 진도의 삼별초 정부는 원의 조서를 거부하면서도 고려 정부의 국서에 대한 회답에서는 '그대로 따르겠다'는 뜻을 전했다. 사서에 당시 보낸 고려의 국서 내용이 무엇인지 드러나 있지 않아 이 회답의 의미가 무엇인지 알 수 없지만 뜻밖의 반응이 아닐 수 없다. 추측에 불과하지만, 아마 고려 정부가 삼별초 정부에게 원나라 군대의 철수를 요구하라고 은밀히 종용하지 않았나 싶다.

이 무렵, 고려에 파병된 두연가 국왕은 개경에 주둔하고 있으면서 점령군 사령관과 같은 위치에 있었다. 국왕 원종은 하루빨리 그런 두연가 군대를 철수시키는 일이 중요했을 것이니, 삼별초 정부에게 이를 부탁했을 개연성은 충분하다고 볼 수 있다.

진도에 파견된 고려 정부의 그 관리는 돌아온 즉시 다시 원으로 달려가 사건의 전말을 보고했다. 마침내 원에서는 진도의 삼별초 정부를 직접 상대한다. 1271년(원종 12) 2월, 쿠빌라이의 조서를 지닌 원의 사신이 진도로 파견된다. 원에서 삼별초 정부를 상대로 직접 교섭에 나섰다는 것은 진도의 삼별초 정부를 인정한 것이기도 하지만 일이 그만큼 다급했다는 뜻이기도 하다.

이때의 교섭 내용이 무엇이었으며, 또 어떻게 전개되었는지 잘 드러나 있지 않다. 하지만 이와 관련해 《원사》에는 주목할 만한 기록이 있다. 원의 중서성에서 진도의 삼별초 정부에 대한 중요한 사실을 언급한 내용이다.

중서성의 신하가 말하기를 "고려의 반역신 배중손은 군대만 철수해 준다면 우리에게 귀부하겠다고 하는데 흔도忻都가 들어주지 않는다. 지금 삼별초는 전라도를 차지하고 있는데 이곳을 바치고 우리 조정에 직접 예속하기를 바라고 있다" 라고 했다. 거짓으로 꾸민 조서여서 시간을 지체하다 허락하지 않았다(《원사》 7, 지원 8년 3월 기묘).

여기 흔도는 앞서 진도 공략에 태만했다고 해 원으로 소환당한 아해의 후임으로 온 인물이다. 삼별초 정부의 이런 제의는 앞서 원의 사신이 진도에 직접 파견되었을 때 전달되었을 것으로 보인다. 그게 아니라면 앞서 쿠빌라이의 조서를 가지고 진도에 파견되었던 고려 관리가 원으로 갔을 때 삼별초 정부의 이런 제의가 전달되었을 수도 있겠다.

그런데 《고려사》에는 1271년(원종 12) 4월, 진도의 삼별초 정부에서 흔도에게 비밀히 논의할 일이 있으니 조용히 섬을 방문해 달라는 요청을 했는데 흔도가 거절했다는 기록이 있다. 삼별초 정부에서 흔도의 방문을 요청한 것은 위 《원사》에 나타난 삼별초 정부의 제의에 대한 반응을 살피기 위한 것이 아니었나 싶다.

어쨌든 이런 삼별초의 제의가 사실이라면 충격인데, 확실한 것은 삼별초 정부가 원과의 교섭에서 군대의 철수를 가장 중요한 목표로 삼았다는 점이다. 이는 고려 정부와도 사전에 교감이 있었다고 보인다. 삼별초 정부가 고려 정부의 국서에 회답하면서 '그대로 따르겠다'고 한 것은 그것을 의미했다.

그리고 전라도를 바치고 원 조정에 예속하기를 바란다는 것은 삼별초 정부의 진정한 의도가 아니고 원의 군대를 철수시키기 위한 외교 전술이라고 볼 수 있다. 그래서 원의 중서성에서도 중요하게 여기지 않고 시간을 지체하다 따르지 않게 된 듯하다.

이렇게 진도의 삼별초 정부는 원의 처지에서 중대하고 골치 아픈 문제였다. 이 때문에 남송 정벌이나 일본 원정 등 동아시아 전략에 큰 차질을 빚게 되었기 때문이다. 이 무렵 《원사》에는 삼별초와 관련한 기록이 빈번하게 등장하는데 바로 그 점을 보여 준다. 거대한 원 제국에 비하면 삼별초 정부는 한 줌밖에 안 되었지만 결코 무시할 수 없는 존재였다.

마지막 사신 조양필, 일본 원정을 반대하다

진도의 삼별초 세력이 기세등등한 가운데 1271년(원종 12) 1월, 원은 일본을 회유하기 위한 마지막 사신단을 고려에 보낸다. 일본을 복속시키려는 세조 쿠빌라이의 열정이 어느 정도였는지 짐작할 만하다. 이번 사신단은 조양필趙良弼을 대표로 해 약간의 군대까지 거느리고 왔다.

조양필은 여진족 출신으로 몽골에 귀화해 세조 쿠빌라이의 신임이 두터운 측근 인물이다. 이번 일본행 사신으로 온 것도 그가 자진해서 요청한 것이었다.

쿠빌라이는 조양필을 일본에 보내면서 왕국창과 홍다구洪茶丘에게 군사로써 해상까지 그를 호송하게 하고, 그가 돌아올 때까지 금주(김해)에 주둔해 대기하도록 했다. 아울러 여기에 소요되는 군량과 함선은 모두 고려 정부에서 공급하라고 했다.

왕국창은 이전에 군사 전문 사신단의 일원으로 고려에 온 적이 있는 인물이다. 그리고 홍다구는 몽골이 고려를 침략한 초기에 원으로 도망가 귀화한 홍복원洪福源의 아들로, 대를 이어 고려를 괴롭혀 온 인물이다. 그는 몽골과의 전쟁 때 향도를 맡아 고려 침략의 앞잡이 구실을 하기도 했다. 이후에도 그는 원을 위해 충실하게 활동하는데 이번 사신단에 든 것은 그 시작이었다.

이번 사신단이 군대의 해상 호위를 받게 된 것은 일본에 대한 경계보다는 삼별초 세력을 의식한 것이었다. 그런데 조양필이 김해에서 출발하기 전에 문제가 생기고 말았다. 김해 지역이 삼별초의 공격을 받은 것인데, 삼별초 정부에서 미리 낌새를 채고 일본행 사신을 방해하려는 것이었음이 분명해 보인다.

이 무렵 삼별초 정부에서는 김해를 중심으로 한 동남해안을 집중적으로 공략하고 있었다. 1271년(원종 12) 3월에 마산을 공략해 지방관을 잡아가고, 10여 일 후에는 동래를 공격했다. 또 다시 4월에는 김해를 공략하는데, 그곳을 지키던 고려 장수가 패배하자 군사들과 함께 산으로 도주해 버린 일이 있었다.

이때 김해에 주둔한 원의 군사가 삼별초 군사들에게 포로가 되기도 했다. 그 군사가 얼마였는지 모르겠지만 그리 많은 숫자는 아니었을 것이다. 조양필은 이 때문에 출발을 늦출 수밖에 없었다. 그는 진도의 삼별초 정부가 함락된 1271년(원종 12) 5월 이후에야 김해를 출발할 수 있었다. 이것은 당시 진도의 삼별초 정부가 남해안 일대를 완전 장악하고 있었다는 뜻이다.

조양필은 뒤늦게 1271년(원종 12) 9월에야 김해를 출발해 금진도金津島에 도착했다. 금진도는 《원사》〈조양필 열전〉에 언급된 지명인데, 지금의 금진今津(이마쓰)으로 하카다만 남쪽에 위치한 후쿠오카시 외곽으로 보인다. 여기서 다자이후에서 파견한 일본 관리를 만나는데 그는 군사를 동원해 포진해 놓고 협박하듯이 국서를 요구했다. 조양필은 반드시 일본 국왕을 직접 대면한 후에 전달하겠다고 하고, 일본 관리는 국서를 먼저 보이라고 요구해 옥신각신하며 지체한다.

조양필이 일본 국왕을 직접 대면하기를 원한 것은 막부 정권과 달리 교토 조정은 원과의 교섭에 적극적일 수도 있다고 판단한 때문이었다. 이때 일본은 가마쿠라 바쿠후의 8대 집권執權(싯켄) 호조 도키무네北條 時宗가 1268년 18세의 나이로 권좌에 오른 직후였다. 이런 호조 가문을 타도하고 왕정복고의 기회를 노린다면 교토의 조정은 원과의 교섭에 우호적으로 나설 가능성이 충분히 있었다.

이런 점을 감안하면 막부 정권이 조양필을 교토의 조정으로 보내 국왕과 대면시켜 줄 리는 없었다. 결국 조양필은 일본 국왕을 대면하는 데 실패하고 일본 관리도 국서를 접수하지 못해, 조양필이 작성한 국서의 요약 필사본만을 주고받았다. 다만 일본 측에서 사신 12인을 딸려 보냈고, 이듬해 1월 13일 조양필 일행은 합포(마산)로 귀환했다.

조양필 일행은 귀환하자마자 일본 사신을 동반해 바로 원으로 돌아가 자세한 상황을 쿠빌라이에게 보고했다. 쿠빌라이는 일본을 회유하는 데는 실패했음에도 황제의 권위를 손상시키지 않았다며 기뻐했다. 일본 사신 12인을 데리고 온 것에 자존심을 지켰다고 만족했는지도 모르겠다.

이 일본 사신 12명은 그해 5월 다시 고려를 경유해 일본으로 보내졌는데, 이들이 공식적인 사신이었는지는 불확실하다. 고려 측 기록에는 '사신'이라 했지만 아무래도 일본 정부를 대표하는 사신이라기보다는 지방 정부에서 임기응변으로 딸려 보낸 민간인 신분이라고 보는 것이 온당할 것 같다. 사신이라면 양국이 통교하게 되었다는 뜻인데 그것은 아니었기 때문이다.

조양필은 이후에도 한 번 더 일본행 사신으로 갔다. 1273년(원종 14) 3월의 일인데 역시 다자이후까지 갔다가 성과 없이 돌아오고 말았다. 이게 횟수로는 다섯 번째 사행인데, 이 정도면 쿠빌라이의 집념이 도를 넘었다는 생각이 든다. 전쟁을 준비하고 있으면서도 왜 그렇게 외교적 노력을 포기하지 못했을까?

여기에는 피치 못할 사정이 있었다. 그것은 원 조정에서도 일본 원정을 반대하는 여론이 적지 않았다는 점이다.

《원사》 열전에는 일본 원정을 반대하는 논의가 여러 군데 보인다. 그 대표적인 인물이 왕반王磐이다. 그는 남송을 정벌한 후에 일본을 쳐도 늦지 않다고 하면서, 일본 정벌은 승리한다 해도 용맹할 것이 없고 패배하면 권위만 손상된다는 이유로 반대했다. 이런 태도 때문에 왕반은 한때 세조 쿠빌라이의 진노를 사 죽음 직전까지 몰리기도 했지만 황제도 나중에는 그의 충심을 이해했다고 한다.

여기서 왕반이 일본 정벌을 반대하는 이유가, 앞서 이장용이 일본과의 통교를 반대하면서 흑적에게 보낸 서신 내용과 비슷하다는 느낌이 든다. 이장용이 원 조정에 들어가 고려의 군사 수를 놓고 논쟁을 벌이면서 원 조정의 고관들과 접촉이 많았다는 것을 상기하면, 왕반이 일본 원정을 반대한 배경에는 이장용의 생각에 영향을 받지 않았을까 싶기도 하다.

그런데 마지막 일본행 사신으로 간 조양필도 막상 일본 정벌에는 반대하고 있었다. 그는 쿠빌라이가 일본 정벌에 대해 묻자 이렇게 대답한다.

황제가 장차 일본을 토벌하려고 세 번을 물었다. 양필이 말하기를 "신이 일본에 있으면서 보니 그들의 풍속이 사납고 사람 죽이기를 좋아해 부자父子의 친함이나 상하의 예의가 없습니다. 그 땅은 산과 물이 많아 경상耕桑의 이득이 없으니, 그 사람들을 얻어도 일을 시키지 못하고 그 땅을 얻어도 부에 보탬이 없습니다. 더구나 수군이 바다를 건너는데 해풍은 때가 없으니 그 피해를 예측할 수도 없습니다. 이를 효용으로 말한다면 끝도 없이 거대한 구덩이를 메우는 일과 같아, 신은 (일본을) 토벌할 필요가 없다고 생각합니다." 황제가 이를 따랐다(《원사》 159, 조양필 열전).

여기서 보면, 조양필이 자진해서 두 번이나 일본행 사신을 요청한 것은 외교적 해결을 통해 전쟁을 막기 위한 것이었다고 할 수 있다. 그런데 눈여겨볼 대목은 세조 쿠빌라이가 조양필의 생각을 따르겠다고 한 점이다. 그대로라면 일본 원정은 이루어지지 않았어야 하는데 그렇지 않았다.

위 기록은 조양필이 마지막으로 일본에 다녀온 직후인 1273년(원종 14) 3월 이후의 일로, 1차 일본 원정이 있기 1년 반 정도의 전이다. 쿠빌라이의 측근 인물인 조양필이 원정을 반대할 정도였다면 원 조정에서의 여론은 쿠빌라이 편이 아니었다고 할 수 있다. 쿠빌라이가 조양필의 생각을 따르겠다고 해 놓고 다시 생각을 바꿔 일본 원정을 단행한 것은 황제 자신도 이 문제를 놓고 갈등이 많았다는 뜻이다.

그런데도 쿠빌라이는 결국 일본 원정을 단행한다. 그것은 아직도 끝내지 못한 남송 정벌 때문이었다. 쿠빌라이의 가장 큰 고민은 그 남송과 일본이 연결되는 상황이었는데, 여기에 삼별초 세력까지 제주도를 장악하면서 그 남송이나 일본과 연결되지 않나 하는 염려를 더욱 키웠다.

과연 삼별초 세력은 일본과 교섭을 시도하고 있었다.

삼별초 정부와 일본
진도의 삼별초 정부는 1271년(원종 12) 5월, 여원 연합군의 대대적인 공격을 받고 무너졌다. 전함 1백여 척을 동원해, 원 측 사령관 흔도와 고려 측 사령관 김방경, 그리고 홍다구 등 군사 6천여 명을 3군으로 나누어 진도를 공략한 것이다. 왕으로 추대된 승화후 온은 홍다구에게 죽임을 당했고 배중손도 이때 전사했을 것으로 보고 있다.

배중손의 뒤를 이은 김통정金通精은 살아남은 군사들을 이끌고 다급하게 진도를 탈출해 제주도로 들어갔다. 진도를 완전히 함락한 연합군은 남녀 1만여 명을 포로로 잡아 북으로 끌고 갔다. 아울러 전함 수십 척과 쌀 4천 석, 재화와 병장기를 노획해 개경으로 옮겼다. 삼별초의 처참한 패배였다.

제주도에 들어온 삼별초 세력은 진도 시절에 비해 크게 위축해 있었다. 진도가 함락되면서 인적·물적 피해가 너무 컸기 때문이다. 여기서 삼별초 세력은 일본과의 교섭을 시도한다. 그런 사실을 보여 주는 것이 현재 일본에 남아 있는 〈고려첩장불심조조高麗牒狀不審條條〉라는 간략한 문건이다.

이 문건은 개경 환도 이전인 1) 1268년(원종 9)에 고려 정부에서 보낸 첩장과 2) 1271년(원종 12) 삼별초 정부에서 보낸 첩장을 비교해, 일본 정부의 외교 담당자가 불심不審, 즉 의심되는 부분을 12개 항목으로 조목조목 정리한 것이다.

1)의 첩장은 쿠빌라이의 국서와 함께 고려의 국서를 갖춰 두 번째로 파견된 일본행 사신이 전달한 국서로 앞서 간략히 인용한 바 있다. 이 첩장의 필사본은 현재 일본 동대사에 남아 있는데 《고려사》의 기록과 거의 일치한다. 이때는 고려 정부가 쿠빌라이의 눈치를 보며 일본을 회유하기 위한 첩장이었기 때문에 원 제국이나 쿠빌라이를 치켜세우는 표현이 많았다.

하지만 2)의 첩장은 고려 정부와 원에 저항하고 있는 삼별초 정부에서 보낸 첩장이기 때문에 원을 비하하고 멸시한 표현이 많다. 이렇게 서로 어긋난 내용의 첩장을 시차를 두고 접수한 일본의 관리가 의문을 표시한 것이다. 간단히 말하자면 1)과 2)의 첩장은 보낸 주체가 다른데 일본 관리가 모두 고려 정부에서 보낸 것으로 혼동해 의문점을 메모한 것이 〈고려첩장불심조조〉라는 문건이다.

문건의 12개 항목 중에서 전반부 6조만 대략 옮기면 이런 것이었다.

(1) 1268년 첩장에는 몽골의 덕을 치켜세우면서, 1271년 첩장에는 미개인들 운운하는데 어찌 된 일인가.

(2) 1268년 첩장에는 연호가 쓰여 있는데 1271년 첩장에는 연호를 쓰지 않은 점.

(3) 1268년 첩장에는 '몽골의 덕에 귀화해……' 라고 했는데, 1271년 첩장에는 '강화도에 천도해 40년 가까이 지내다가 몽골의 미개한 풍속은 성현이 혐오하는 바여서 다시 진도로 천도했다' 라고 한 점.

(4) 1271년 첩장에 전쟁을 하지 않으려거든 사신을 보내 운운했는데, 앞뒤가 서로 다르니 어찌 된 일인가.

(5) 표류인을 호송해 온 점.

(6) 김해부에 주둔한 병사 20인을 붙잡아 일본에 보내온 점.

(1) (2) (3)항은 1)과 2)의 첩장이 내용상 차이가 있다는 의문점을 기록한 것이다. (4)항은 삼별초 정부에서 일본에 대한 원의 정벌을 경고하고 사신 교섭을 제의한 것인데, 이전 첩장과 달라 의문을 표시한 것이다. (5)항은 일본 표류인을 보내 준 것에 주목한 것인데, 이는 삼별

초 정부에서 일본과 교섭을 트기 위한 호의로 보인다.

그리고 (6)항은 일본 원정과 관련한 삼별초의 군사 활동을 엿볼 수 있는 중요한 내용이다. 일본으로 보내진 병사 20인은, 앞서 조양필을 호송하기 위해 김해에 주둔하고 있다가 삼별초 군사들에게 포로가 된 바로 그 원의 군사들이었다. 이 포로들을 일본으로 보낸 것인데, 이는 삼별초 정부가 일본에 보내는 우호의 표시이면서 일본 정벌이 눈앞에 닥쳤음을 보여 주기 위한 것이었다.

이렇게 삼별초 정부에서는 어떻게든 일본과 교섭을 원하고 있었다. 앞서 삼별초가 마산이나 동래, 김해 등 동남해안을 집중적으로 공략한 것도 고려와 일본을 왕래하는 사신을 차단하고, 가능하다면 일본과의 관계를 트기 위한 사전 정지 작업이라고 볼 수 있다. 이를 위한 삼별초의 새로운 근거지가 남해도였다.

여원 연합군이 진도를 공격하고 있을 때 삼별초의 또 다른 중심 인물인 유존혁劉存奕이 이끄는 삼별초 세력이 대선단 80척을 이끌고 남해도에 있었다. 이는 삼별초가 동남해안을 장악하기 위해 새로운 근거지로 확보한 것으로 보인다. 진도가 서남해에 치우쳐 있어 이를 보완할 필요가 있었고, 또한 일본과의 관계에서도 동남해의 장악은 중요했기 때문이다. 그런데 갑자기 진도가 함락되자 유존혁은 남해도를 떠나 제주도로 향했다.

진도에서 패배하고 제주도에 들어온 삼별초 세력은 이제 일본과의 연대가 절실해졌다. 1)의 삼별초 정부에서 일본에 첩장을 보낸 것은 그 때문이었다. 이 첩장은 그 전문이 현재 남아 있지 않아 아쉬운데, 다행히 일본 측 자료인 《길속기吉續記》에 삼별초 정부의 첩장 내용 중에서 극히 일부분만을 언급한 기록이 있다.

첩장 건에 의하면, 몽골 군대가 일본을 문책하기 위해 올 것이고, 또 식량을 팔아 달라고 했으며, 그밖에도 구원병을 요청하고 있는데, 첩장에 대해서는 이렇게 구분해 살펴볼 수 있을 뿐이다(《길속기》 문영 8년 9월 4일).

이 일본 측 기록에서 눈여겨볼 대목이, 삼별초 정부에서 식량을 팔아 달라는 것과 구원병을 요청했다는 사실이다. 여기서 제주도에 들어간 삼별초 정부의 어려운 실정을 엿볼 수 있다.

제주도 삼별초 정부에서 가장 시급한 문제는 식량이었다. 여원 연합군이 진도를 함락하고 쌀 4천 석을 빼앗았다는 것은, 이미 확보해 둔 식량마저 미처 가져오지 못했다는 것으로 그런 사실을 잘 보여 준다.

제주도에 들어온 후에도 식량 확보는 쉽지 않았다. 제주도가 남해 연안에서 너무 멀리 떨어져 있어 조운선을 약탈하는 것도 어려웠기 때문이다. 더구나 농업 생산량이 빈약한 제주도에서 자체 조달하는 것도 한계가 있었다.

제주도 삼별초 정부는 식량 부족과 함께 병력도 크게 줄어 있었다. 진도를 탈출해 제주도로 들어간 군사가 얼마나 되었는지 잘 알 수 없지만, 남녀 1만 명이 여원 연합군의 포로가 되었고 많은 군사가 희생되었다는 사실을 통해서, 그 군사 수는 많지 않았다는 것을 충분히 짐작할 수 있다. 아마 군사 수는 진도 시절에 비해 절반 이하로 줄었을 것으로 보인다. 이런 군사력의 약화는 식량 문제와는 또 다른 위기감을 안겨 주었다.

요컨대 삼별초 정부에서 첩장을 보낸 목적은, 일본에 구원을 요청하고 원의 침략에 대해 일본과 연대를 하자는 것이었는데, 일본 정부에서는 이에 대해 아무런 반응도 보이지 않았다. 일본 정부의 무능이었는지 아니면 고의적인 방기였는지는 모르겠지만, 일본 정부에서 삼별초 정부의 첩장을 고려 정부의 첩장과 혼동했다는 것은 삼별초 정부의 실체도 몰랐다는 얘기다.

어쨌든, 삼별초 정부와 일본 정부가 연대해 대몽 항쟁의 공동전선을 구축하는 데는 실패했다. 삼별초 정부로서는 장기 항쟁의 호기를 놓쳐 버린 셈이고, 일본 정부는 원의 침략에 홀로 싸우는 수밖에 없게 되었다.

일본 원정을 방해하는 삼별초

삼별초는 제주도에 들어온 이후 처음으로 1272년(원종 13) 3월 내륙 연안에 진출했다. 삼별초 군사들이 회령군(전남 장흥?)에 침입해 조운선(세미 운반선) 4척을 약탈한 것이다. 회령군이 지금 어디인지 불확실하지만 조운로의 어느 길목으로 보인다. 이어서 삼별초는 해남과 해제(전남 무안)를 공략해 조운선 약탈을 계속했다.

그해 5월에는 탐진현(전남 강진)에서도 노략질을 자행한다. 탐진현을 공략한 그때 또 다른 삼별초 군사들은 대포(경남 사천)에 침입해 조운선 13척을 나포했다. 이제 삼별초는 경상도 남해 연안까지 출몰하면서 진도 시절의 활동 영역을 되찾고 있었다.

경상도 지역으로 활동 범위를 넓힌 삼별초는 정보 수집도 겸하고 있었다. 대포에서 조운선이 나포당한 직후 경상도 안찰사가 삼별초 정부의 첩자 두 명을 사로잡아 개경에 보냈다는 사실에서 이를 알 수 있다. 삼별초 정부가 원하는 정보는 일본 원정과 관련한 것이었다. 김해, 마산 지역은 일본행 사신이 자주 왕래하는 곳이었고, 더구나 김해에는 원의 군대도 주둔하고 있었기 때문이다.

삼별초의 조운선 약탈은 제주도에 들어온 이후 부족한 식량을 조달하기 위한 것이었다. 이해 3월부터 5월까지 두 달 사이에 나포한 조운선이 20척, 미곡이 3천 2백 석이나 되었다. 그런데 이 조운선들이 고려에 주둔하고 있는 원나라 군대의 군량도 운송하는 것이라는 점을 생각하면 일본 원정 준비에 차질을 가져올 수 있는 것이기도 했다. 뒤에 상세히 살펴보겠지만 이 무렵 주둔군에 대한 군량 공급 문제는 고려 정부의 큰 고민거리였다.

삼별초의 조운선 약탈에 대해서 고려 정부는 속수무책이었다. 국왕 원종은 개경 환도 이후 사실상 군 통수권이 없었고 병장기도 모두 회수당해 원의 통제를 받아야 했다. 진도 함락 후에 노획한 무기를 모두 원의 군대로 보냈다는 점에서 이를 알 수 있다. 그래서 쿠빌라이의 승인 없이는, 원의 군대는 말할 필요조차 없고 고려 군대마저 마음대로 움직일 수 없었다.

세조 쿠빌라이의 명령을 받아 고려 정부의 군사와 내정을 통제 감독하는 사람이 주둔군 사령관 격인 흔도와 다루가치 이익李益이었다. 이익은 전임자 탈타아가 고려에서 죽은 후 1272년(원종 13) 4월 부임해 온 사람이다. 이런 상황에서 국왕이 자율적으로 할 수 있는 일은 아무 것도 없었다. 특히 삼별초와 일본에 관련한 문제는 사소한 것까지 모두 황제 쿠빌라이의 처결을 받아야 했다.

어쩌다 삼별초 정부에서 도망쳐 온 자들이 있었지만 이들에 대한 처분도 국왕이 마음대로 할 수 없었고, 강제로 억류당했다 풀려난 사람들에 대해서도 국왕이 아닌 흔도가 처결했다. 김해 지방에는 일본 상인이 가끔 왕래하는 경우가 있었지만 이런 사소한 일도 반드시 원에 보고해야 했으며 지방관이 마음대로 할 수 없었다. 세조 쿠빌라이는 삼별초 세력이나 고려 정부가 몰래 일본과 내통하고 있다고 의심하고 있었기 때문에 고려 정부를 면밀하게 감시하고 통제했다.

삼별초가 조운선을 약탈하는 것을 막으려면 군대를 동원해야 했는데, 이런 통제와 감독 속에서 국왕은 쿠빌라이에게 직접 호소하는 수밖에 없었다. 1272년(원종 13) 6월, 국왕은 김해에 주둔하고 있는 원의 군대를 동원해서라도 연해 지방을 방어해야 한다는 표문을 올렸다. 그 결과 고려 정부에서는 군사 1천 5백 명을 모집해 전라도 지역에 급파할 수 있었다. 원의 군대는 움직일 수 없었던 것이다.

삼별초 세력의 일본 원정 방해는 조운선 약탈보다는 전함 파괴에서 더욱 분명히 드러난다. 1272년(원종 13) 9월, 삼별초는 고란도(충남 보령)까지 쳐들어갔다. 삼별초가 고란도를 공격한 이유는 일본 원정을 위한 선박 건조를 방해하기 위해서였다. 삼별초는 이곳에서 전함 6척을 불사르고 선박을 건조하는 장인들을 죽였다. 이에 그치지 않고 삼별초는 홍주(충남 홍성) 부사와 인근의 지방 관리들을 포로로 잡아갔다. 홍주 부사는 선박 건조의 책임자였고 지방 관리들은 조선 사업을 위해 지방민들을 동원하고 있었다.

그해 11월 삼별초는 안남도호부(경기 부평)를 공략해 역시 지방관과 그 가족들을 사로잡아갔다. 이때 삼별초가 경기 연안의 내륙까지 진출해 이 지역의 교통이 두절될 정도였다고 하니까 그 활동 영역이 광범위하고 강력했음을 알 수 있다. 삼별초는 서너 달 사이에 충청·경기 연안을 마음껏 공략했던 것이다.

삼별초가 안남도호부를 공략한 그 무렵 또 다른 삼별초의 함대는 합포(마산)에 쳐들어가 전함 20척을 불태우고 원의 봉수 군졸 네 명을 포로로 붙잡아 갔다. 그 열흘 후에는 거제도와 영흥도(인천)를 동시에 공략하기도 한다. 삼별초가 남해와 서해에 머무르면서 양동 작전을 편 것이다. 이어서 1273년(원종 14) 1월, 삼별초는 다시 마산에 쳐들어가 전함 32척을 불태우고 경비 중인 원의 군사 10여 명을 살해하기도 했다.

마산은 김해 지역과 함께 앞으로 일본 원정을 하는 데 전초 기지와 같은 곳이었으니 이는 일본 원정을 직접 저지하려는 것이 분명했다. 지금까지 이곳에서만 전함 50여 척을 불태웠는 데 모두 일본 원정에 동원될 선박이었다. 그런데 이런 전함들은 일본 원정 이전에 제주도를 공략하는 데도 동원될 것이므로 전함 파괴는 곧 삼별초 자신들을 방어하기 위한 것이기도 했다.

이렇게 서해와 남해에서 일본 원정을 방해하는 삼별초의 공략이 계속되고 있어 일본 원정 계획은 차질을 빚을 수밖에 없었다. 이제 쿠빌라이로서는 제주의 삼별초 정부를 더는 그대로 방치할 수 없는 상황이 되었다.

전시 동원 체제

고려에 주둔한 원의 군대

원에서는 일본 원정 준비보다는 우선 당장 삼별초 세력을 진압하는 것이 급했다. 이를 위해 고려에 주둔하고 있는 원의 군대를 동원했다. 개경으로 환도하고 삼별초 난이 일어날 즈음 고려에는 이미 원의 군대가 들어와 있었다. 먼저 이에 대해 살펴보고 넘어가자.

삼별초 난이 일어나기 전, 임연이 국왕 원종을 폐위하는 사건이 일어나자 원에서는 여러 차례 고려에 군대 파병과 정벌을 결정한다.《원사》에는 1269년(지원 6) 9월부터 그해 말까지 네 차례나 그런 기록이 보이는데, 그만큼 임연의 국왕 폐립 사건은 원에서 중대 사안이었다는 뜻이다. 하지만 기록에 나타난 그대로 원의 군대가 고려 영내에 실제 주둔했는지는 조금 의문이다. 고려 측 기록에서는 드러나지 않은 것이 있는데, 확인되는 것만 살펴보면 다음과 같다.

먼저, 환국 중이던 태자가 국왕 폐립 사건으로 원으로 되돌아가 쿠빌라이에게 요청해 원의 군대가 들어와 있었다. 사령관 몽가독蒙哥篤이 거느린 이 군대의 규모는 2천 명 정도였다. 이것이 1270년(원종 11) 1월 무렵으로, 이들은 김방경이 황제에게 요청해 대동강을 넘지 못하게 했기 때문에 큰 해를 주지는 않았다.

　서경(평양)에 주둔한 이 몽가독 군대는 개경 환도가 단행되자 곧 철수한 것으로 보인다. 이들은 임연의 국왕 폐위를 되돌리기 위해 파병된 군대여서, 목적이 달성된 후에는 철수하는 것이 자연스럽다고 보기 때문이다.

　뒤이어, 환국 중인 국왕 원종과 함께 두연가의 군대가 들어온다. 이 군대는 무인정권을 타도하고 개경으로 환도하겠다는 국왕의 요청으로 파병되어 개경의 교외에 주둔했는데, 규모는 4천 명 정도였다. 이 두연가 군대는 실질적인 점령군으로 활동한다. 삼별초 세력이 강화도를 떠난 뒤 그 일부 2천 명이 섬에 들어가 방화와 약탈을 자행했다. 무인정권의 근거지였던 강화도를 마지막으로 소탕한 것으로 보인다.

　애초 두연가 군대는 파병될 때 국왕 원종이 황제에게 요청해 강화도에는 들어가지 못하게 됐지만 이를 무시했다. 개경 환도 후 국왕은 중요한 일에서는 반드시 점령군 사령관 격인 두연가의 결정을 따라야 했다. 개경 환도 직후 강도의 국가 창고를 열어 곡식을 관리와 백성들에게 나누어 준 것도 그의 임무였고, 민정 시찰을 위해 각 도를 순시한 것도 그의 권한이었다.

　이 두연가 군대가 언제 철수했는지는 잘 드러나 있지만 최소한 삼별초 세력이 완전히 진압될 때까지는 주둔했다고 보인다. 다만 주력부대는 주둔지를 개경에서 서경으로 옮기고, 군대의 일부가 개경이나 강화도에 분산하여 주둔하면서 고려를 계속 감시하지 않았을까 여겨진다.

　그런데 서경에 주둔한 두연가 군대에 투항하는 고려인들이 많아 또 다른 문제를 일으켰다. 이들은 부역을 피하려는 자, 죄를 짓고 도망한 자, 혹은 노비로서 면천하려는 자 등 다양했는데, 투항으로만 그치는 것이 아니라 인근 지역을 횡행하면서 온갖 불법을 저지르기도 했다. 여기에는 서경의 정치적 특수성도 개입되어 있었다.

1269년(원종 10) 10월에 서경에서 최탄崔坦과 한신韓愼 등이 반란을 일으키자 이듬해 2월 원이 동녕부東寧府를 설치하고 자비령 이북의 땅을 원 제국에 귀속하여 버렸다. 고려로서는 사실상의 영토 상실로 서경은 치외법권 지역이나 다름없었다. 투항자들은 이를 이용한 것이다. 고려 정부에서는 이 투항자들을 그대로 두고 볼 수 없어 원 조정에 소환해 줄 것을 여러 차례 탄원하기도 한다.

삼별초 난이 일어나자 맨 처음 진압에 투입된 군대도 서경의 두연가 군대였는데, 그가 관할하는 군대에서 1천 명이 따로 이관되어 삼별초 진압에 나섰다. 이관된 이 군대를 지휘한 원 측 사령관이 만호 송중의宋仲義였고, 고려 측에서는 김방경이 사령관을 맡았다. 원군 1천 명에 비하면 김방경 휘하의 고려군은 60명으로 미미했지만 이때 이미 여원 연합군은 조직되었다고 볼 수 있다.

송중의는 1270년(원종 11) 6월, 김방경과 함께 강화도를 떠난 삼별초를 추격해 영흥도(인천)에서 맞서지만 전투에 소극적이었다. 그 후 송중의의 뒤를 이은 아해阿海가 사령관이 되어 역시 김방경과 함께 진도를 치기 위해 그해 9월 나주에 입성하고, 12월에는 전함을 동원해 진도를 공격하지만 삼별초 군에게 대패해 버렸다.

진도에서 삼별초 군에게 패배한 원의 군대는 두연가 휘하로 복귀하지 않고 나주를 중심으로 한 전라도 일대에 분산 주둔했다. 이 지역에서 삼별초의 공격을 방어하면서 다음 정벌을 준비하려는 뜻도 있었을 것이다. 이렇게 주둔하고 있는 군대의 군량 마련이 인근 주민을 괴롭혔고, 이들은 남도 일대의 여러 고을을 약탈하기도 했지만 이런 폐해

조차 국왕이 결단해 척결할 수 없었다.

진도 패배로 아해는 소환당하고 1271년(원종 12) 3월, 흔도가 새로운 사령관으로 부임해 온다. 점령군 사령관 두연가는 흔도가 오면서 교체되어 환국하고, 이제 그 권한을 흔도가 이어받았을 것으로 추측된다. 흔도가 이후 고려의 모든 군사적 문제를 결정하기 때문이다.

그런데 흔도가 새로운 사령관으로 오면서 군사 2천 명을 보태서 이전에 징발한 군대와 합해 6천 명이라는 기록이 《원사》에 보인다. 이전에 징발한 군대는 앞서 두연가의 군대 4천 명을 말한 것이 분명해 보이니, 여기에 2천 명이 추가 파병되어 이제 고려에 주둔한 원의 군대는 6천 명이 된 셈이다. 이 주둔군이 모두 서경에만 주둔한 것은 아니고 전국의 필요한 요지에 분산되었을 것이다.

그 중 한 곳이 김해다. 흔도가 새로운 사령관으로 오기 직전에 조양필이 일본행 사신으로 파견되어 오는데, 쿠빌라이의 명령으로 이 사신단을 호송하고 귀환할 때까지 금주(김해)에서 대기하라는 군대는, 여기 새로 추가된 2천 명에 포함되었던 것으로 보인다. 《원사》에 흔도가 금주경략사金州經略使를 겸하고 있었다는 기록에서 알 수 있다.

새로운 사령관 흔도의 당면 과제는 진도의 삼별초 세력을 완전 소탕하는 것이었지만, 당장 해야 할 일은 김해 지역에서 삼별초의 공략을 차단해 일본행 사신을 무사히 왕래시키는 것이었다. 그런데 이게 쉬운 일이 아니었다. 이때는 진도의 삼별초 세력이 가장 왕성할 때로 서남해안을 장악하고 있었을 뿐만 아니라 동남해안에까지 활동 영역을 넓혀 수시로 출몰하고 있었기 때문이다.

흔도는 이에 진도를 완전 정복해야만 가능하다고 보고 쿠빌라이에게 군대를 더 파병해 주도록 요청했다. 이는 고려의 각 지방에 주둔하고 있는 원의 군대를 모두 끌어다 진도 공략에 투입할 수 없다는 판단에서 나온 듯하다. 쿠빌라이가 더는 군대 파견이 어렵고 필요한 군대를 고려에서 징발하도록 해, 군사 6천 명과 전함 4백 척을 고려 정부가 부담하도록 했다. 이제 일본 원정 준비가 문제가 아니라 당장 삼별초 진압을 위해서 고려 정부가 떠안아야 할 부담이 문제였다.

고려 정부는 이를 맞추기 위해 2군 6위의 군사를 점검했는데 그 수가 턱없이 부족해 문무의 산직散職(임시직)과 일반 백성, 심지어 승려까지 동원해 충당했다. 며칠 후 다루가치 탈타아가 재상들과 함께한 최종 점검에서 겨우 5백 명이 확보되었다. 지휘관 급에게는 1인에 말 1필씩을 주고 군졸에게는 10인에 1필씩을 주는데 이도 부족해 군졸들이 행인들의 말을 빼앗아 가는 경우가 많았다. 이에 탈타아는 재상의 자제들에게 종군에 참여하지 않는 대신 말을 내도록 하고, 부족한 병력은 경상도와 충청도에서 더 징발해 보충하도록 했다.

진도 정벌에 전함이 모두 1백여 척 동원되었는데, 이것으로 보면 원에서 요구한 전함 4백 척은 충족하지 못한 듯하다. 그리고 군사는 얼마나 동원되었는지 정확히 나타나 있지 않지만, 고려에서 6천 명을 동원하는 것은 어려웠던 것으로 보인다. 《고려사절요》에 진도 정벌에 참여한 원의 군사 수가 6천 명이라는 기록이 있어, 당시 원의 주둔군이 대부분 동원되고 고려군은 보조 역할을 하지 않았나 생각된다.

여원 연합군이 진도를 함락한 뒤에도 고려에 주둔해 온 원의 군대는 대부분 그대로 존속했다. 삼별초 세력이 다시 제주도로 들어가 전시 상황이 조금도 달라지지 않았기 때문이다. 그런데 삼별초의 저항이 장기전으로 들어가면서 고려 정부의 더 큰 고민은 삼별초 진압보다는 고려에 주둔하고 있는 원의 군대를 먹여 살리는 일이었다.

진도를 정벌한 직후인 1271년(원종 12) 12월, 세조 쿠빌라이는 국호를 '대원'이라 정하고 고려에 알려 온다. 남송 정벌을 재개해 양양에서 공방전을 계속하고 있는 중이었다.

일본 원정을 위한 군수 기지, 고려 둔전

고려에 주둔한 원 군대의 군량 문제가 대두한 것은, 김방경과 아해의 여원 연합군이 1270년(원종 11) 12월 1차 진도를 공략하는 데 실패하고 그 군대가 남도에 주둔할 때부터였다. 이때 원의 군대가 군량 마련 때문에 남도 일대를 약탈하고 백성을 침탈하는 일이 벌어졌는데, 둔전屯田 설치가 논의된 것은 이런 군량 문제를 해결하기 위한 것이었다.

둔전은 군량 등 군대의 주둔에 필요한 재원을 마련하기 위해 국가가 강제로 설정해 확보한 토지로 국유지나 다름없는 것이다. 군둔전은 주둔지의 해당 군사들이 직접 농사를 짓고, 관둔전은 인근 농민을 동원해 농사를 짓는다. 원에서 거론한 둔전은 군둔전으로 그 경작은 원의 군대에서 맡는데, 종전군種田軍이라 해 경작만을 전담하는 군대가 따로 파견되어 올 수 있다. 이 경우 이 종전군을 위한 군량 문제가 또 부담이 될 수 있다. 둔전이 설정된 지역의 농민은 노동력이나 수확물의 대부분을 착취당하는 해를 입을 수밖에 없었다. 더구나 원의 군대를 위한 둔전일 때는 고려 정부도 간섭할 수 없는 것이니 그 폐단은 이루 말로 다 할 수 없다.

원의 중서성에서 둔전 설치를 논의한다는 소식을 듣고, 고려 정부에서는 농민들의 곤궁함과 그 피해를 들어 그만둘 것을 간곡히 요청했다. 그것으로도 부족해 국왕이 직접 입조해 간청하겠다는 요청을 했지만 쿠빌라이는 받아들이지 않았다. 원에서는 둔전 설치가 반드시 필요했고, 고려 정부의 처지에서는 그로 인한 폐단과 부담이 너무 많아 반드시 막아내야 할 문제였다.

1271년(원종 12) 3월, 흔도가 새로운 사령관으로 오면서 둔전 설치는 피할 수 없게 되었다. 세조 쿠빌라이는 흔도를 보내면서 봉주(황해도 봉산) 등 인근에 둔전을 설치하고 그를 봉주 경략사經略司로 임명한다는 조서를 보내왔다. 앞서 언급했듯이 이때 원군 2천 명이 추가 파병되는데 이들이 종전군의 기능까지 더불어 하지 않았나 싶다.

쿠빌라이는 이 조서에서 둔전 설치는 일본 원정을 준비하기 위한 것이라고 분명히 밝혔다. 그러니까 봉주 경략사에 임명된 흔도의 당면 과제는 일본 원정을 준비하는 것이었다. 말하자면 봉주의 둔전 경략사는 일본 원정을 준비하는 군수 기지 사령부와 같았고 흔도는 그 사령관 격이었다. 이것은 일본 원정을 위한 본격적인 전시 동원 체제의 시작을 의미했다. 봉주 일대는 원의 군대가 주둔하고 있는 서경에서 가깝고, 더불어 삼별초의 공격을 방어하기 위해 선정되지 않았나 싶다.

그런데 정작 고려 정부를 괴롭힌 것은 둔전 설치를 준비하는 과정에서 생긴 물자 부담이었다. 원의 중서성에서는 그에 필요한 온갖 세세한 물자를 고려에 부담시켰는데 이게 보통 문제가 아니었다.

우선 둔전 경작에 필요한 소(농우) 6천 두를 요구했다. 그 절반인 3천 두는 동경(요양)에서 운송해 충당하겠지만 나머지 3천 두는 고려 정부가 부담하라는 것이었다. 다행인 것은 3천 두를 무상이 아닌 유상으로 구입하겠다는 점이었다.

그런데 왜 이렇게 많은 소가 필요했을까? 고려 주둔군을 6천 명으로 보면 1인당 1마리씩인데, 경작하는 데 이렇게 많은 소가 필요할까 하는 의문이 든다. 혹시 식용을 위한 것도 여기에 포함되지 않았나 모르겠다.

농우 외에 경작에 필요한 농기구와 종자, 그리고 가을 수확 전까지 군사들의 식량, 심지어는 말에게 먹일 마초馬草까지 고려 정부가 부담해야 했다. 이 중에서 군량과 마초는 둔전과는 별도로 군대가 이동하고 주둔할 때마다 반드시 해결되어야 할 문제였다. 특히 원의 군대는 모두가 기병이어서 그 마초의 수요가 군량 못지않게 많고 중요했다.

원에서는 둔전 설치에 대해 신속하게 움직였다. 봉주에 둔전을 설치하라는 쿠빌라이의 조서를 받은 지 일주일 만에, 봉주 경략사에서 비단 12,350필을 가지고 농우를 사간 것이다. 이는 흔도가 봉주 경략사로 임명받아 고려에 올 때 이미 농우를 살 비단을 마련해 왔다는 뜻이다. 바로 뒤이어 원에서는 사신을 보내와 둔전에 필요한 제반 물자를 독촉했다.

이에 고려 정부는 다시 사신을 보내어 장황하게 어려운 사정을 호소하는데, 번거롭지만 당시 고려의 실정을 엿볼 수 있어 요약해서 열거해 보겠다.

(1) 농우는 서울에서 기르는 자는 거의 없고, 지방에서도 부유한 자가 2, 3두 정도 갖고 있으며, 가난한 자는 따비(사람이 끄는 쟁기)로 하거나 농우를 빌려 경작합니다. 여기에 지방의 농우는 전라도로 군량을 운송하는 데 동원되면서 굶어 죽어 손실된 것이 많습니다.

(2) 농기구는 우리 백성 가운데 본래 넉넉히 가진 자가 없지만 힘을 다해 마련해 보겠습니다.

(3) 종자는 백성들이 수확하면 조세를 바치고 나머지로 식량을 삼으며 약

간을 남겨 내년의 종자로 쓰는데 집집마다 거두더라도 많은 양이 되지 못할 것입니다.

⑷ 군량은 우리가 본래 축적한 것은 역적(삼별초)에게 약탈당했고, 그 나머지는 주둔군과 역적 토벌군의 군마에 공급되어 고갈하였으며, 백성들에게 여러 차례 징수했지만 계속 이어지지 못할 형편입니다.

⑸ 종자와 사료, 그리고 가을 수확 때까지 군량의 총수요를 계산하면 기만 석인데 이게 어디서 나오겠습니까.

⑹ 여기에 역적(삼별초)이 남해의 여러 섬과 연안 부락을 약탈해 징수하기가 어렵고, 경상도와 전라도의 조세는 바다로 옮겨야 하는데 역적이 진도에 웅거해 징수한다 해도 도달할 길이 없습니다. 이 모든 것은 백성들의 삶의 바탕인데 다 빼앗아 가면 우리 백성은 기아에 빠져 죽을 것입니다.

이것이 제국의 변경으로 전락한 고려의 실상이었다. 부담을 조금이라도 줄이기 위해 실정을 과장했다고 하더라도 둔전 때문에 고려 정부의 처지가 궁색해진 것을 엿볼 수 있고, 둔전 문제가 고려 정부의 큰 고충거리였음도 알 수 있다. 삼별초 진압과 일본 원정을 준비하는 원에서는 반드시 필요했고, 고려 정부에서는 이제는 피할 수 없다고 판단해 그 부담을 줄여 보려 안간힘을 썼다.

고려 정부는 1271년(원종 12) 4월 당장 농무별감農務別監이라는 특별 직을 만들어 전국에 파견하고 농우와 농기구 등을 독촉해 봉주로 보내게 했다. 하지만 단시일 내에 그 수요를 충당할 수도 없었고 강제 징수에 농민들만 고통 속으로 몰아넣고 있었다. 고려 정부에서는 환국하는 원의 사신 편에 다시 진정표를 올리는데, 이 부분도 요약해서 인용해 보겠다.

   (1) 소방에 부과된 농우 3천 두에 대해 비단을 보내 사 주신 것은 감읍할 일입니다.

   (2) 경략사와 논의해 농우 1천 1십 두, 농기구 1천 3백 사, 종자 1천 5백 석을 약속했는데 농우는 9백 9십 두를 겨우 확보했습니다. 사신을 보내 다시 요구하시니 원래 약속한 것에서 채우지 못한 부분은 힘을 다해 노력하겠습니다.

   (3) 우리 백성이 이렇게 수탈을 당해 그 업을 잃게 되면 적(삼별초)에게 마음을 돌릴까 염려되는데, 이런 문제도 사전에 실정을 말하지 않고 백성을 곤경에 빠뜨렸다고 책망할까 두렵습니다. 이에 죽음을 무릅쓰고 간청하니 한 번쯤 불쌍해 하는 마음을 가져 주시기를 바랍니다.

제국의 속국이 된다는 게 이런 것인 모양이다. (2)는 앞서 어려운 사정을 호소한 결과 경략사와 수요를 재조정해 결정된 것으로 보인다. 그리고 (3)은 고려 정부에서 부담을 줄이기 위해 삼별초를 빙자한 것일 수도 있지만, 실제 그런 우려가 현실이 될 수도 있는 상황이었다.

1271년(원종 12) 1월 밀성(경상도 밀양)에서는 삼별초 세력에 부응하는 민란이 일어났고, 불과 1주일 후에는 개경에서 관노들이 진도에 투항한다는 모의도 있었으며, 2월에는 강화도 인근의 대부도에서도 주민들이 약탈하는 원의 군사를 죽이는 등, 고려 정부를 긴장시키는 일들이 연달아 일어났다. 그러니 (3)에서 말한, 백성들을 심하게 수탈하면 삼별초에 마음을 돌린다는 것은 괜한 말이 아니었다.

군수 물자가 어느 정도 충족되었다고 판단했는지, 1271년(원종 12) 5

월에 마침내 진도를 공략해 함락한다. 진도가 함락된 후에도 양국 사이에는 몇 차례 더 사신이 왕래하면서 둔전에 필요한 물자의 공급을 놓고 설전이 이어지는데 고려에서는 죽어도 더 이상은 힘들다고 버티기도 한다. 원으로서는 아직도 필요한 양이 충분히 확보되지 않아 불만이었고, 고려 정부에서는 더 이상 징수하기는 어려웠다.

진도가 함락된 후 고려 정부의 또 다른 고충은 삼별초 세력에 붙들려 있다가 원으로 끌려간 사람들을 송환받는 일이었다. 그들은 대부분 삼별초 세력에 강제로 억압당해 있던 진도의 원주민들이었는데, 이들 중 일부는 흔도가 봉주의 둔전으로 압송하기도 했다.

1271년(원종 12) 9월, 고려 정부에서는 재상들을 동원해 다루가치 탈타아와 함께 흔도의 주둔지로 가서 강제로 억류된 인민을 돌려주도록 요구하는데 흔도는 거절한다. 이에 탈타아가 황제의 뜻이라 해 겨우 소수만을 데려올 수 있었다. 흔도는 봉주의 둔전 경작에 그들을 활용하려 했던 것이다.

여기 탈타아는 원의 다루가치로 왔지만 고려의 어려운 실정을 이해하고 도우려 한 인물이다. 그는 그해 10월 안타깝게 고려에서 병사하고 그 뒤를 이어 이익李益이 부임해 온다.

진도가 함락되면서 삼별초에게서 노획한 병장기도 그해 10월 둔전으로 모두 옮겨졌다. 병장기를 개인적으로 소지하는 것을 막고 일본 원정의 무기로 활용하려는 것이었다. 이런 일조차 군사권이 없는 고려 정부에서는 경략사의 일에 간여할 수 없었다.

이 무렵 고려의 국가 창고는 바닥나 있어 어떤 협박이 따르더라도 더 이상 군량을 공급할 상황이 못 되었다. 초근목피로 연명하는 백성들이 많았고, 둔전에서도 사료가 조달되지 않아 우마의 10중 2, 3이

굶어 죽는 일이 벌어져 종자를 사료로 쓰는 일까지 생겨났다. 그해 12월, 주둔군 경략사에서도 이런 고려의 실상을 이해하고 원 조정에 보고할 정도였다.

여기에는 군량의 공급 부족뿐만 아니라 수요 증가라는 다른 사정도 있었다. 봉주 둔전에는 주둔군 외에 그 군속과 관속 그리고 주둔군의 친족들도 들어와 있었다. 게다가 진도 삼별초 정부에 억류당했다가 압송되어 온 고려 인민들까지 거주하고 있었다. 이들이 모두 고려 정부에서 군량을 공급해 먹여 살려야 할 대상이었다.

그런 어려움 때문이었는지 1272년(원종 13) 1월, 원에서는 둔전 경략사를 봉주에서 염주(황해도 연안군)와 백주(황해도 배천군) 지방으로 옮기게 된다. 염주와 백주는 지금 연백군으로 이곳에서 동쪽으로 강만 건너면 바로 개성이고 남으로는 바로 강화도가 보이는 곳이다. 이곳으로 둔전 경략사를 옮기게 된 것은 봉주가 멀어 군량 수송이 불편하기 때문이었다. 그렇게 고려 정부와 인민의 고통 속에서 설치된 둔전 경략사는 일본 원정을 위한 군수 기지 사령부의 기능을 갖추어 갔다.

군량 문제

쿠빌라이의 원 제국은 일본 원정을 방해하는 제주의 삼별초 세력을 우선 정벌하지 않고서는 일본 원정이 불가능했다. 그래서 일본 원정과 삼별초를 정벌하기 위한 준비는 동시에 병행되었다.

제주도를 정벌하기 위해서는 일본 원정과 마찬가지로 전함과 수군이 필수여서, 그 준비 과정에서나 전략 전술상에서 별 차이가 없고 단지 선후의 시차가 있을 뿐이었다. 하지만 양쪽 모두 그에 필요한 준비는 한꺼번에 고려에 강제로 맡겨져 그 곤혹스러움을 이루 말로 다 할 수 없었다.

1272년(원종 13) 2월, 전함병량도감戰艦兵糧都監 곧 전함과 군량을 준비하기 위한 임시 특별 관청을 설치했다. 여기에는 원으로 들어간 태자(후의 충렬왕)가 원 공주와의 결혼을 허락받으면서 환국한 것과 관련이 있다. 태자의 결혼 문제와 일본 원정 문제는 다음 장에서 자세히 살펴보겠지만, 요지는 쿠빌라이가 일본 원정을 원활히 추진하기 위해 태자와 원 공주의 결혼을 허락했다는 점이다. 실제 일본 원정이 단행된 것도 원종이 죽고 충렬왕이 즉위한 직후였다.

전함을 준비하고 군량을 확보하는 것은 일본 원정에서나 삼별초 정벌에서나 반드시 필요한 것이었다. 그런데 원에서는 우선 다급한 것이 전함보다는 군량이었고, 원 주둔군에 공급하는 군량은 여전히 고려 정부의 가장 큰 고충이었다. 군량 공급은 당장 주둔군의 생존이 걸린 문제였기 때문에 원에서도 고려 정부를 심하게 압박했다.

태자는 그해 5월 전국 각 도에 사신을 보내 군량이 생산될 만한 경지를 살펴보게 했다. 태자가 직접 나서서 군량 문제를 나름대로 해결해 보려고 노력한 것이었다. 이 무렵 원에서도 둔전을 옮길 새로운 땅을 물색하고 있었는데, 이미 설치한 황해도 지역의 둔전에 어떤 문제가 있었는지도 모르겠다. 원에서 새로운 둔전을 찾게 된 것은 몇 가지 이유가 있었다고 보인다.

하나는 군량 운송의 문제다. 이 당시 원의 군대는 주로 남방에 주둔하고 있었다. 진도를 함락한 후 전라도 지역에 주둔했을 것으로 보이며, 김해와 마산 지역에도 원의 주력부대가 주둔했다는 것은 분명하다. 전라도 주둔군은 앞으로 제주 정벌을 위해서 필요했고, 김해 · 마산 지역은 일본 원정을 위한 전초 기지로서 반드시 필요했다.

이렇게 보면 서경에는 주둔군 사령부만 있었을 뿐이지 많은 병력이 주둔하지는 않았다고 할 수 있다. 어쩌면 주둔군 사령부도 서경에서 김해나 마산 지역으로 이미 옮겨졌을 수도 있다. 주둔군이 주로 남방에 있었다면 황해도 지역의 둔전에서 여기까지 군량을 운송하는 것은 쉽지 않았을 것이다.

또 하나 이유는 황해도 지역에 설치된 둔전의 생산량에 문제가 생겨 그러지 않았나 싶다. 이를 뒷받침할 만한 근거가 있다. 1272년(원종 13) 4월, 고려 정부에서 사신을 보내 군량과 사료를 감해 줄 것을 요청하면서, 군량 공급은 전년 가을까지 한정했는데 이후 왜 다시 요청하느냐고 문제를 제기하며 호소한 점이다.

흔도가 봉주 경략사로 부임해 오면서 애초의 약속대로 한다면, 둔전이 설치된 1271년(원종 12) 3월부터 그해 가을까지만 주둔군이 필요로 하는 모든 물자를 고려 정부가 부담하기로 했다. 그래서 농우·농기구·종자 등의 생산 수단을 고려 정부에서 부담하면, 수확이 끝난 가을 이후에는 둔전에서의 수확물을 가지고 주둔군에게 군량을 공급한다는 것이었다.

그런데 이게 여의치 않았다. 둔전에서 그해 가을 첫 수확이 부실해 군량 공급이 불가능했기 때문이다. 쉽게 말해서 둔전이 재생산에 실패한 것이다. 황해도 지역의 둔전은 기후나 토질 혹은 새로운 농업 기술의 적용 문제 등으로 경영에 어려움이 있었던 것으로 보인다. 원에서 새로운 둔전을 물색한 것이나 태자가 각 지방의 경지를 살피게 한 것은 그런 이유가 더 중요했다고 보인다.

둔전에 이런 문제가 있었다면 이는 쉽게 해결될 문제가 아니었다.

우선 둔전 2차년의 경작에 필요한 종자 등의 생산 수단을 다시 공급해야 했고, 군량이나 사료도 여전히 고려 정부의 부담으로 남는 것이다. 그 부담은 1차년보다 오히려 늘어날 수밖에 없었다.

그때 고려 정부에서 군량을 감해 줄 것을 요청하면서, 원의 군대가 주둔하기 시작한 1270년부터 현재(1272년 4월)까지 고려 정부에서 부담한 총 지출량을 내용별로 일일이 계산해 원에 제시했다. 군량 문제를 살펴보기 위해 이를 인용해 보겠다.

(1) 군량軍糧 : 109,199석 6두

(2) 우마료牛馬料 : 432,005석 6두

(3) 사신미使臣米 : 17,151석

(4) 종자種子 : 15,000석

(1)의 군량은 군사뿐만 아니라 둔전의 종전군까지 포함해서 지급된 식량으로 보인다.

(2)의 우마료는 소와 말의 사료를 말하는데, 이게 군량보다 훨씬 많았다는 것이 주목된다. 여기에는 경작을 위한 농우의 사료까지 포함되어 그랬겠지만, 그보다는 순전히 기병으로만 구성된 몽골 군대의 특성 때문일 것이다. 다른 자료에는 기병 1인당 말이 3마리였다는 기록도 있으니 사료가 군량보다 많을 수밖에 없었다.

(3)의 사신미는 고려에 왕래하는 원의 사신단이 유숙하는 공관에 지급된 것이다. 이것도 의외로 많은데, 이는 사신단의 왕래가 매우 빈번했고 그 부속 수행 인원도 대단히 많았으며 장기간 체류했음을 말해준다.

이것을 모두 합하면 57만여 석인데, 원의 군대가 고려에 주둔하기 시작한 때를 두연가의 군대가 파병된 1270년 6월부터라고 보면, 1272년 4월 현재까지 약 22개월간에 지출된 양이다. 이게 어느 정도 많은 것인지 석碩·두斗의 도량형이 지금과 달라 짐작하기 어렵지만 대략 고려의 1년 총조세 수입량과 맞먹는다.

참고로 고려 시대 문무 모든 관리의 녹봉으로만 지급되는 1년 예산이 13만여 석이었다. 여기에 국가의 기타 경비로 지출되는 예산을 합하면 1년 예산이 그 정도 된다. 그러니까 고려의 1년 총예산 정도를 약 2년 동안 원의 주둔군을 위해 지출한 것이다.

원에서도 이런 사정을 이해했는지 두만강 유역의 동진에서 7천 석을 운송해 가라는 제의를 해 온 적이 있었다. 하지만 이는 육로와 해로 모두 그 운송이 너무 불편해, 오히려 그 비용이 많이 든다고 판단한 고려 정부에서 사양했다.

1272년(원종 13) 6월, 군량 부담을 조금이라도 줄이기 위해 고려 정부에서는 동녕부에도 부담시키자고 제의한다. 동녕부는 최탄의 반란으로 원에 귀속된 곳이었는데, 그곳에서도 군마를 파견했으니 5백 명분의 군량과 사료를 분담시키자는 것이었다. 이게 실행되었는지는 확인할 기록이 없지만 당시 고려 정부가 군량 부담을 줄이기 위해 온갖 노력을 다 기울였다는 것을 알 수 있다.

그런데 군량 문제의 핵심은 언제까지 고려 정부가 군량을 공급하느냐는 것이었다. 군량 공급을 전담할 기존의 둔전이 2차년에도 재생산을 할 수 없다면 고려 정부의 부담은 끝이 없을 것이기 때문이다. 동녕부 분담을 제의하면서 고려 정부는 그 문제를 다시 제기했지만 원에서는 별다른 반응이 없었다. 원에서도 가을 수확을 기다려 보는 수밖에 뾰족한 대안이 없어 고려 정부를 압박하기만 했다.

더욱이 삼별초가 조운선을 약탈한 것도 고려 정부의 군량 부담을 더욱 가중시켰다. 앞서 살펴보았듯이 제주도에 근거한 삼별초 세력이 남해 연안에 출몰하면서 조운선을 계속 약탈했기 때문이다. 이에 고려 정부에서는 김해에 주둔하고 있는 원의 군대에서 2천 명을 떼어 전라도 연해 지역을 방어해 주도록 요청했지만, 원은 이를 거절하고 대신 고려에서 군사를 모집해 지키도록 한다.

둔전의 실패, 삼별초의 조운선 약탈, 여기에 종전군이나 사신미와 같은 부수적인 지출 등이 고려 정부의 군량 부담을 가중시킨 것인데, 여기서 벗어나기 위해서는 삼별초 정벌이나 일본 원정을 신속히 추진하는 수밖에 없었다.

마침내 1272년(원종 13) 12월 제주도 삼별초를 정벌할 군사 작전이 결정된다. 이렇게 지체된 것은 끝까지 회유를 통한 해산이나 투항을 시도했기 때문이다. 여기에는 당시 남송 정벌을 진행 중에 있었고 장차 일본 원정을 단행해야 하는 세조 쿠빌라이의 고민이 있었다.

삼별초 정벌에 필요한 군사 역시 고려에서 징발해야 했다. 군사 6천과 수수水手(뱃사공) 3천 명이 고려에 할당되었다. 전함은 진도 정벌 때 사용된 것에, 일본 원정을 위해 이미 건조한 전함을 더해 동원했을 것이다.

그리하여 1만여 명으로 구성된 여원 연합군이 전함 1백 60척을 동원해 1273년(원종 14) 4월, 영산강 하구의 반남현에서 출정한다. 진도 정벌 때와 마찬가지로 김방경과 흔도가 여원 연합군의 최고 사령관을 맡았다. 연합군은 3군으로 나뉘어 추자도를 거쳐 제주도에 상륙하고 교전 끝에 항파두리성을 함락하는 데 성공한다. 그 후 제주도에는 원의 군사 5백 명과 고려 군사 1천여 명이 주둔해 그해 6월까지 잔여 세력을 소탕한다.

이로써 1270년(원종 11) 6월 강화도를 출발해 제주도가 함락될 때까지 만 3년 동안의 삼별초 항쟁은 끝났다. 제주가 함락된 후 원에서는 제주에 별도의 다루가치를 파견해 특별 관리했다. 항쟁의 거점이라는 이유도 있었겠지만 일본 원정을 하는 데 제주도는 항로상의 중요한 길목이라는 점도 작용했을 것이다.

그리고 고려 측 사령관 김방경은 삼별초를 진압한 공으로 수상직인 문하시중에 올랐다. 이어서 그는 세조 쿠빌라이의 부름을 받고 원으로 들어가 후한 포상과 작위까지 받고 돌아온다. 이때 김방경의 나이 62세였다.

김방경은 이후 일본 원정에서도 고려 군대의 최고 사령관을 맡는데 일국의 수상이었지만 그의 뜻대로 할 수 있는 일은 아무 것도 없었다. 이러한 김방경의 처지는 당시 고려 정부가 처한 딱한 현실을 상징적으로 보여 준다.

휘몰아치는 일본 원정 총동원령

제주도를 정벌한 원에서는 본격적으로 일본 원정을 준비했다. 그 무렵 세조 쿠빌라이는 남송 정벌에서 끈질기게 저항하는 양양을 1273년 2월 마침내 함락하고, 장강을 따라 내려가면서 수도 임안(항주)을 향하고 있었다. 남송 정벌의 어려운 고비 하나를 겨우 넘긴 때여서 일본 원정 준비는 온전히 고려의 몫으로 떨어졌다.

군량 문제는 여전히 고려 정부의 큰 부담이었다. 1273년(원종 14) 8

월 원에서는 별고別庫의 조세 수입으로 군량을 삼으라는 지시를 내렸다. 별고는 국가의 재난이나 환란에 대비한 특별 창고로서, 별고의 조세 수입은 지금으로 말하자면 국가의 특별 예산과 성격이 비슷하다. 고려 정부는 국가의 정규 조세 수입으로도 군량 공급이 부족해 이제 특별 예산까지 지출하게 된 것이다.

이를 보면 둔전은 1차년에서뿐만 아니라 2차년에서도 실패해 수확을 제대로 거두지 못한 듯하다. 이는 군량을 공급하는 전지田地가 둔전 외에 따로 지정되어 있었다는 것에서도 알 수 있다. 이런 전지는 전함병량도감이라는 특별 관청에 소속되어 그 소출을 모두 군량으로 보내는 것이다.

주둔군이 현재 소비할 군량뿐만 아니라 원정 기간에 소요될 군량도 확보해 두어야 했다. 이를 위해 그해 12월에는 원의 사신이 고려의 관리를 동반하고 각 지방을 순시하였다. 각 지방에서 징수할 군량을 정확히 조사해 기록하기 위한 것이었다. 이 군량은 장차 일본 원정군이 출발할 마산이나 김해 지방으로 모두 집결되어 원정군의 전함에 선적할 것이었다.

그리고 1274년(원종 15) 1월에는 원의 중서성이 대선大船 3백 척을 건조하라는 명령을 내렸다. 삼별초를 정벌할 때 동원된 전함이나 이미 건조된 전함이 있어 나머지는 그것으로 보충할 계획이었다. 전함 건조에 필요한 모든 물자나 인원은 고려 정부에 위임한다고 했으니 자체 조달하라는 것이었다.

일본 원정 준비에 대한 고려 측 총책임은 원이 동남도東南道 도독사都督使로 임명한 김방경이 맡았다. 김방경은 제주도를 정벌한 후 쿠빌라이의 부름을 받고 원에 들어갔다가 이 직책을 받아 온 것이다. 군사를 조련하는 것은 김방경의 책임이었으며, 전함 건조 책임은 홍다구가 맡았다. 모두 원이 임명하고 구체적인 것은 중서성의 지시를 받아 추진했으니 고려 국왕은 아무 권한이 없었다.

원에서 전함 건조를 지시받은 고려 정부는 바로 착수에 들어간다. 당장 해야 될 일은 조선 기술자인 공장工匠과 일을 할 역도役徒를 징집하는 것이었다. 이를 위해 북계(평안남북도)를 제외한 전국 5도와 동계에 관리를 파견해 강제 징발하는데, 모두 3만 5백 명을 확보해 조선소로 보냈다. 전함 1척당 1백 명이 동원된 셈이다.

전함은 전라도와 제주도에서 나누어 건조되었으며, 소요 재목은 변산반도와 천관산(전남 장흥)에서 벌채해 이용했다. 단시일 내에 완공해야 했으니 조선 사업도 벌채 지역에서 가까운 서해의 변산반도 부근과 남해의 장흥 연안에서 집중적으로 이루어졌을 것이다. 제주도의 조선은 한라산에서 벌채한 재목을 이용했을 것이다. 조선 사업에는 홍다구 휘하 군사 5백여 명이 감독을 맡았다.

그런데 조선 사업에는 또 다른 문제가 뒤따랐다. 징발된 역도 3만여 명에게 공급할 식량이 문제였다. 기존의 주둔군 6천여 명에게 공급하는 군량은 고스란히 고려의 부담으로 남아 있는 데다가 새로운 군량 부담이 추가된 것이다. 게다가 제주 백성 1만여 명에게도 식량을 지급하도록 했는데, 이는 제주 백성들이 전함 건조 등 전시 사업에 동원된 때문으로 보인다.

여기에 3월이 되면서 농사철이 다가오고 있어 또 문제였다. 파종 시기를 놓치면 수확량이 감소하고, 이는 다시 군량 공급에 차질을 가져오기 때문이다. 국왕 원종은 측근 관리를 홍다구에게 보내 역도들의 반은 귀농케 할 것을 요구해 다행히 수용되었다. 국왕이 할 수 있는 일은 이런 일 정도였다.

엎친 데 덮친 격으로 1274년(원종 15) 3월, 그 번잡한 와중에도 원에서는 뜬금없는 요구를 해 왔다. 남송의 양양 함락에서 투항하거나 생포된 남송 군인들의 결혼을 위해 여자를 요구한 것이다. 이에 결혼도감을 설치하고 독신녀, 역적의 처, 승려의 딸 등 140명을 추색해 여자 1명당 비단 20필을 주어 보냈다. 남송 군인들이 여자들을 데리고 북으로 길을 떠날 때 곡성이 하늘을 진동했다니 애먼 여성들까지 전쟁에 이용된 것이다.

원에서는 이 남송 군인들을 일본 원정에 동원하려는 것이었다. 쿠빌라이의 명령으로 처음에는 이들을 모두 고려에 주둔시켜 일본 원정에 동원하려고 했는데, 고려의 재정 부담이 너무 커진다는 이유로 국왕이 요청해 철회된 것이다. 고려 여자를 요구한 것은 그 대가로 등장한 것인지 모르겠지만, 남송 군인들의 결혼 문제를 원에서 주선한 것은 일본 원정에 동원하려는 것이 분명했으니, 고려 여성들까지 전쟁에 동원된 것이나 다름없다.

그러는 중에도 1274년(원종 15) 4월, 원에서는 동경(요양) 지방의 쌀 2만 석을 보내와 구휼에 보태도록 했다. 이어서 비단 3만여 필을 보내와 군량을 사들이는데, 고려 정부는 이를 각 도에 나누어 보내 쌀 12두에 비단 1필로 교환했다. 원에서도 고려의 군량 공급이 한계에 이르렀다는 것을 알았던 모양이다.

원으로서는 일본 원정을 추진하는 데 이 정도의 부담은 약과였을 것이다. 하지만 백성들에게 비축된 쌀이 별로 없었기 때문에 비단을 주고 쌀을 사는 것도 여의치 않았다. 무상으로 빼앗기는 것보다야 낫겠지만 이 역시 백성들을 곤경으로 몰아넣는 일이었다.

원정 준비는 이게 전부가 아니었다. 대선 3백 척을 운용할 수군도 확보해야 했다. 이들은 초공梢工, 인해引海, 수수水手라 해 기능별로 세분화되어 있다. 정확히는 모르겠지만 초공은 배의 방향을 잡아 주는 키잡이 같고, 인해는 배를 밀고 당겨 출발이나 정박시키는 사람 같고, 수수는 노를 젓는 사공을 말한 듯하다. 홍다구는 전함의 완공이 가까워 오자 이를 위해 잡부 1만 5천 명을 미리 징발하라고 요구했다.

전함 건조를 위해 전국에서 3만여 명이 이미 징발당했고, 농사철이 시작되면서 그 반은 고향으로 돌려보냈는데, 다시 또 농사철에 1만 5천 명을 징발한다는 것은 쉬운 일이 아니었다. 이에 국왕은 원의 직속령인 탐라총관부(제주)·동녕부(서경)·북계(평안남북도) 등의 지역에서 차출해 줄 것과 동녕부로 도망쳐 들어간 서해도 사람들을 소환해 동원하자고 요청한다. 이것이 관철되었는지 모르겠지만 인력 동원도 군량 못지않게 큰 부담이었다는 것을 알 수 있다.

5월에는 원에서 일본 원정군 1만 5천 명이 고려에 왔다. 이들은 주로 몽골족이나 한족에서 징발된 자들이었고, 이 속에는 앞서 말한 투항한 남송 군인들도 있었다. 이 숫자로는 부족해 고려에서 다시 추가로 징발하고, 이후에도 필요한 인원은 수시로 징발하니 장정은 남아나지를 않았다. 일본 원정은 이렇게 고려뿐만 아니라 동아시아 전체를 전쟁의 도가니로 몰아넣고 있었다.

마침내 1274년(원종 15) 6월 고려 정부는 일본 원정 준비를 완료했다는 보고를 중서성에 올린다. 이해 1월 15일에 착수해 5월 말에 끝냈으니 전광석화같이 일을 해치운 것이다. 이때 시한이 촉박해 그 몰아붙이는 형세가 얼마나 급박했는지, 역마로 왕래하는 관리들이 마치 번개가 치는 것 같았고 번거로운 일들이 산적했다고 한다. 인적·물적 자원의 동원이 온 나라를 들썩였을 것이니 충분히 상상할 수 있을 것이다.

특별히 전함 건조의 조기 완공에는 김방경의 제안이 일조를 했다. 전함은 처음에 남송의 선박을 모델로 건조하기로 했는데 이게 비용이 많이 들고 기간이 오래 걸려 온 나라가 걱정했다. 이에 김방경이 선박 기술자의 자문을 받아, 비용이 적게 들고 기간을 단축할 수 있는 고려의 양식으로 건조할 것을 중서성에 건의해 허락을 받아 크고 작은 전함 9백여 척을 갖추게 되었다. 이 전함들은 모두 김해로 집결해 군량 등 필요한 제반 물자를 선적했다. 이제 출정만 남아 있었다.

이렇게 신속히 원정 준비를 완료한 것은 삼별초를 두 차례 정벌하면서 대강 준비된 상태에 있었기 때문이다. 사실 일본 원정 준비는 개경으로 환도한 1270년(원종 11) 6월에 이미 시작되었다고 봐야 한다. 원정을 준비하는 도중에 진도와 제주도의 삼별초 세력을 정벌하느라 이렇게 지체된 것이다.

그런데 한 가지 미심쩍은 점이 있다. 이렇게 일본 원정 준비는 그해 6월에 끝났는데, 실제 출정은 그해 10월에야 단행되었다는 사실이다. 여기에는 국왕 원종의 죽음이 관련되어 있었다.

국왕 원종은 원정 준비가 완료되었다고 보고한 이틀 후 세상을 뜬다. 1백 년간 이어진 무인정권을 끝장내기는 했지만, 원의 군대가 주둔하면서 다시 그들의 지배와 간섭을 받은 비운의 국왕이었다. 아마 국왕의 죽음으로 국상을 치르느라 10월로 미뤄지지 않았나 싶다.

일본 원정이 10월에야 단행된 또 하나의 이유는 군량 문제도 영향을 주지 않았나 싶다. 군량은 원의 군대가 주둔하기 시작할 때부터 부족하여 문제였고, 이를 위해 설치한 둔전도 재생산에 실패해 군량 공급이 여의치 않았기 때문이다. 10월에 원정이 단행된 것은 가을 수확을 기다려 충분한 군량을 확보하기 위해 그러지 않았을까 추측된다.

출정

김방경은 1274년(충렬왕 즉위년) 7월 일본 원정을 위해 선봉대를 이끌고 먼저 경상도로 출발했다. 이어서 8월 원에서 일본정토도원수日本征討都元帥로 임명된 홀돈忽敦이 고려에 온다. 홀돈은 일본 원정의 총사령관 격인데, 이 사람은 앞서 고려에 계속 주둔하면서 진도와 제주도를 정벌한 흔도와 동일 인물로 보인다. 홀돈, 즉 흔도는 제주도를 정벌한 후 원으로 들어갔다가 일본 원정의 총사령관으로 다시 온 것이다.

그리고 부원수에는 홍다구와 유복형劉復亨이 임명되었다. 홍다구는 고려에 있으면서 일본 원정 준비를 주도한 인물이고, 유복형은 여진족 출신으로 보인다. 고려 측에서는 김방경이 총지휘를 맡았다.

연합군의 지휘 체계와 전체 전력을 알기 쉽게 나열하면 이러했다.

〈지휘 체계〉

(1) 도원수 : 흔도

(2) 우부원수 : 홍다구

(3) 좌부원수 : 유복형

(4) 고려군 중군 도독사 : 김방경

(5) 고려군 좌군사 : 김선

(6) 고려군 우군사 : 김문비

〈군사력〉

① 몽한군蒙漢軍 : 2만 5천 명

② 고려군 : 8천 명

③ 수군 : 6천 7백 명

④ 전함 : 대소 9백 척

몇 가지만 짚고 넘어가자. (1)의 도원수 흔도는 ①의 몽한군만 지휘하는 것이 아니고 원정군 전체를 지휘하는 것이다. 따라서 (4) (5) (6)의 고려 측 지휘관들은 ②의 고려군을 지휘하지만 독자적인 지휘권이 없고 도원수 흔도의 지휘 체계 안에 있는 것이다.

고려 측 지휘관들을 잠깐 일별해 보자. (4)의 김방경은 설명할 필요가 없을 것이고, (5)의 김선金先은 원에 사신으로 한 번 다녀온 적이 있는 인물이다. (6)의 김문비金文庇는 삼별초 지휘관 출신으로 개경 환도 당시 임연의 명령을 받고 환도에 저항한 인물이다.

그리고 군사력에서 ①의 몽한군의 수 2만 5천 명은 조금 의문이다. 앞서 몽한군이 고려에 올 때 1만 5천 명이었다는 《고려사》의 기록이 있고, 《원사》에도 1만 5천으로 나타나 있기 때문이다. 아마 1만 5천 명에 기존에 고려에 주둔하고 있는 원의 군대를 합친 것이 아닐까 생각되는데 확실치는 않다. 그런데 2만 5천 명으로 보더라도 이것은 결코 많은 수가 아니었다.

②의 고려군 8천 명도 의외로 적다는 생각이 든다. 인력을 강제로 동원하는 것이 쉽지 않았다는 점을 말해 주는 것이지만 소규모인 것은 분명하다. 더구나 ③의 수군은 앞서 언급한 고려에서 징발한 초공·인해·수수 등 전함을 운용할 부속 인원으로 비전투원이다. 애초

에 이것도 1만 5천 명을 징발하기로 했지만 차질이 생겼는지 그 수를 다 채우지 못한 듯하다.

수군 6천 7백 명으로 전함 9백 척을 운용하자면 1척당 10명도 되지 않는다. 더구나 3백 척은 대선으로 1척당 최소한 5, 60명이 필요했을 것을 감안하면 수군은 더욱 빈약해 보인다. 이 대목에서 의문이 든다.

여기서 ②와 ③을 합하면 약 대략 1만 5천 명으로 애초에 징발하기로 한 수군의 숫자에 맞아 떨어진다는 점을 생각해 볼 필요가 있다. 그렇다면 빈약한 수군은 ②의 고려군으로 보강할 생각이었던 것 같다. 이는 결국 ②의 고려군이 실제에 있어서는 ③의 수군과 같은 기능을 할 수도 있다는 뜻이다.

일본 원정은 해전이 아니라 일본 열도에 상륙해서 싸우는 육전으로 치를 수밖에 없다. 따라서 전문적인 수군은 최소한으로 하고, 일본 열도까지 이동할 때는 ②의 고려군과 ③의 수군을 구분할 필요가 없었을 것이다. ③의 수군은 일본 열도에 도착한 후 전함을 정박시키고, 원정군이 상륙한 후에는 남아서 전함을 방어하는 기능을 전담했을 것이다.

④의 전함 9백 척에는 세 종류가 있었다. 천료주千料舟 3백 척, 발도로경질주拔都魯經疾舟 3백 척, 급수주汲水舟 3백 척이었다. 천료주는 대형 선박으로 군사와 군량, 군마 등을 적재한 주력함인데 그 주위에 발도로경질주와 급수주를 하나씩 거느렸다고 보인다. 발도로경질주는 선봉에 서는 전투 공격용의 쾌속 경선이고, 급수주는 소형 선박으로 식수를 저장한 비전투용이라 생각된다.

이렇게 ① ② ③의 몽골·한족·고려군 연합으로 편성된 원정군의 전체 군사 수는 약 4만 명 정도로 많은 수가 아니었다. 바다를 건너는 대외 원정치고는 너무 약세라는 생각까지 든다. 1592년 임진왜란 때의 왜군이 15만 명이었다는 점, 몽골족이 지금까지 치른 수많은 대외 원정을 참고하더라도 이는 결코 대군이 아니었다. 세조 쿠빌라이가 일본을 얕잡아 본 것일까?

그것은 아무래도 당시 진행 중인 남송 정벌 문제가 가장 크게 작용했을 것이다. 또한 원 조정에서 일본 원정이 반대에 부딪히면서 소극적이었고, 외교를 통해 시도하다가 실패하니까 어쩔 수 없이 정벌을 단행한 측면이 강했다. 그래서 원정 준비는 온전히 고려의 몫으로 떨어졌는데 고려 정부는 삼별초 항쟁으로 원정 준비에 전념할 수 있는 여력이 부족했다. 원 제국은 남송 정벌 문제로, 고려 정부는 삼별초의 항쟁으로, 사실은 일본 정벌을 단행할 계제가 아니었다.

연합군은 1274년(충렬왕 즉위년) 10월 3일, 합포(마산)에서 출발한다. 지금의 마산시 합포동이다. 인근 자산동에는 원정군에 식수를 공급하던 우물 몽고정이 지금도 남아 있다.

일본 본토 상륙

마산을 출발하기 전에 연합 원정대는 여진군을 기다렸다. 여진군이 어떤 경로로 와서 마산의 원정대와 합류하려 했는지는 잘 모르겠다. 《원사》에 연합군의 구성에 여진군이 언급된 것으로 보아 합류 예정이었다는 것은 분명한데 아무튼 합류에는 실패했다.

연합 원정대는 마산을 출발해 10월 5일 대마도의 좌수포佐須浦(사스우라, 지금의 고모다 해안)에 당도했다. 대마도는 제주도보다는 작지만 거제도의 거의 두 배 정도나 되는 큰 섬이다. 섬은 대마도주의 지휘 하에 소수 군사들이 지키고 있었다. 먼저 도주는 원정대에 통역관을 보내 군대를 이끌고 온 이유를 물었다. 흔도는 이에 답변하지 않고 바로 상륙해 일본군과 격전을 벌여 제압했다.

이후 원정군은 이즈하라嚴原를 비롯한 대마도의 중요 지역을 점령하고, 섬 중앙에 있는 아소만에 집결해 열흘 가까이 머무르며 약탈을 자행한다(아소만을 경계로 대마도는 위 섬과 아래 섬으로 나뉘는데 지금은 두 섬을 잇는 다리가 놓여 있다). 아소만에서 전열을 재정비한 원정군은 일기도壹岐島(이키시마)로 향했다.

원정군이 일기도의 북부 해안 승본勝本(가쓰모토)에 도착한 것은 10월 14일이었다. 섬의 중심은 지금의 아시베 항구에 있는 후나가쿠성이었는데, 방어에 나선 성주가 시간이 흐를수록 밀리자 자결하고 성은 함락되고 만다. 《고려사》에 따르면 일기도에서 전사한 일본군이 천여 명이었다고 했으니 그 저항이 만만치 않았고 접전도 격렬했음을 알 수 있다.

일기도와 주변 섬을 장악한 원정군은 10월 17일에 규슈 서해안의 응도應島(다카시마)와 당진唐津(가라쓰) 부근에 도착해 일부는 이곳에 상륙을 감행했다. 일본군은 원정군의 상륙을 저지했지만 중과부적이었다. 일본 무사들의 개인 전법에도 한계가 있었지만 원정군이 사용하는 화약 무기에 압도당했다.

이어서 원정군은 박다博多(하카다)로 향해 10월 19일 하카다만의 금진今津(이마쓰)에 전함을 접안시키고 우선 교두보를 확보했다. 두 차례나 사신으로 파견된 조양필이 이 지방에 체류하면서 규슈의 지리나 지형은 어느 정도 파악하고 있었다. 하카다만에서 원정군은 세 방면으로 상륙을 전개했다(하카다는 현재 후쿠오카福岡시의 한 구區로 편입되어 있다).

하카다는 태재부太宰府(다자이후)로 들어가는 관문인데, 태재부는 당시 규슈 지방의 정치 군사 중심지로 지방 관부가 있는 곳이었다. 하카다에 상륙해 다자이후를 장악하는 것은 이번 원정의 첫 번째 목표였다. 다자이후에는 일기도에서 급보를 받은 일본군 총사령관 소이경자少貳經資(쇼니 스네아케)가 방어에 나섰다.

총사령관 소이경자는 규슈 지역 일대와 대마도, 일기도 두 섬을 통괄 지휘하고 있었다. 그는 사전에 가마쿠라 바쿠후의 명령을 받아 규슈 관내의 모든 무사들에게 총동원령을 내리고 관원들을 하카다만으로 집결시켜 진지를 구축해 놓고 있었다. 그리고 하카다만에는 그의 동생 소이경자少貳景資(쇼니 가게스케)가 주력 부대를 이끌고 있었다. 하카다만의 일본군 병력은 지방 장관 세 명이 각각 5백 기씩, 그 아래 수령 31명이 125기씩 거느리고 있었는데, 무사 1인에 종자 1명씩을 계산하면 군사는 대략 1만여 명이었다.

당진 쪽에서 먼저 상륙한 원정군은 성을 함락하고 동진해 조원산祖原山(소하라산)을 목표로 진격했다. 이곳을 방어하던 일본군은 원정군의 집단 전법과 신병기에 놀라 무참히 패배했다. 소하라산을 점령한 것은 하카다만에 상륙하려는 원정군을 내륙 쪽에서 엄호하려는 것이었다(지금의 소하라산에는 공원이 조성되어 '원구전적비'가 세워져 있다).

한편 김방경이 이끄는 고려군은 삼랑포三郞浦에 상륙했다. 삼랑포는 《고려사》〈김방경 열전〉에 언급된 지명인데, 아마 당진(가라쓰)보다 조금 아래에 있는 지금의 송포松浦(마쓰우라) 부근이 아닐까 싶다. 여기서도 왜병이 대패해 쓰러진 시체가 삼대 같았다는 기록이 남아 있는 것으로 보아 원정대가 크게 승리했다. 김방경의 고려군이 이곳에 상륙한 것은 그해 10월 20일이었다. 여기서 먼저 소하라산을 점령한 원정군과 합세해 하카다만의 상륙 작전을 엄호하는 양동작전을 벌이려는 것이었다.

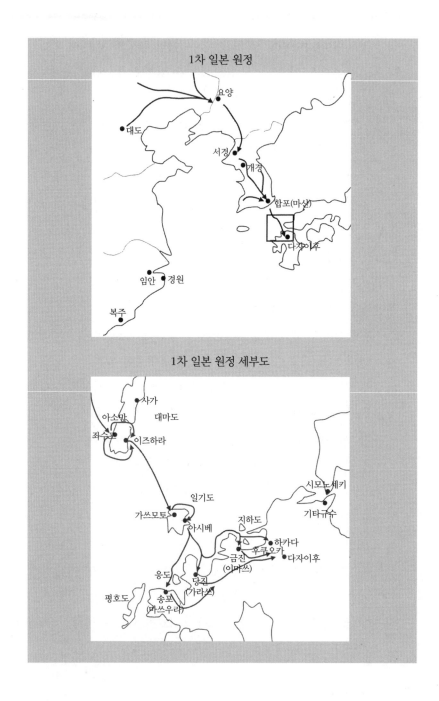

쿠빌라이 칸의 일본 원정과 충렬왕
∷ 1차 일본 원정

하카다만의 원정대도 큰 저항을 받기는 했지만 상륙에 성공했다. 이어서 격렬한 접전이 벌어졌고 여기서도 시간이 지날수록 일본군이 밀렸다. 원정대는 북소리를 울려 군사들의 진퇴를 지휘했고 철포까지 사용해 죽은 자가 셀 수 없었다고 한다. 철포는 화약을 사용해 발사하는 화포인데 일본인들은 처음 보는 이 화포의 위력에 기가 죽었다고 한다.

일본군의 저항도 만만치 않았다. 여기서 원정군을 저지하지 못하면 다자이후를 방어하기 어려웠기 때문이다. 《신원사》〈일본전〉에는 구체적인 전투 지역과 일본 장수 이름까지 기록되어 있다. 적판赤坂(아카사카)에서는 일본 장수 국지강성菊池康成과 싸우고, 백도원百道原(모모치바라)에서는 소이각혜少貳覺惠와 싸워 모두 패배시켰다고 한다. 이 전투 지역은 현재 후쿠오카시 외곽에 있다. 이런 속에서 김방경의 고려군도 원정군에 합류했다고 보인다.

백도원 벌판을 점령한 원정군은 지금의 후쿠오카 중심부로 쳐들어갔고, 다른 원정군은 하코자키箱崎에 상륙해 일본군을 제압했다. 이로써 하카다만의 일본군 저지선은 무너지고 연안 지역은 원정군에게 장악되고 말았다. 일본 측 기록인 《팔번우동훈八幡愚童訓》에 나타난 당시의 전투 상황을 잠시 살펴보자.

몽골은 큰북과 징을 치며 전투 개시를 알렸는데 그 소리가 엄청났다. 이 소리에 놀란 일본 말들이 이리저리 날뛰다가 적의 화살을 맞고 쓰러졌다. 몽골군의 화살은 짧았지만 화살촉에 독을 발라 맞으면 중상을 입었다. 몽골군 수백 명이 대오를 정렬해 화살을 비 오듯 쏘는 데다 창이 길고 갑옷도 빈틈이 없었다. 그들은 전투 대형을 갖추고 있다가 적이 공격해 오면 중앙을 활짝 열어 안으로 몰아넣은 다음 양쪽에서 포위 공격했다. 갑옷은 가볍고 말도 잘 탔으며 힘도 강했다. 또한 용맹하기 짝이 없었고 임기응변의 진퇴에 능했다.

적장은 고지에 올라 큰북을 쳐서 군사를 자유자재로 부렸다. 특히 물러날 때는 철포로 철환을 발사했다. 발사하기만 하면 사방에 화염과 연기가 치솟아 주위를 모두 덮어 버렸다. 또 그 소리가 우레와 같아 간담을 서늘하게 만들었다.

방어에 나선 일본군이 원정군의 공격으로 완전히 제압당했음을 알 수 있다. 상륙한 원정군은 하카다의 행정 관서인 봉행소奉行所를 습격하고 민가와 신사를 불태웠다. 여기에 하코자키 지역마저 뚫리자 일본군은 다자이후의 최후 방어선인 미즈성水城으로 퇴각했다. 이때 가마쿠라 바쿠후의 무사들이 최고로 숭배하는 무신을 모신 신사 하코자키하치만구筥崎八幡宮가 방화로 소실되었다.

미즈성은 폭 60m 깊이 4m의 해자垓字를 설치한 다자이후의 최후 방어선으로 이곳이 뚫리면 다자이후의 점령은 시간 문제였다. 원정군은 상륙해 곧바로 다자이후로 진격할 계획이었다. 다자이후만 점령하면 이번 원정의 첫 번째 고비를 넘기며 승산이 커지기 때문이다.

퇴각, 태풍을 만나다

하카다만에서의 전투는 10월 19일부터 다음날까지 이틀 간 벌어졌는데, 특히 20일 아침부터 일몰 때까지 전투는 격렬했다. 하카다만 전투에서 일본군의 방어벽이 무너진 사실이 가마쿠라 바쿠후와 교토 조정에 전달된 때는 10월 28일이었다. 이에 막부가 무사 동원령을 전국적으로 하달한 것은 이미 전투가 끝나고 원정군이 철수한 11월 1일이었다.

그런데 백도원 전투에서 원정군의 부원수 유복형이 화살에 맞아 말에서 떨어지고 말았다. 원정군은 이에 거리끼지 않고 다자이후로 진격해 들어갔다. 이후 다자이후 가까이에서 일전일퇴가 거듭되었지만 전투는 진전이 없었고 대치 상태로 들어간다. 여기에 날이 저물면서 원정대의 공격은 시간이 흐를수록 둔해졌다.

원정군의 공격이 중단되면서 김방경과 흔도 사이에 의견 충돌이 생긴다. 흔도는 날이 저물고 군사들이 피로하니 일단 정박해 있는 전함으로 돌아가자고 했다. 홍다구의 의견도 마찬가지였다. 하지만 김방경은 여기서 멈춰서는 안 되고 계속 밀어붙이자고 주장했다. 두 사람의 말을 들어 보자.

김방경 : 병법에 고향을 떠나 적진 깊숙이 들어온 군대는 그 칼날을 당해내지 못한다 했소. 우리 군사가 수효는 적지만 적의 땅에 들어왔으니 누구나 힘을 다해 싸울 수밖에 없소. 이것은 이미 목숨을 내놓고 배수진을 친 것이나 다름없으니 다시 싸우기를 청하오.

흔도 : 병법에 적은 군사가 강하게 지키면 견고하더라도 많은 군사에게 사로잡힌다 했소. 피로한 군사를 몰아 점점 불어나는 많은 군사와 맞서 싸우는 것은 완전한 계책이 아니니 회군하는 것만 같지 못하오.

흔도가 정박해 있는 전함으로 퇴각을 생각했다는 것은 조금 뜻밖이다. 여기에는 전력상의 문제가 있지 않았을까 생각된다. 아마 방어하는 일본군의 지원군이 속속 도착하면서 공격하는 원정군보다 많아졌을 것이라는 점이다. 일본군이 수적으로 우세했다는 것은 김방경이나 흔도의 말에서 모두 드러난다. 사실 원정군 4만이라는 병력은 대외 원정에서 너무 적은 수였다.

그런데 반드시 일본을 정벌하고야 말겠다는 의지가 확고했다면 흔도의 그런 태도를 이해하기 어렵다. 추측에 불과하지만 쿠빌라이는 일본을 한 번쯤 무력으로 위협한다는 정도의 원정을 생각하지 않았나 싶다. 그것이 아니라면 앞서 언급한 원정군의 형편없는 약세도 설명할 길이 없다. 진행 중인 남송 정벌이 중요한 원인이었겠지만, 그런 소규모 군대로 완전한 일본 정벌을 생각했다면 그건 몽골의 정복 군주답지 않은 것이다.

원정대가 야간에 전함으로 돌아오지 않을 수 없었던 근본적인 이유는 바로 그런 원정대의 군사력이 너무나 약세였다는 점에 있었다. 일반적으로 해로를 통해 육지에 상륙한 후 전투를 벌이는 원정에서는 정박해 있는 전함을 보호할 강력한 방어 부대가 별도로 구성되어 있어야 한다. 군수 보급 문제나 회군할 때의 퇴로를 확보하기 위한 후방 기지 기능을 충분히 유지해 둬야 하기 때문이다. 이번 일본 원정대는 소규모여서 후방 기지를 별도로 운용할 수 없었고, 그래서 일몰 후에는 정박한 배로 돌아오는 전술을 쓸 수밖에 없었다.

현실적인 이유도 있었다. 그것은 하카다만에 정박한 전함을 지키는 초공, 인해, 수수 등 고려 수군이 혹시 반란을 도모해 회군에 차질을 빚지 않을까 경계했을 수 있다. 괜한 상상이라 탓할지 모르겠지만 그럴 개연성은 충분히 있었다.

김방경은 흔도의 결정을 따를 수밖에 없었다. 게다가 부원수 유복형은 화살을 맞아 이미 전함으로 돌아간 상황이었다. 하는 수 없이 원정대는 1274년 10월 20일 밤, 공격을 풀고 해산해 정박한 배로 귀환했다. 그날 밤이었다. 폭우를 동반한 태풍이 하카다만에 정박해 있는 원정군의 전함을 덮친 것이다.

10월 말이면 양력으로는 겨울로 접어든 때였는데 무슨 태풍이 갑자기 불어왔는지 모르겠다. 태풍이 몰아치자 전함 9백여 척은 암벽에 부딪히면서 부서져 남아나지를 않았다. 수많은 군사들이 바다 속에 떨어져 익사했고, 이때 고려군 좌군을 지휘한 김선도 익사하고 말았다. 일본 측 기록에는 전함 9백여 척 중에서 2백여 척이 침몰했다고 한다.

1274년(충렬왕 즉위년) 11월 6일 태풍으로 처참하게 일그러진 연합 원정대는 철수를 시작했다. 태풍은 지나갔지만 전투를 더 이상 계속할 수 없는 상태였기 때문이다. 11월 말 원정대는 마산으로 다시 귀환했다. 마산에서 출정한 지 한 달 남짓의 짧은 원정이었다. 돌아오지 못한 군사가 1만 3천 5백여 명이나 되었으니 원정대의 3분의 1 정도가 죽은 것이다. 참담한 패배였다.

원정군을 지휘한 흔도, 홍다구, 유복형 등은 다음해 1275년(충렬왕 1) 1월 원으로 돌아가 전황을 보고했다. 이들은 패배하고 돌아왔음에도 세조 쿠빌라이에게 상을 받았다. 태풍 때문에 패배는 아니라고 생각했는지 아니면 처음부터 크게 기대한 것이 아니어서 그랬는지 모르겠다.

세조 쿠빌라이는 1차 일본 원정이 실패로 끝난 직후, 바로 일본 원정을 다시 계획한다. 이를 보면 1차 원정은 무력시위 정도로 계획되었다는 생각을 지울 수 없다. 무력시위를 하면 일본이 바로 항복할지도 모른다는 생각을 했을까?

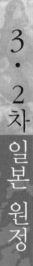

3 · 2차 일본 원정

세조 쿠빌라이의 딸과 충렬왕의 결혼은 양국의 이해관계가 맞아떨어져 이루어진 것이었다.
충렬왕은 원 공주와 결혼함으로써 왕실의 안정과 왕권의 확립을 기대했다.
쿠빌라이는 정벌 중인 남송과 고려의 연대를 저지하고 당장은 일본 원정을 원활하게 추진하기 위해
고려를 확실하게 잡아 둘 필요가 있었다. 이로써 부마국 체제가 성립하는데
고려는 원 제국의 속국이자 부마국이라는 특수한 지위를 갖게 되고 원 제국과는 더욱 밀착한다.
이런 관계 속에서 남송 정벌을 끝낸 쿠빌라이는 충렬왕의 적극적인 참여 속에서
2차 일본 원정을 단행하지만 또 태풍을 만나 실패하고 만다.

1269. 6. 세자(충렬왕), 원 공주와 최초 혼담

1274. 5. 충렬왕, 쿠빌라이 칸의 딸과 결혼

1275. 3. 1차 원정 후 최초의 사신 일본에 파견

1275. 10. 원에서 고려의 관제 격하

1275. 11. 최초의 공녀 10명 원에 보냄

1276. 1. 남송 조정, 쿠빌라이 칸에 항복

1276. 3. 가마쿠라 바쿠후, 이격출격 준비

1276. 7. 김방경, 원에 들어가 호두금패 받아 옴

1277. 12. 김방경 무고 사건 발생

1278. 3. 충렬왕, 원 공주와 결혼 후 처음으로 입조

1279. 2. 쿠빌라이, 남송 지역에 전함 6백 척 건조 명령

1279. 8. 일본행 사신 참수 소식 전해짐

1280. 8. 충렬왕, 2차 일본 원정 논의 위해 입조, 쿠빌라이 대면

1280. 10. 추밀원의 전투 훈령 고려에 내려옴

1281. 5. 2. 2차 원정 동로군과 고려군, 마산과 거제도 출발

1281. 5월 중순 2차 원정 강남군, 경원에서 출발

1281. 8. 2차 원정군 마산으로 귀환

1282. 6. 남송인 심총, 일본에서 탈출하여 고려에 옴

충렬왕, 원 공주와의 결혼

최초의 혼담

충렬왕과 원 공주의 결혼 문제를 살펴보기 위해서는 이야기를 앞으로 좀 되돌려야겠다. 최초로 혼담이 나온 것은 임연이 원종을 강제로 폐위한 1269년(원종 10) 무렵이었다. 그런데 실제 결혼이 이루어진 것은 이보다 5년이나 지난 뒤였다. 이렇게 지연된 사정을 살펴보는 것은 세조 쿠빌라이의 대고려 정책을 엿볼 수 있는 중요한 대목이다.

1269년 6월, 임연이 국왕 원종을 폐위하였을 때 원이 흑적을 사신으로 보낸 적이 있었다. 이때 흑적은 임연에게 다시 국왕 원종을 복위시키라고 요구한다. 이 때문에 강제 폐위당했다가 5개월 만에 복위한 국왕 원종은 흑적이 고마웠던지 그들 일행을 위해 잔치를 베풀어 주었다. 이 연회에서 흑적은 국왕에게 상좌에 앉기를 권하면서 이런 말을 불쑥 던진다.

"이제 태자(충렬왕)는 황제의 딸과 결혼하는 것을 허락받았으니, 우리는 황제의 신하요 국왕은 황제의 부마대왕駙馬大王의 부친이 되니 어찌 감히 항례하리오. 국왕이 서향하시면 우리는 북향하고, 국왕이 남향하시면 우리는 동향하겠습니다."

황제가 파견한 사신은 황제를 대신하는 사람이라고 여겨 공식 석상에서는 국왕과 마주 보고 대등한 좌석을 차지한다. 이런 의례는 중국과 사대 관계를 유지한 조선 시대에도 마찬가지였다. 그런데 흑적은 이제 태자와 공주가 결혼하게 되었으니 태자는 황제의 부마가 되고 국왕은 그 부친이 되니 예전과 같이 대등한 좌석을 차지할 수 없다는 것이었다. 이것이 태자와 원 공주의 결혼에 대한 최초의 언급이었다.

원의 사신 흑적이 아직 공식적으로 결정되지도 않은 결혼 문제를 공식 연회 석상에서 거론한 것은 확실한 근거를 가지고 두 사람의 결혼을 믿어 의심치 않았기 때문일 것이다. 그렇다면 태자의 결혼 문제는 황제인 쿠빌라이의 입에서 나온 말이 분명해 보인다. 흑적은 황제가 보낸 사신이었다는 점을 감안하면 더욱 그렇다.

그런데 당시 태자는 원에 들어가 있었다. 태자는 흑적이 사신으로 고려에 오기 전에, 원에서 환국하려다 부왕의 폐립 소식을 듣고 다시 원으로 되돌아가 쿠빌라이에게 그 소식을 맨 처음 전했다. 이런 정황을 보면 태자가 쿠빌라이를 대면한 그때, 태자의 주변에서 먼저 공주와의 결혼을 요청했을 수도 있다.

하지만 흑적이 그것만을 근거로 경솔하게 태자의 결혼 문제를 언급하지는 않았을 것이다. 태자 측에서 먼저 결혼 문제를 건의했다고 하더라도 황제 쿠빌라이의 확실한 결심이 있었기 때문에 흑적이 먼저 언급했다고 보는 것이 온당하다.

그러면 왜, 세조 쿠빌라이는 자신의 딸을 고려의 태자와 결혼시킬 생각을 했을까? 임연이 국왕을 폐립한 사건은 이제 막 남송 정벌을 재개한 쿠빌라이에게 큰 고민이 되었다. 김준을 이어 다시 임연이 정권을 장악해 개경 환도를 저지하면 쿠빌라이의 대고려 정책은 차질을 빚을 수 있었기 때문이다. 그렇다고 군대를 동원해 임연 정권을 즉각 정벌하는 것도 쉽지 않았다.

쿠빌라이는 군대를 출동시켜 군사적 압박을 가하기는 했지만 막상 임연 정권을 직접 정벌하는 것은 망설였다. 그것은 정벌을 단행했을 때, 고려(임연 정권)가 원이 정벌 중인 남송과 연대할 것을 우려했기 때문이다. 실제 원 조정에서는 그럴 가능성을 들어 고려에 대한 군사적 정벌을 반대하는 신하들이 많았다.

쿠빌라이가 공주와 고려 태자의 결혼 문제를 생각한 것은 이런 고민의 결과였다. 고려 왕실을 원 황실과 혼인 관계로 맺어 충성과 복속을 약속받고, 아울러 임연 정권에서도 벗어나도록 하려는 것이었다. 달리 말하자면 남송과의 연대 가능성을 미연에 차단해 고려의 이반을 막고, 고려 왕실을 후원해 원에 저항하고 있는 임연 정권을 고립 시키고 무력하게 하려는 전략이었다.

고려 왕실로서도 이는 반길 일이었다. 무려 1세기 동안 무인정권에 억압당해 온 고려 왕실은 자력으로 왕정복고를 이루기 힘든 상황이었기 때문이다. 세조 쿠빌라이가 그런 고려 왕실의 후원자 역할을 해주겠다는데 반대할 이유가 없었다.

결혼 유보

황제 쿠빌라이의 적극적인 개입으로 다시 왕위를 찾은 국왕 원종은 바로 원으로 향했다. 그리하여 쿠빌라이를 세 번째 대면하는데, 이때 국왕은 군대 파견과 함께 세자와 공주의 결혼을 정식으로 요청한다. 결혼을 요청한 그 문서를 간략하게 인용해 보겠다.

(전 략) 소방이 대조(원의 조정)에 청혼하는 것은 화호의 인연을 삼으려는 것인데 혹시 참람한 일일까 하여 오랫동안 진정하지 못했습니다. 이제 원하는 바를 들어주시겠다고 하고 마침 세자가 조정에 들어와 있으니, 바라건대 공주를 세자에게 내려 보내 혼인을 하도록 해 주시면 소방은 만세토록 의존해 오직 공직供職만을 삼가겠습니다(《고려사》 26, 원종 11년 2월 갑술).

이 청혼 문서에 따르면 국왕 원종은 진즉부터 세자와 공주의 결혼 문제를 생각해 왔다는 것을 알 수 있다. 마침 원의 사신 흑적이 와서 결혼이 허락되었다고 말한 것을 계기로 정식 청혼을 한 것으로 보인다.

국왕 원종은 세조 쿠빌라이에게 직접 청혼하지 않고 제국의 대외 전략을 실질적으로 총괄하는 중서성에 청혼 문서를 보냈다. 이는 파병 요청과 마찬가지로 세자의 결혼 문제도 대고려 정책의 일환으로 고려해 달라는 뜻이었다. 이는 물론 무인정권의 억압에서 벗어나기 위한 것이었지만, 그것이 원 제국의 대고려 정책과도 맞아 떨어진다고 생각한 것이다.

그런데 이렇게 정식으로 결혼 요청을 받은 원 조정에서는 오히려 미온적인 반응을 보인다. 지금은 폐립 사건으로 들어왔는데 여기서 갑자기 청혼하는 것은 적절치 않으니, 환국해 나라를 안정시킨 후에 다시 요청하면 그때 허락하겠다는 것이었다. 그러면서 쿠빌라이는 몽골의 관습법까지 거론하며 자신의 자식들은 모두 출가했으니 형제들과 의논해 결정하겠다는 답변을 주었다.

이것은 세자와 원 공주의 결혼을 일단 유보한 것으로 볼 수 있다. 국왕 원종은 흑적의 말만 믿고 너무 서두르다 일이 벽에 부딪힌 꼴이었다. 원 조정에서나 쿠빌라이는 왜 그런 반응을 보였을까?

그때 쿠빌라이의 답변을 전한 사람이 홍다구라는 것을 참고하면, 혹시 그가 중간에서 결혼 문제에 대해 방해 농간을 부리지 않았을까 하는 생각도 든다. 고려를 괴롭혀 온 홍다구의 전력을 생각하면 충분히 그러고도 남을 위인이기 때문이다. 하지만 그런 정황이 있었다고 해도 결정은 황제가 하는 것이니까 쿠빌라이의 의도를 알아보는 것이 중요하다.

앞서 흑적이 전한 결혼을 허락했다는 말은 세조 쿠빌라이가 정략적인 의도에서 흘린 말이 아니었을까 하는 생각을 우선 갖게 한다. 즉 흑적의 결혼 언급에 담긴 쿠빌라이의 의도는 당장 결혼을 성사시키겠다는 뜻이 아니라 일단 고려의 반응을 살펴보기 위한 것으로 해석된다.

임연의 폐립 사건으로 고려가 이반할지도 모르는 상황에서 세조 쿠빌라이는 고려 왕실을 적극적으로 유인할 필요가 있었을 것이다. 결혼 문제를 계기로 고려 왕실이 자발적으로 의탁 복속해 온다면 이보다 더 좋은 길은 없을 것이다. 실제 앞서 인용한 청혼 문서를 보면 쿠빌라이의 그런 의도가 맞아떨어졌음을 알려 준다. 더불어 결혼 문제에 고려 국왕을 더욱 매달리게 하는 효과도 덤으로 얻고 있다.

여기에 임연의 폐립 사건은 의외로 쉽게 풀렸다. 그 사건 때문에 결혼 문제를 언급했는데 의외로 빨리 해결되자, 이제는 결혼 문제를 거론할 필요가 없다고 쿠빌라이는 판단했을 수 있다. 어쩌면 쿠빌라이는 고려 국왕이 그렇게 신속하고 적극적으로 의탁하면서 청혼을 해 온 것에 일단 만족했는지도 모른다. 원 조정에서나 쿠빌라이가 청혼에 미온적인 태도를 보인 것은 이런 면이 작용했다고 보인다.

또 하나, 미온적인 태도에는 원 제국 내부의 사정도 있었다. 몽골의 황실과 피정복국 왕실과의 혼인은 자진 복속한 경우에만 주어지는 것으로 일종의 특혜였다. 고려는 원이 요구하는 출륙 환도를 아직 실행하지 않아 완전히 복속한 것은 아니었다. 물론 고려 측에서는 이미 복속했다고 생각했지만 원에서는 그렇게 판단하지 않았다. 그런 상황에서 고려 국왕의 청혼을 즉각 받아들이기에는 조심스러운 면도 있었을 것이다.

원 조정이 세자의 청혼에 미온적인 태도를 보이는 것을 확인한 국왕은 군대의 파병만 허락받아 환국했다. 앞서 언급한 두연가의 군대와 함께한 환국으로, 이후 개경 환도가 단행되고 이어서 삼별초 난이 일어난 것이다.

두 번째 청혼

국왕 원종은 1270년(원종 11) 8월, 세자를 원으로 보내 삼별초의 난을 보고했다. 이 무렵 고려는 여러 골치 아픈 문제들이 산적해 있었다. 삼별초 난 이외에도 진즉부터 거론되던 일본 원정 문제가 있었고, 서경에서 최탄이 반란을 일으켜 자비령 이북의 땅을 원의 직속령으로 한 동녕부 문제 등 여러 현안들이 얽혀 있었다. 이런 여러 현안 문제를 조금이나마 고려에 유리한 쪽으로 해결해 보려는 의도에서 세자를 직접 사신으로 발탁해 보낸 것이었다.

하지만 세자를 사신으로 발탁한 더욱 중요한 동기는 결혼 문제였다고 생각된다. 세자를 원 조정에 보내 황제와 대면할 기회를 자주 갖게 하는 것은, 잊혀질 수도 있는 결혼 문제를 상기시키고 다시 청혼할 수 있는 길을 트는 한 방법이라고 판단했을 법하다. 쿠빌라이가 먼저 결혼 문제를 거론해 주면 더 바랄 나위가 없었겠지만.

세자는 그해 12월 환국하는데 쿠빌라이는 결혼 문제를 언급하지도 않았고, 동녕부 문제에 대해서도 고려의 요구에 아무런 답변을 주지 않았다. 오히려 쿠빌라이는 남송과 일본을 거론해 고려 정부를 의심하는 태도를 노골적으로 드러낸다. 남송이나 일본 문제는 진즉부터 쿠빌라이가 경계의 눈을 거두지 않고 있었는데, 삼별초 난이 일어나자 고려가 남송이나 일본과 교류하고 있다고 더욱 의심하게 되었다.

삼별초 세력이 진도에 거점을 두고 기세를 떨치던 1271년(원종 12) 1월, 마침내 국왕은 돌아가는 원의 사신 편에 다시 세자의 결혼을 정식으로 요청한다. 이게 두 번째 청혼이다. 이때 청혼은 직접 쿠빌라이에게 표문表文으로 올렸고, 더불어 쿠빌라이가 의심한 남송과 일본 문제를 자세하게 거론하며 해명한다.

하지만 이번 청혼에 대해서도 원에서는 가부간에 아무런 반응이 없었다. 이런 무반응도 그 이유가 무엇인지 궁금한 문제다. 추측컨대, 고려 정부가 남송이나 일본과 교류하고 있다는 경계심이 작용해 그런 냉담한 태도를 보이지 않았나 싶다. 고려 정부를 아직은 안심하고 받아들일 수 없다고 판단했음 직하다.

여기에 삼별초 난도 그런 의심을 더욱 부추기는 작용을 했다. 고려 정부가 몰래 삼별초 세력과 내통하고 있지 않을까 하는 경계의 눈초리를 거두지 않고 있었다. 김방경이 진도의 삼별초 세력을 진압하기 위해 출동했다가, 삼별초와 몰래 내통한다는 무고를 받고 원의 다루가치에게 소환당한 일은 원의 그런 태도를 여실히 보여주는 사건이었다.

여기에 또 하나, 원에서 파견한 군대를 대하는 모습에서도 고려 정부를 믿지 못하게 만드는 요인이 있었다. 그 중에서 특히 중요한 것이 군량 문제였는데, 고려 정부는 어려운 실정을 들어 군량 공급에 소극적이었다. 실제 사정이 그러했지만 원 조정은 이를 괜한 변명으로 받아들이고 불만과 의심을 거두지 않고 있었다.

세조 쿠빌라이의 원 조정에서 고려 정부를 그런 태도로 보고 있었다면 결혼 문제에 냉담하리라는 것은 너무나 당연하다. 또 고려 정부에서도 원 조정의 그런 경계심을 모르지 않았을 것이다. 그런데도 국왕 원종은 왜 그렇게 원 공주와 세자의 결혼에 목매달았을까? 무인정권은 이미 무너지고 개경으로 환도를 했는데도 말이다.

무인정권은 무너졌지만 왕권은 여전히 위협받고 있었다. 주둔군 사령관 격인 흔도나 원에서 파견된 다루가치, 중서성이나 황제의 지시를 받고 온 관리나 사신들은 왕권을 위협하는 큰 요인이었다. 늑대를 피하려다 호랑이를 만난 격이었다. 게다가 원에 귀부한 고려인들까지 고려 조정을 들락거리면서 귀찮게 하고 있었다. 홍다구는 국왕을 보고서 인사도 하지 않았다니까 국왕의 권위는 무인 집권 시대보다 나을 것이 하나도 없었다.

그래서 국왕 원종에게 원 공주와 세자의 결혼은 중요한 문제였다. 왕실의 권위를 세우고 왕권을 확립하려면 그 길밖에 없다고 생각했을 것이다. 다음 왕위를 계승할 세자 역시 이것은 자신의 문제였고 절실한 문제였다. 세자도 무인 집권 시대부터 왕권의 허약함을 몸소 체험한 사람이었다.

쿠빌라이에게 직접 표문을 올려 청혼을 하고도 아무런 반응이 없자 고려 정부에서는 색다른 조치를 취한다. 1271년(원종 12) 6월, 결혼 예정 당사자인 세자를 인질로 보낸 것이다. 이때의 인질은 신체를 구속하는 포로의 신분을 말하는 것이 아니고 정치 견습을 위한 유학과 비슷하다.

그런데 이것이 원의 요구에 따른 것이었는지 아니면 고려 정부의 자발적인 것이었는지는 명확히 드러나 있지 않지만, 자발적인 측면이 강했다. 왜냐하면 원에서 그런 요구를 한 적이 없었기 때문이다.

이번 견습생에는 세자를 중심으로 고위 관리 자제 20인, 그리고 이들의 생활을 뒷바라지하면서 사무를 담당할 관리직원 백 명이 함께 들어갔다. 그리고 일정한 기간이 지나면 다른 자제들이 교대로 들어가기로 계획되었다. 그러니까 세자를 중심으로 한 관청 하나가 원으로 옮겨 간다고 생각하면 이해하기 쉽다.

고려 정부가 원 조정에 인질이라는 명목으로 이렇게 대규모의 인원을 파견한 것은 세조 쿠빌라이나 원 조정이 고려에 대해 갖는 경계심을 해소하기 위한 것으로 판단된다. 그리고 이것을 바탕으로 세자의 결혼 문제를 어떻게든 성사시키려는 의도가 깔렸다고 보인다.

그것이 성공했는지 1271년(원종 12) 10월, 황제가 세자의 결혼을 허락했다는 소식이 전해진다. 그 소식을 전한 관리는 세자가 인질로 들어갈 때 호위를 맡은 최고 관리로서 순전히 결혼 소식만을 전하기 위해 환국했다. 세자가 원에 인질로 들어간 지 4개월 만이고 문서로써 두 번째 청혼을 한 지 9개월 만이었다.

그런데 이때 쿠빌라이가 결혼을 허락했다는 사실은 《원사》에는 드러나지 않는다. 소식을 전한 그 관리가 마음대로 지어낸 말은 아닐 것인데, 이게 어찌된 영문인지 궁금해진다. 또한 실제로 결혼한 것은 이보다 3년이나 지난 뒤였다는 것을 생각하면 이때 결혼을 허락했다는 말은 더욱 의구심을 갖게 한다.

이 문제 역시 맨 처음 원의 사신 흑적이 결혼에 대해 언급한 것과 마찬가지로 고려 정부에 대한 유인책에서 나온 말로 보인다. 고려 정부가 세자의 결혼에 목매달고 있다는 것은 이미 원 조정에서 감지하고 있었다. 이런 상황 속에서 쿠빌라이의 원 조정에서는 세자의 결혼을 서둘러 성사시킬 필요가 없었다. 고려 정부가 삼별초 정벌과 일본 원정을 추진해야 할 원의 요구에 얼마나 충실하게 복무하는지를 봐 가며 대응하면 충분했다.

결혼을 허락했다고 말을 전하게 한 것은 이런 당면 문제에 고려 정부를 적극적으로 끌어들이기 위해 정략적으로 이용하려는 것이었다.

세자의 결혼과 일본 원정

세자는 1272년(원종 13) 2월 환국했다. 결혼이 허락되었다는 말이 나왔음에도 결혼하지 못하고 인질로 들어간 지 8개월 만에 환국한 것이다.

환국한 세자는 몽골식으로 변발호복辮髮胡服을 하고 있었는데 이를 보고 사람들이 탄식하고 울었다고 한다. 사람들에게 아직은 몽골에 대한 거부감이 남아 있었던 모양이지만, 세자로서는 어떻게든 원 공주와 결혼하려는 노력의 표현이었는지도 모르겠다.

그런데 주목되는 점은 이때 세자가 환국하면서 일본 원정 문제를 거론했다는 사실이다. 원에서는 세자를 환국시키면서 그 이유를 설명한 중서성의 첩문을 딸려 보냈는데, 인용해 보겠다.

세자의 말에 따르면, "우리 부자가 계속해서 입조하고 은총을 입어 (중략) 충심은 더욱 간절합니다. 오직 일본이 성화를 입지 못했으므로 군대의 위용을 빛내려면 전함과 군량이 필요할 것이니 혹시 이 일을 신에게 위임하신다면 심력을 다해 조금이라도 군대를 도울까 합니다" 하므로 중서성에서는 황제께 아뢰어 성지를 받들어 세자를 보내는 것이다(《고려사》 27, 원종 13년 2월 기해).

이 중서성의 첩문에 따르면, 세자가 일본 원정을 자신이 준비하겠다고 자진해 그를 환국시킨다는 것이었다. 아마 세자는 인질로 들어가 숙위 기간을 다 채우지 않고 환국한 것으로 보인다. 여기에는 장기간의 이국 생활에 지친 수행 관리들이 하루 속히 환국하고자 세자를 부추긴 측면도 있었다. 하지만 중요한 것은 중서성에서나 쿠빌라이가 세자의 제의를 전적으로 받아들였다는 점이다.

원 조정에서는 고려 정부의 소극적이고 수동적인 일본 원정 준비에 불만이 많았다. 당시 고려가 처한 실정이 그러했지만 원정 준비가 다급한 원 조정에서는 이게 하나의 장애였다. 원 조정에서 생활하던 세자는 그런 현실을 알아차리고 나섰을 것이고 원 조정에서는 이를 마다할 이유가 없었다.

그런데 환국한 세자는 일본 원정을 주도할 태세로 부지런히 움직이더니 1272년(원종 13) 12월 갑자기 다시 원으로 들어가 버린다. 그가 환국해 10개월 정도 고려에 머문 것인데, 이 짧은 기간에 일본 원정 준비를 마친 것은 아니었다. 고려의 궁핍한 재정 속에서 세자라고 원정 준비에 대한 무슨 대단한 성과를 낼 수 없었다. 원 조정에서도 그것을 기대하지는 않았을 것이다. 다만 세자는 지금까지 소극적이고 수동적인 고려 정부의 태도와는 조금 다른 면을 보여 주었다.

세자가 다시 원으로 들어간 것은 그런 적극적인 모습을 살려 결혼을 성사하기 위한 것이었다고 추측된다. 하지만 이번에도 결혼은 쉽사리 성사되지 못했다. 세자와 원 공주의 결혼이 이루어진 것은 이보다 1년 반이나 지난 후였다. 이 동안 세자는 줄곧 원에서 체류했다.

이어서 1273년(원종 14) 4월 제주도가 함락되고 본격적인 일본 원정 준비에 들어갔다. 제주가 함락되고 1년 후, 그렇게 일본 원정 준비가 대강 마무리된 시점에서 마치 기다렸다는 듯이 세자의 결혼이 원 조정에서 이루어진다.

1274년(원종 15) 5월, 국왕 원종의 아들인 왕심王諶과 세조 쿠빌라이의 딸인 홀도노게리미실忽都魯揭里迷失 공주의 결혼은 그렇게 성사되었다. 이때 세자의 나이 39세로 종실에서 세자비로 맞아들인 정화궁주가 이미 있었다. 원 공주의 이때 나이는 17세였는데, 세조 쿠빌라이의 정비 소생은 아니고 후비나 첩실 소생으로 보인다. 이 공주를 제국대장공주齊國大長公主라고 부른다.

최초로 결혼 이야기가 나온 지 딱 5년 만의 결혼이었다. 두 차례나 결혼이 허락되었다는 이야기가 나온 때는 공주의 어린 나이로 보아 배필도 정해지지 않은 상태에서 나온 말로 정략적인 제안이었다는 것이 드러난다. 결혼 자체도 원 제국과 고려 양국의 전략적인 필요에서 이루어진 것이지만, 결혼이 추진되는 긴 과정은 세조 쿠빌라이의 대고려 정책을 그대로 보여준 것이었다.

국왕 원종은 세자가 결혼한 그해 6월에 죽고, 세자는 그해 8월 환국해 고려 왕위에 즉위했다. 이이가 고려 25대 충렬왕忠烈王이다.

일본 원정은 준비가 완료되어 출정만 남겨 놓은 상태였지만 결국은 충렬왕이 마무리한 것이나 다름없었다. 원정 준비는 그해 6월에 완료되었지만 10월에야 단행되는데, 이것이 원 공주와 결혼한 충렬왕과 관련이 있지 않을까 하는 생각을 떨치기 힘들다. 다시 말해서 쿠빌라이는 충렬왕을 공주와 결혼시키고, 이런 관계를 이용해 일본 원정에 적극적으로 참여시키려 한 것이 아닐까 하는 생각이다.

원종이 죽고 공주와 결혼한 충렬왕의 즉위를 기다려 일본 원정을 단행했다고 장담하기는 조심스럽다. 하지만 충렬왕과 원 공주의 결혼은 일본 원정을 원활하게 추진하기 위한 세조 쿠빌라이의 외교 전략이었음이 분명하다. 이것은 1281년(충렬왕 7) 2차 일본 원정에서 좀 더 선명하게 드러난다.

사위의 나라

충렬왕은 환국해 즉위식을 가졌는데, 함께 환국한 원의 사신이 가지고 온 황제의 조서에는 세자를 고려 국왕으로 삼아 왕위를 계승케 한다는 내용이 들어 있었다. 충렬왕은 부왕이 죽으면서 자동적으로 왕위를 세습한 것이 아니고 원의 황제가 임명한다는 것이었다. 이후 80년 동안 그렇게 원의 황제가 고려 왕위를 임명하다시피 했다.

고려 국왕이 원 공주와 결혼함으로써 그 위상이 높아진 면도 있었다. 충렬왕은 즉위식을 마치고 연회를 베풀어 여러 신하의 하례를 받는데, 이 자리에 황제의 사신과 원의 다루가치도 참석했다. 그 좌석 배치부터 이전과는 달랐다.

충렬왕은 남향해서 앉고 원의 사신과 다루가치는 서로 마주 보는 동·서향으로 앉았다. 원의 사신과 다루가치를 고려 국왕이 신하로 대한 것이다. 이것은 국왕이라는 지위 때문이 아니고 황제의 부마라는 지위 때문에 얻어진 것이었다. 하지만 이에 비해 고려 왕실에서 치러야 할 비용은 너무 컸다.

충렬왕은 환국할 때 결혼한 공주는 원에 두고 왔는데 이 공주를 모셔 와야 했다. 사신을 원에 파견해 공주를 모셔 오는데 충렬왕은 평안도까지 맞이하러 나갔다. 여기에 고려 왕실의 비빈 궁주와 재상들 부인까지 총동원해 성문 밖에서 공주를 맞이하게 하고, 충렬왕은 서경 북방에서 공주를 만나 그해 11월 함께 개경에 입성했다.

국왕이 공주를 맞이하러 평안도로 떠난 그때, 일본을 정벌하기 위한 연합 원정대는 일기도에 도착해 일전을 벌이고 있었다. 온 나라를 들썩인 전쟁이었지만 백성들의 관심은 새로 맞이하는 이국의 공주에게만 쏠려 있었다. 국왕과 공주 내외가 함께 들어오는 것을 본 개성 사람들은 태평 시절이 다시 왔다고 반겼다 한다.

세조 쿠빌라이의 딸, 충렬왕의 이국 왕비는 그렇게 태평을 예비하고 왔다. 하지만 이 여성은 국왕의 권위를 능가하는 위세를 부리면서 앞으로 고려 내정에 많은 그림자를 드리운다. 태평의 시절이 다시 온 것이 아니라 제국의 공주 때문에 치러야 할 여러 사건이나 곤욕도 함께 따라왔다. 세속적인 욕망에 사로잡힌 자들은 이 여성에게 줄을 대기에 여념이 없었으니 충렬왕의 결혼이 남긴 그 사회적 비용은 얼마나 컸겠는가.

충렬왕의 결혼이 남긴 것은 이것뿐이 아니었다. 이후로 고려 왕위를 계승하려면 충렬왕이 세자로서 원의 조정에 인질로 들어갔듯이 그 과정을 반드시 거쳐야 했다. 이렇게 인질로 들어간 세자는 일종의 정치 견습생 같은 존재로, 원의 궁정이나 특정한 관청에서 일정 기간을 숙위宿衛하며 원의 문화와 관습을 익혔다. 더불어 원 조정의 관리들과도 교유할 수 있는 기회를 얻기도 했다. 이런 숙위 과정이 끝나면 원 공주와 결혼을 하게 된다.

고려 왕위를 계승하려면 원 공주와 결혼하는 것은 필수였다. 특별한 경우 원 공주와 결혼하지 않고 왕위를 계승하거나, 공주가 아닌 몽골의 일반 여성과 결혼해 왕위를 계승한 경우도 있었지만, 이 경우 왕권의 허약성이 심각하게 드러나 국왕이 스스로 원 공주와 결혼하기 위해 애쓰게 된다.

이것은 고려 국왕이 권력이나 권위의 정점에 있는 것이 아니고 권력의 원천이 원의 황실에 있다는 것을 의미했다. 심하게 말하면 원 제국의 황제 체제에서 고려 국왕은 신하나 한 관료에 불과했다. 다만 황제의 부마라는 점에서 고려 국왕은 독특한 위상을 지니게 되었다. 이러한 부마국으로서의 고려의 정치 사회 운영방식을 '부마국 체제'라고 부른다.

고려 왕조는 이제 독립 왕국이 아니라 이른바 원 제국의 속국이면서 동시에 부마국이라는 이중적이고 특수한 성격을 갖게 되었다. 원 제국과 고려의 이런 특수한 관계는 조선 시대에 중국과 유지한 사대 조공 관계와는 질적으로 다른 것이었다. 최초로 그런 양국 관계의 틀을 만들어 확립한 인물이 원 제국의 세조 쿠빌라이였고, 그 사위가 된 고려 왕실의 충렬왕이었다.

제국의 변경, 속국, 부마국

관제 격하

고려의 관제는 당의 관제를 모방한 2성 6부제를 근간으로 하고 있었다. 중앙 행정의 중심인 중서문하성과 상서성, 그리고 6부인 이부·병부·호부·형부·예부·공부가 그것이다. 여기에 군국기무를 담당하는 추밀원과 관리의 감찰을 맡은 어사대 등의 기구가 별도로 있었다. 이런 성省·원院·대臺·부部의 명칭이 들어가는 관부는 당의 관제를 채용한 원 제국에도 똑같이 존재했다.

1275년(충렬왕 1) 10월, 원에서는 자신들과 명칭이 같은 이런 고려 관제가 참월하다고 하여 고치도록 요구했다. 그래서 중서문하성과 상서성을 합해 첨의부僉議府라 했고, 6부에서는 이부와 예부를 합쳐 전리사典理司로, 병부를 군부사軍簿司로, 호부를 판도사版圖司로 형부를 전법사典法司로 고치고 공부는 폐지해 4사 체제로 축소했다. 2성 6부제가 1부 4사제로 축소, 격하된 것이다.

또한 추밀원은 밀직사密直司로, 어사대는 감찰사監察司로, 한림원은 문한서文翰署로 격하되는 등 원 제국과 명칭이 같은 중앙의 모든 관부는 격하되어 이름이 바뀌었다. 이에 뒤따라 관직 명칭도 바뀌었는데,

수상인 문하시중을 첨의중찬僉議中贊으로, 6부의 장관인 상서는 판서判書로 격하되어 불렸다.

이렇게 격하된 관제에서 고려의 최고 관부인 첨의부는 원 제국에서는 중서성 아래에 있는 6부보다 낮은 등급으로 자리매김되었다. 그래서 고려 정부의 수상인 첨의중찬은 종1품의 최고 관직이었지만 원 제국에서는 4품 정도밖에 되지 않았다. 그것을 보여 주는 기록이 있다.

1279년(충렬왕 5) 5월, 원의 중서성에서는 고려 최고 관부인 첨의부의 인장을 동으로 주조해 보냈는데, 그 동인에 '고려 첨의부 정4품'이라고 새겨져 있었다. 이는 첨의부의 장관인 첨의중찬이 원 조정의 중서성에서는 4품 정도밖에 되지 않았다는 뜻이다. 이것이 2차 일본 원정 후에는 종3품으로 조금 승격된다. 이렇게 격하된 관제만 놓고 보면 고려 정부는 원 제국의 한 지방 관청에 불과할 정도였다.

이것만이 아니었다. 국왕을 부르는 폐하陛下를 전하殿下로, 왕위를 이을 태자太子는 세자世子로, 왕의 묘호도 조祖나 종宗을 쓰지 못하고 왕王으로 쓰게 했으며 묘호 앞에는 반드시 충忠 자를 넣도록 했다. 이 밖에 국왕의 지시나 명령을 가리키는 선지宣旨를 왕지王旨로, 국왕 자신을 부르는 짐朕을 고孤로, 국왕의 사면령을 말하는 사赦를 유宥로, 국왕에게 올리는 말씀을 가리키는 주奏를 정呈으로 고치게 했다.

이것은 원의 황제나 원 조정에서 사용하는 모든 용어를 금지해 고치게 한 것으로 말할 필요도 없이 강요된 것이었다. 그런데 재미있는 사실은 쿠빌라이가 조서를 보내 고려의 관제를 지적하면서 반드시 고치라는 것은 아니라고 말한 점이다. 그 말을 그대로 믿고 관제를 고치지 않을 수는 없었을 것이니, 이는 강요보다 더 심한 것으로 받아들일 수밖에 없었다.

쿠빌라이는 고려 왕실의 근친혼에 대해서도 문제 삼았다. 고려 왕실에서는 종친 내에서 상호 결혼하는 근친혼이 고려 초부터 관습으로 이어져 왔고, 역대 국왕의 대부분은 왕비를 종친 내에서 취했다. 이는 왕실의 순수 혈통을 유지하기 위한 것으로 고대 사회의 잔재였다. 쿠빌라이는 이제 고려 왕실과 일가가 되었으니 서로 통혼해야 한다고 했다.

쿠빌라이의 이런 지적은 고려 왕실과 원 황실의 교혼을 주장하려는 것은 아니었다. 그것보다는 고려 왕실의 여성을 근친들과 결혼시키지 말고 원 조정으로 보내라는 의미가 더 강했다. 그 결혼 대상으로 원의 황실을 생각한 것이 아니라 원 조정의 일반 관리들을 염두에 둔 것으로 판단된다.

원 제국과 고려의 국가적 위상은 전혀 달랐다. 고려는 제국의 속국이자 부마국이었지만 실제는 제국의 지방 정부나 다름없었다. 황제와 고려 국왕의 관계도 사적으로는 사위와 장인의 관계였지만 공적으로는 최고 통치자와 지방 장관의 관계였다. 관제 격하나 황제가 쓰는 용어를 금지한 것은 그것을 실감나게 인식시켜 보여 주려는 것이었다.

원 공주와 그 수행원

충렬왕과 쿠빌라이의 딸이 결혼한 사건은 고려와 원의 양국 관계에 중요한 변화를 가져왔다. 충렬왕 대에 들어서면서는 더욱 지배와 종속의 관계가 깊어지고 양국이 마치 한 국가처럼 밀착해 나갔다. 그래서 양국의 관계는 외교 관계라기보다는 중앙과 지방 관계 정도였다. 중앙(원 조정)에서 지방(고려 정부)을 통제 관리하는 부서가 원의 중서성이었다.

충렬왕과 원 공주의 결혼은 우선 고려의 내정에 중요한 변화를 가져왔다. 황제 쿠빌라이의 딸이 고려에 시집와서 상주한다는 것 자체가 새로운 권력의 성립을 의미했다. 원 공주는 일약 고려 왕실의 정점에 서게 되고, 국왕은 그녀에게 여러 제약을 받기도 했으며 일상생활에서조차 그녀의 뜻을 거스를 수 없었다. 좀 심하게 말하자면 국왕이 두 명인 꼴이었다.

게다가 원 공주는 새 궁궐을 조성한다고 큰 사업을 일으키기도 했다. 원에서 대목장大木匠까지 불러오고 재상 이하 문무 관리들에게서 강제로 인부를 3천 명이나 징발하면서, 하루 노역을 빠지면 쌀 1석을 강제 징수하기도 했다. 재상들이 모두 나서서 궁궐 조성을 반대했지만 막지 못하고, 이 신궁은 착공 3년 만인 1280년(충렬왕 6) 6월 완공되었다.

원 공주의 영향력은 왕실 내에서만 머문 것이 아니고 정치·사회 전반에 미쳤다. 여기에 일조를 한 사람들이 원 공주가 시집올 때 데리고 온 사적인 수행원들이었다. 이 수행원들을 몽골어로 겁령구怯怜口라고 불렀는데 사속인私屬人이라는 뜻이다.

이 공주 수행원들을 잠깐 소개해 보겠다. 이들은 본래 이름이 있었지만 고려에 들어와 귀화하면서 새로운 성명을 갖게 되었는데, 인후印侯·장순룡張舜龍·차신車信·노영盧英 등이 그들이다.

인후는 몽골인으로 그가 몽골에서 어떤 신분이었는지는 알려져 있지 않다. 25세 때 공주를 따라 들어와 고려에서 결혼하고 자식까지 두었다. 국왕도 인후의 행동을 마음대로 통제할 수가 없었으니 일반 관리들이야 말할 나위가 없었다. 그는 왕과 공주가 원에 입조할 때마다 항상 수행한 덕으로 공신호를 받고 고위 관직에까지 올랐다. 인후는 악폐나 사단을 너무 많이 일으켜 원성을 샀는데, 그가 1311년(충선왕

3) 죽었을 때 사람들이 모두 축하했다고 한다.

장순룡은 회회인(이슬람인)으로 그의 아비는 세조 쿠빌라이를 모시는 서기였다고 하니, 궁중 관리의 아들이었을 것으로 보인다. 21세 때 공주를 따라 고려에 들어와 역시 고려에서 결혼하고 자식까지 두었다. 그 역시 공주의 위세를 빌미로 많은 폐단을 일으켰지만, 원에 파견되는 사신으로 활동하면서 왕과 공주의 신임을 얻고 고위 관직에 오른다. 그의 후손들은 조선 시대에도 더러 활동하는데 그는 현재 덕수 장씨의 시조가 된다.

차신은 본래 고려인이었다. 그 어미가 원에 잡혀가 공주의 유모가 된 인연으로 고려에 온 것이다. 차신은 인후나 장순룡에 비해 사회적 물의를 적게 일으킨 편이었는데 그가 고려인이라는 제약 때문이었는지도 모르겠다. 그 역시 고위 관직에 오르는데 원 공주의 비호가 작용했다.

노영은 하서河西, 즉 탕구트 사람이었다. 그는 성품이 온후하고 총민해 글을 알았다고 하니 인후나 장순룡과는 좀 달랐던 모양이다. 하지만 아깝게도 그는 원에 사신으로 갔다가 돌아오지 못하고 그곳에서 일찍 죽어 별다른 활동이 없었다.

이 수행원들은 원 공주를 중심으로 국왕과는 또 다른 소규모 권력집단을 형성해 국왕도 통제하기가 어려웠다. 음해나 모함이 이들 주변에는 끊이지 않았고 속세의 권력을 쫓는 관리들은 이들 주변을 항상 맴돌았다. 이들은 그런 권세를 빌어 남의 토지를 빼앗거나 이권에 개입하고 청탁을 받아 재산이 거만이나 되었다고 한다. 그 폐해가 너무 지나쳐 1277년(충렬왕 3) 2월 첨의부에서 이들의 토지를 환수할 것을 건의했지만 국왕은 들어주지 않았다.

하지만 이들에게도 한 가지 쓸모가 있었다. 고려 정부에서 중요한 사안이 생겨 원 조정의 처결이 필요할 때는 이들을 특사로 활용했다. 원 공주의 수행원들은 중국어와 몽골어에 능통했고 원 조정의 신뢰를 받고 있었기 때문에 외교관으로는 최적이었다.

여기에는 고려가 원 제국의 속국이 되면서 중국어나 몽골어를 할 수 있는 통역관이 절실했다는 사정이 있었다. 그래서 1276년(충렬왕 2) 5월 통문관通文館을 설치해 하급 관리나 그 자제들로 하여금 중국어를 익히게 하고 전문 통역관을 양성하기 시작했다. 기존의 역관들은 미천한 신분의 사람들이 많아 통역하는 중에 사실에 어긋나기도 하고 이를 이용해 사익을 취하는 경우가 많았기 때문이다.

원 공주의 수행원인 인후와 장순룡이 원에 사신으로 자주 파견된 것은 그런 통역관이 필요하기 때문이었다. 하지만 이런 활동으로 말미암아 그들의 위세는 더욱 높아졌으니 모순의 악순환이었다. 좋게 표현하자면 이들은 그 당시 국가와 민족의 울타리를 넘어 세계화에 뛰어든 사람들이었다고 말할 수도 있겠다.

그런데 충렬왕과 원 공주 사이에는 초기 금슬이 좋았는지 1275년(충렬왕 1) 9월 바로 왕자를 생산한다. 이 아이가 충선왕忠宣王이다. 왕자를 생산한 원 공주는 더욱 기고만장해졌다. 정화궁주貞和宮主 저주 사건은 이런 속에서 터진다.

정화궁주는 충렬왕이 원 공주와 결혼하기 전에 세자로 있을 때 세자비로 취한 종실의 딸이다. 충렬왕이 왕위에 오른 후에는 당연히 그녀를 정비로 삼아야 했지만 원 공주에게 그 자리를 내줄 수밖에 없었다. 여기에 이의를 제기하는 사람은 아무도 없었다. 정비 자리는 원 공주가 차지하는 것을 당연하게 여겼던 모양이다. 그녀에게는 정식

왕비 자격도 부여하지 않았는지 정화궁주라고 불렸으니, 그녀야말로 부마국 체제의 가장 직접적인 피해자라고 할 수 있겠다.

원 공주가 왕자를 생산한 그해 12월, 정화궁주는 왕자 출산을 하례하기 위해 공주의 정침을 방문했다. 이때 궁주는 원 공주와 동등한 좌석에 앉지 못하고 꿇어앉아 술을 따라 올려야 했다. 충렬왕은 정화궁주에게 공주와 동등한 자리를 마련해 주고 싶었지만 공주의 수행원들이 개입해 허용되지 않았다.

이 일과 관련이 있는지 모르겠지만 1년 뒤 1276년(충렬왕 2) 12월 정화궁주 저주 사건이 일어났다. 정화궁주가 무당을 시켜 원 공주를 저주했다는 익명의 투서가 다루가치에게 전달된 것이다. 여기에 김방경을 비롯한 40여 명이 반란을 도모해 다시 강화도로 들어가려 한다는 모함까지 덧붙여져 있었다. 사건을 정치적으로 비화하기 위한 모함이 분명했지만 그 파장은 컸다.

다루가치 석말천구石抹天衢는 즉시 원 공주에게 투서 내용을 보고했다. 석말천구는 전임 다루가치 흑적이 국왕과 마찰을 빚어 돌아가자 그 뒤를 이은 사람이다. 공주는 지체 없이 자신의 수행원들을 불러 정화궁주를 가두고 반란을 도모했다고 거명된 자들을 잡아들여 자신이 직접 국문을 했다. 이튿날 모함일 뿐이라는 유경柳璥의 눈물어린 호소로 다행히 국문은 중단되고 연루자는 모두 방면되었다.

사건은 모함이라는 판명이 났어도 중대한 사안이어서 황제 쿠빌라이에게 보고하지 않을 수 없었다. 이후 원에서 특별한 조치를 취하지 않은 것으로 보아 단순한 모함이라고 결론을 내렸던 것 같다. 하지만 사건 후 원에서는 고려인들의 무기 소지를 일체 금지하는 조치를 취하는 등 경계심을 드러낸다. 또 사건의 중심 인물로 거론된 김방경은

1년 뒤 다시 무고로 말미암아 심한 곤욕을 한바탕 치러야 했다.

　원 공주를 둘러싼 사건은 이것으로 그치지 않았다. 1277년(충렬왕 3) 7월에는 경창궁주慶昌宮主 저주 사건이 또 터진다. 경창궁주가 국왕을 저주하고 자신의 아들 순안공順安公을 공주에게 장가들게 해 왕으로 삼으려 한다는 사건이었다. 경창궁주는 원종의 왕비인 순경태후順敬太后가 충렬왕을 낳고 일찍 죽자 그 뒤에 왕비로 들인 여성으로, 일찍이 충렬왕의 태자 책봉을 반대한 일도 있었다. 그래서 어느 정도 개연성이 있었지만 확실한 근거가 없는 모함이기는 앞서의 사건과 마찬가지였다.

　이 사건에도 공주의 수행원들이 재상들과 함께 국문에 참여해 경창궁주 모자를 심문했지만 당사자들은 사건을 수긍하지 않았다. 국왕은 경창궁주와 순안공 모자의 집을 적몰하려고 했지만 유경 등 재상들이 반대했다. 하지만 원 공주가 끝까지 적몰을 주장해 국왕도 하는 수없이 이에 따르고, 공주는 경창궁주 모자에게서 몰수한 재산을 모두 차지했다. 이 사건도 원에 보고해 처리했다. 이에 경창궁주를 폐위시켜 서인으로 만들고 순안공과 연루자를 귀양 보내는 것으로 사건은 마무리 되었다.

　두 사건 모두 원 공주를 중심으로 일어났고, 사건 처리에는 공주의 수행원들이 적극적으로 개입해 주도했다는 공통점이 있다. 원 공주를 중심으로 한 새로운 권력 집단을 향해 근거 없는 음해성 모함이나 무고가 난무했다는 사실이 중요하다.

잡다한 공물

원의 속국이 되면서 고려 정부에서는 공물도 부담해야 했다. 그 공물은 그 종류가 다양하고 많았는데 이것을 징수하는 과정에서 많은 사회적 폐단과 물의가 발생했다. 특히 정기적으로 보내는 것보다는 필요할 때 수시로 요구하는 공물이 더 큰 문제를 일으켰다.

공물 중에서 특히 세조 쿠빌라이가 찾는 진귀한 물품은 특정한 시기가 따로 없이 수시로 요구했다. 쿠빌라이는 필요하면 사신을 보내 직접 고려에서 구했다. 여기서는 이런 특별한 공물 몇 가지만 언급하겠다.

먼저 호랑이를 들 수 있다. 원에서는 호랑이를 잡기 위한 사신으로 촉호사捉虎使를 파견했다. 그런데 이 촉호사를 수행하는 고려 측 무장들이 원의 사신에 기대어 민가에서 뇌물을 받는 등 민폐를 자행했다. 처음에는 호랑이를 잡는 데 실패했는지 고려 정부에서는 호피를 대신 바치기도 했다.

1277년(충렬왕 3) 12월에는 원에서 다시 촉호사 18인이 말 30필, 개 150마리를 끌고 호랑이를 잡기 위해 파견되었다. 이들은 전문적인 호랑이 사냥꾼으로 이와 같은 특별한 목적을 띠고 온 사신은 고려 정부에서도 간섭할 수가 없었고 이들의 요구 사항은 모두 들어 줘야만 했다. 이들의 활동 상황에 대해서는 나타나 있지 않지만, 앞서의 예에서 보듯이 공물 그 자체보다는 민가에 피해를 주는 것이 더 큰 문제였다.

호랑이는 세조 쿠빌라이의 요구로 잡아들인 것으로 보인다. 아마 그 가죽을 치장용으로 쓰거나 혹은 황실의 관람용으로 사육하려 한 것으로 보인다. 마르코 폴로의 《동방견문록》에 따르면 쿠빌라이가 안남 지방을 정벌하면서 코끼리와 같은 진귀한 동물을 끌고 왔다는 것으로 보아, 고려의 호랑이도 관람용으로 사육하려 했을 것이다.

특별한 공물에는 진주도 있었다. 1276년(충렬왕 2) 윤 3월에 원에서는 임유간林維幹과 회회인을 보내와 제주에서 진주를 채취하게 했다.

여기 임유간은 좀 특별한 인물로, 김준 정권을 타도하고 정권을 잡은 임연의 둘째 아들이다. 그는 국왕 원종의 폐립 사건 때 국왕을 따라 원으로 가서 아비 임연을 비호하다가 거짓이 드러나 고려에 압송되었고, 그 후 진도에 유배되어 있다가 탈출해 원으로 도망친 인물이었다. 그는 처세가 뛰어났는지 세조 쿠빌라이의 비위를 맞추며 살아남은 것인데, 이번에 진주를 채취하러 온 것도 그가 자진해서 요청한 것이었다. 그런 인물들은 임유간 뿐만이 아니고 앞으로 수없이 등장한다.

임유간이 대동하고 온 회회인은 아마 진주 전문가인 듯싶은데, 이를 보면 진주를 찾게 된 것도 쿠빌라이가 요구한 것으로 보인다. 그런데 이들은 제주에서 수개월 동안 있으면서도 충분한 양을 얻지 못하자, 백성들이 소장한 진주 백여 개를 약탈해 원으로 돌아갔다. 이런 경우에도 고려 정부에서는 이들을 전혀 제지할 수 없었다.

원에서 요구하는 물품에는 철도 있었다. 철은 직접 공물로 바치기도 하고 칼을 주조해 바치기도 했다. 1277년(충렬왕 3) 4월 원에서 환도環刀 1천 개를 요구하자, 고려 정부에서는 원의 사신을 동반해 충주로 가서 칼을 주조하게 했다. 충주는 고려 시대 철 생산지로 유명한 곳인데 철 수공품을 전문으로 생산하는 행정 구역으로 다인철소가 지정되어 있었다.

하지만 환도 1천 개는 무리한 요구였다. 그에 소요되는 철의 양도 보통이 아니겠지만 그것을 주조하고 단련하는 과정을 생각할 때 수많은 시간과 공력이 들기 때문이다. 이에 고려 정부에서는 사신을 보내 환도 주조를 정지시켜 달라고 요구했다. 이 요구가 수용되었는지 모르겠지만 1280년(충렬왕 6) 2월에 가서야 환도 378개를 바쳤다.

원에서 요구하는 금은 더 많은 폐단을 일으켰다. 원에서 금을 요구한 것은 고려에서 도망간 사람들이 고려에는 금이 많이 난다고 고자질했기 때문이다. 금은 주로 평안도 지방에서 생산되는데 이곳은 최탄의 반란으로 동녕부가 설치되어 이미 고려의 영역이 아니었다. 고려 정부에서는 이를 해명하지만 수용되지 않는다.

원에서는 우선 해마다 생산되는 금의 산출량을 제시하라고 요구했다. 이에 다루가치를 대동해 홍주(충남)에서 생산량을 점검까지 했지만 그 산출량이 너무 미미했다. 이때의 금 채취는 주로 강이나 시냇가의 백사장에서 사금을 걸러내는 정도여서 원의 요구에 부응하려면 수많은 사람을 동원하는 수밖에 없었다. 이게 농민을 곤욕스럽게 했는데 더구나 농사철을 놓친 농민들의 원성이 자자했다.

원에서도 이런 사정을 알았는지 금 채취를 일단 정지시키고 농한기를 이용하라는 지시를 내린다. 하지만 생산 자체가 미미한 상태에서 문제가 해결되는 것은 아니었다. 고려 정부에서는 여러 차례 원에 사신을 보내 금 채취를 정지시켜 줄 것을 요구했지만 수용되지 않았다.

여기에는 또 다른 배경이 있었다. 고려에서 죄를 지은 자들이 그 죄를 면해 보고자 다루가치에게 금이 많이 생산되는 곳을 알고 있다고 고자질을 한 것이다. 고려에 주재하고 있는 다루가치도 금 생산에 책임이 있었기 때문에 이런 말에 귀가 솔깃해질 수밖에 없었고, 이 때문에 금을 채취하기 위한 농민 동원은 계속되었다.

그리하여 1277년(충렬왕 3) 2월에 홍주(충남)·직산(충북)·정선(강원) 등지에서 수많은 백성들을 동원해 소량의 금을 얻을 수 있었다. 무려 1만 명 이상을 동원해 70일 동안 사역한 끝에 7량 9분을 얻는데 그쳤다. 이 정도면 금이 거의 생산되지 않는다고 해도 될 것이다. 이후 원에서는 더 이상 금을 요구하지 않았다.

인삼도 원에서 강력하게 요구하는 물품이었다. 인삼을 공물로 바치게 된 계기는 조윤통曹允通이라는 바둑을 잘 두는 자의 농간 때문이었다. 원으로 불려 들어간 조윤통이 세조 쿠빌라이와 바둑을 두곤 했는데, 고려 인삼의 명성을 이미 알고 있는 쿠빌라이는 그에게 고려 인삼 얘기를 꺼냈다. 이에 조윤통은 자신을 보내 주면 해마다 수백 근을 얻을 수 있다고 장담한 것이다.

조윤통은 1277년(충렬왕 3) 4월, 쿠빌라이의 특명을 받고 고려에 들어와 백성들을 동원해 인삼을 캤다. 그런데 문제는 인삼만을 캐는 것이 아니라 조윤통이 황제의 명령임을 내세워 마음대로 백성들을 착취한다는 점이었다. 나중에는 각 고을마다 인삼 채취량을 할당하고 그 양에 못 미치거나, 품질이 떨어지거나, 혹은 제때에 납품이 안 되면 은이나 다른 재물을 대신 내게 해 사리를 취했다. 조윤통이 쿠빌라이에게 인삼을 거론한 것은 바로 그렇게 사리사욕을 채우기 위한 것이었다. 별 수 없이 고려 정부에서는 원에 사신을 보내 인삼 공물을 정지시켜 줄 것을 요청한다.

고려에서 바친 공물로는 이 밖에도 처녀가 있었다. 이른바 공녀貢女다. 원 조정에서 공녀를 요구하면 고려 정부는 혼인을 금지하고 처녀를 구했다. 1275년(충렬왕 1) 11월, 10명의 처녀를 선발해 보내는데 이게 충렬왕 대의 최초의 공녀였다. 이때 보낸 공녀는 다음해 2월 두 명만 남겨 두고 모두 돌려보냈는데, 아마 명문가의 딸이 아니라는 이유였을 것이다.

공녀는 원 조정의 고위 관리가 개인적으로 요구하는 경우도 있었다. 그런가 하면 원에 항복한 남송의 귀부군 5백 명의 처를 만들어 준다고 고려에 과부와 처녀를 요구하기도 했다. 이를 위해 특별 관청까지 세우고 전국에 사신을 보내 과부나 처녀를 수색하기도 했다. 이게 일제 압제하의 여자 정신대 문제와 무엇이 다르겠는가.

공녀는 원 공주가 고려에 시집와 제국의 부마국으로 전락한 대가치고는 너무나 가혹했다. 원에서는 주로 명문가의 처녀를 요구했지만 이들은 권세를 이용해 회피하니 공녀는 힘없는 자의 여식들에게만 해당되었다. 공녀는 충렬왕 대 후반부터 많아지는데 그때 다시 살펴볼 것이다.

세조 쿠빌라이나 원 제국에서 보면 충렬왕 대는 제국에 봄이 왔다고 할지도 모르겠지만 제국의 변경에서는 바야흐로 겨울로 접어들고 있었다.

군사적 통제

원에서는 고려의 군사적 동향도 항상 예의 주시하고 있었다. 특히 일본 원정에 참전한 고려의 군대는 최소한의 상비군만 남기고 농민에서 징발된 군대는 대부분 해산되었다. 하지만 원의 감시는 계속되고 있었다.

이를 보여 주는 것이 1275년(충렬왕 1) 8월, 고려 정규군 4천 명을 제주도로 보낸 사실을 들 수 있다. 이 고려군은 일본 원정에 참여했다가 해산되지 않고 남아 있는 상비군으로 원의 주 감시 대상이었다. 제주로 보내진 정규군에는 국왕의 신변을 호위하는 시위군까지 예외가 없었다.

이런 조치는 고려의 군대를 통제 감독하기에 편한 제주 한 곳으로 집결시켜 관리하고 유사시 동원하기도 쉽게 하려는 것으로 보인다. 달리 말하자면 고려 정부에 대한 무장 해제나 다름없는 것이다. 원에서는 이 제주 고려군을 통제하기 위해 그랬는지 제주 다루가치를 따로 두기도 했다.

고려에 대한 군사적 통제는 민간인에게도 미쳤다. 여기에는 원정 실패 직후 다루가치로 새로 부임해 온 흑적이 간여했다. 흑적은 모든 고려 사람들의 활과 화살 소지를 아예 금지했다. 그는 통제와 억압적인 행동을 지나치게 하다가 충렬왕과 마찰을 빚어 고려에 온 지 반 년여 만에 원으로 돌아가고 말았다.

또한 원에서는 사신을 파견해 경상도와 전라도의 민간에 있는 화살, 화살촉, 화살깃을 모두 거두어들이기도 했다. 이를 재활용해 무기도 비축하면서 무기 소지를 못하게 하려는 것이었다. 활과 화살에 대한 금지령은 이후에도 자주 나오는데, 아마 그만큼 금지하기 쉽지 않았다는 것과 위반이 많았다는 것을 암시하는 것으로 볼 수 있다.

원에서는 고려인들이 말을 타고 다니는 것도 철저히 통제했다. 1276년(충렬왕 2) 윤 3월, 이를 위해 포마답자색鋪馬劄子色이라는 몽골식 임시 특별 관청을 설치했다. 이것은 역마의 배급을 담당하는 관청인데, 공무로 여행할 때는 말 배급 문서인 '답자'를 다루가치에게서 발급받아야 했다. 이 일에는 원의 중서성이 직접 간여했다.

국왕도 사신을 원에 파견할 때는 다루가치에게서 답자를 발급받아서 말을 이용했다. 이게 불편해 국왕은 답자 발급권을 자신에게도 부여해 달라는 요구를 하기도 했다. 말에 대한 통제와 관리는 몽골 기마민족의 특성과 관련 있기도 하지만 고려에 대한 군사적 통제의 일환이었다고 보인다. 더불어 유사시에 징발할 것을 대비해 말을 보존하고 확보해 두려는 것이었다.

참고로, 원 제국 내에는 목마장이 모두 14곳 있었는데, 그 중 하나가 제주의 목마장이다. 처음에는 진도를 비롯한 전라도의 여러 섬에서도 말을 사육했는데 후에 제주도로 통합된 것으로 보인다. 이 제주도를 원에서는 삼별초 정벌 이후 직접 관할하면서 제주 다루가치를 따로 둔 것이다. 목마장이 설치된 제주도는 후에 탐라총관부를 설치하여 관할했다.

말이나 통행 문제와 관련한 직책으로 탈탈화손脫脫禾孫이라는 것이 또 있다. 역시 몽골에서 유래한 관직인데, 약간의 군사를 거느리고 교통 요지인 역참을 관리하는 역전관驛傳官을 말한다. 탈탈화손은 고려인들의 통행이나 여행을 통제하기 위해 정동원수부征東元帥府에서 설치한 것이었다. 여기에는 홍다구의 입김이 작용했는데 이 문제는 정동원수부와 함께 조금 뒤에 살필 것이다.

정동원수부에서는 고려인들이 임의로 말을 타고 횡행한다거나, 무시로 배를 이용해 연안을 항해한다고 중서성에 보고해 해상 교통까지 통제 감독하려 했다. 고려 국왕은 원 조정에 들어가 연안 항해는 조세 운송을 위한 조운선이나 고기잡이 배라는 사실을 들어 직접 중서성에 자세히 해명해야만 했다.

민간인에 대한 통제 기구로 순마소巡馬所라는 것도 있었다. 이것은 야간의 통행을 금지하는 곳이었는데 역시 몽골식 기구였다. 후에 이 순마소는 범인을 잡아들이고 치죄하는 기능까지 갖게 된다. 이렇게 원에서는 민간에까지 고려의 군사적 동향에 대해 촉각을 곤두세우고 주시하였다. 여기에 원의 군대도 여전히 주둔하고 있었다.

일본 원정이 실패로 돌아가고 몽한군의 대부분은 북으로 철수했지만 일본 원정 전부터 고려에 주둔한 군대는 대부분 그대로 남아 있었다. 원정의 전초 기지이던 마산이나 둔전이 설치된 황해도 일대, 그리고 제주 등의 지역에는 그대로 원의 군대가 주둔하고 있었다. 특히 마산에는 합포진변소合浦鎭邊所라는 사령부를 만들어 원정군의 일부를 남겨 두었다. 이렇게 고려에 군대를 계속 주둔시킨 것은 일본 원정 재개와 고려에 대한 군사적 통제를 겸한 것이었다.

여기에 1275년(충렬왕 1) 2월, 남송의 포로나 도망 군인 1천 4백여 명이 둔전이 설치된 황해도의 해주·염주·백주 일대에 주둔하게 된다. 이들은 종전군種田軍으로 둔전 경작에 동원된 군인들이었다. 2년 뒤쯤에는 둔전군 3천 2백 명이 또 파병되어 주둔하게 된다. 그래서 고려에 주둔한 둔전군만 6천 명 이상이었다. 여기에 군속이나 그 가족 등 부속 인원까지 더하면 그 수를 훨씬 넘을 것이다.

이들에 대한 군량 공급이 또 문제였다. 1277년(충렬왕 3) 2월, 고려 정부는 중서성에 글을 올려 새로 증파된 둔전군에 필요한 물자는 기존 둔전에 비축된 군량과 비단으로 사서 공급할 것을 요청했다. 이렇게 둔전군을 추가로 파견한 것은 일본 원정을 다시 재개하겠다는 뜻이었다.

일본 원정이 실패한 후에도 원정군 사령부는 그대로 지속되었다. 정동원수부가 그것인데 사령부는 요양에 있었던 것 같다. 일본 원정에 참전했다가 북으로 철수한 몽한군은 여기 정동원수부로 귀속된 것으로 보인다. 정동원수부의 존치 역시 일본 원정을 재개하겠다는 의지를 드러낸 것이다.

고려 영내에 주둔한 원의 군대는 정동원수부의 지휘를 받았고, 정동원수부의 최고 책임자는 흔도였다. 그래서 흔도는 고려 주둔군 사령관 겸 정동원수부의 원수를 맡고 있었다고 볼 수 있다.

그런데 《원사》〈홍복원(홍다구의 부) 열전〉에는 1277년(지원 14) 1월,

홍다구를 정동 도원수로 삼아 고려에 주둔케 했다는 기록이 전한다. 이 무렵 정동원수부의 사령관을 흔도에서 홍다구로 교체했는지도 모르겠다. 이때 홍다구는 정화궁주 저주 사건이 일어나자 군대를 이끌고 고려에 들어오려다 쿠빌라이의 복귀 명령을 받고 그만두었다. 사건이 단순한 모함으로 밝혀졌기 때문인데, 복귀 후 다시 정동원수부의 사령관이 흔도로 바뀌었는지는 기록이 미비해 불확실하다.

아무튼 주둔군 사령관 흔도와 요양에 주둔하고 있는 홍다구는 고려를 감시 감독하고 군사적인 동향을 예의 주시하고 있었다. 당연히 충렬왕과는 마찰을 빚을 수밖에 없었다. 후술하겠지만 충렬왕은 쿠빌라이를 대면하고 이들의 소환을 요청하기에 이른다.

응방, 혹은 국왕 친위대

고려가 해마다 원에 바쳐야 되는 정기적인 공물로는 매가 있었다. 이 때문에 매를 사냥하고 기르는 전문적인 관청이 충렬왕 즉위 초에 따로 생겼는데 이게 응방도감鷹坊都監이다. 이렇게 특별 기관까지 설치된 것은, 황제를 비롯한 몽골인들이 전통적으로 매 사냥을 즐긴 탓도 있지만 여기에는 국왕 충렬왕의 정치적 의도도 개입되어 있었다.

1275년(충렬왕 1) 8월 세조 쿠빌라이는 매 잡는 일을 윤수尹秀, 이정李貞, 원경元卿 등에게 위임한다는 지시를 내렸다. 매를 잡고 사육하는 일을 특정한 사람들에게 맡겨 일원화한 것인데 여기에 박의朴義가 추가되어 이들이 응방 4인방이라 할 수 있는 자들이다. 이들은 응방을 빌어 그 위세가 대단했는데 면면을 좀 살펴볼 필요가 있다.

윤수는 무인정권 시절 친종장군으로 있으면서 임연을 제거하기로 모의를 하다가 발뺌을 하고 동료를 고자질해 죽게 만들었는데, 환도한 후에 이를 모면하고자 두연가 국왕에 의탁해 식솔까지 거느리고 원으로 도망친 자다. 후에 충렬왕이 세자로 원에 들어가 있을 때 매와 사냥으로 관심을 끌고 국왕을 따라 다시 환국했다. 이후 응방을 관리하면서 수많은 악행을 저질렀지만 국왕의 총애를 받아 군부판서에까지 오른 인물이다.

이정은 본래 천민 출신으로 개 잡는 일을 업으로 하다가 충렬왕 유모의 사위가 되면서 국왕의 사랑을 받아 응방을 관장하게 되었다. 그의 아들이 원 공주의 수행원인 장순룡의 사위가 되어 든든한 권력의 끈도 잡았다. 이후 그는 승진을 계속해 재상급에까지 올랐으니, 천민으로 이런 고위 관직에 오른 자는 없었다고 한다.

원경은 사대부 가문 출신으로 그의 아비 원부元傅는 과거에 합격해 이 당시 재상급에 있었지만, 그는 유학에는 관심이 없고 말 타고 활 쏘는 일만 즐겼던 인물이다. 충렬왕이 응방의 부사를 맡기면서 출세의 기회를 잡았는데, 여기에 몽골어도 잘해 국왕을 따라 여러 번 입조하면서 세조 쿠빌라이의 총애까지 받았다. 그의 아들이 공주의 수행원 인후의 사위가 되어 역시 권세가와 인연을 맺는다. 원경 역시 국왕의 총애를 받아 재상급에까지 올랐다.

박의는 사사로이 매를 기르고 사냥을 좋아하면서 충렬왕의 총애를 받아 장군직에 오른 인물로, 앞서 원경과 함께 응방의 부사를 맡아 출세의 길을 걷게 된다. 한때 원 공주의 뜻을 거슬러 가산이 적몰되는 곤경에 처하기도 했지만 다시 일어나 재상급에 올랐다. 그가 재기할 수 있었던 것도 응방 덕택이라 할 수 있다.

응방의 폐단은 전문적으로 매를 잡아 사육하는 취락을 지정하면서 시작된다. 응방의 민호民戶로 지정되면 조세와 부역을 면제받고 매를 잡아 사육하는 일에만 전념했다. 조세와 부역을 면제받으니 응방으로 지정되지 않은 인근의 취락에서 그 부담을 대신 떠안아야 하는 게 우선 문제였다. 다음에, 이게 황제의 취향과 직결되는 일을 하다 보니 응방으로 지정된 민호의 행패가 이만저만이 아니었다. 민가의 개나 닭을 마음대로 잡아들여 매를 사육해도 지방의 수령들은 이들을 제지하지 못했다.

국왕은 응방의 관리들을 각 도에 파견해 응방에 속한 사람들이 백성들을 탐학하지 못하도록 규찰하게 했지만 잘 통하지 않았다. 쿠빌라이도 나중에 이런 폐단을 알았는지 모든 응방 소속의 행패를 금지한다는 지시를 보내오기도 하고, 응방을 관리하는 사람을 원에서 파견해 직접 통제하기도 하지만 별 효과가 없었다. 이들 역시 황제의 위세를 빌어 자신들 스스로 악행을 저질렀기 때문이다.

충렬왕 즉위 초에 이렇게 응방에 소속된 전국의 민호가 205호였다. 이는 공식적으로 보고된 거짓 숫자이고 실제 응방에 소속된 민호는 헤아릴 수 없었다고 한다. 조세나 부역을 회피하려는 백성들이 경쟁적으로 응방에 뛰어들었기 때문이다. 그런 민호가 너무 많아지자 일부의 민호를 다시 부역에 나가도록 환원 조치하지만 구우일모九牛一毛에 지나지 않아 근본적인 해결책이 못되었다.

그 피해가 얼마나 심각했던지 침탈당한 백성들이 고려에 왕래하는 원의 사신에게 직접 하소연할 정도였다. 일부러 원의 사신이 오는 길목에서 기다리고 있다가 그런 호소를 한 것인데, 고려 정부에서는 해결할 수 없다는 것을 백성들이 너무나 잘 알고 있었기 때문이다. 이를 목도한 원의 사신이 고려 정부의 재상들을 책망하고, 재상들이 국왕에게 응방의 폐지를 거론하면 국왕은 말을 꺼내지도 못하게 했다.

1279년(충렬왕 5) 3월, 국왕은 윤수를 전라도에, 원경은 경상도에, 이정은 충청도에, 박의를 서해도에 파견해 왕지사용별감王旨使用別監이라는 직책을 주어 응방 소속의 민호를 관리하고 통제하도록 했다. 이 직책은 국왕의 특명을 받은 관리를 뜻한다. 하지만 이는 더 큰 폐단을 불러왔다. 이들의 위세야말로 지방의 수령쯤은 우습게 여겼기 때문이다.

응방 4인방은 남의 토지를 탈점하거나 지방의 향리 부호자에게 은이나 비단을 징수해 사사로이 재산을 축적했다. 그런 불법에도 지방수령들은 이들을 제지하지 못했다. 그래서 당시 사람들은 매가 은이나 비단을 먹어 배가 터진다고 비아냥댔다. 이것은 매가 사람 사냥하는 것과 하나도 다를 바 없는 일이었다.

지방을 정기적으로 순시하는 안찰사나 지방에 상주하는 수령들이 응방 4인방의 비위를 거슬렀다가는 벼슬이 남아나지를 않았다. 가끔 재상들이 응방의 폐단을 들어 철폐를 건의하면 이들은 국왕을 사주해 미리 차단하고, 여차하면 황제에게 보고해 직접 명령을 받아 활동했다. 이런 지경이었으니 국왕도 이들을 비호할 수밖에 없었다.

한편, 국왕은 응방을 정치적으로 이용해 왕권 강화에 활용하였다. 4인방을 비롯한 응방의 관리들은 일종의 국왕 친위대와 같은 기능을 했다고 보인다. 응방 소속의 관리가 모두 얼마나 되었는지 잘 모르겠지만 대부분 무장들이라는 점은 분명하다. 원의 군대가 주둔하고 정규군과 국왕의 시위군까지 제주도로 보내 사실상 군사적 기반이 전무한 국왕으로서는 이들을 자신의 새로운 친위군으로 활용하고 싶었을 것이다.

그 점을 보여 주는 것이 응방의 관리들을 동원한 사냥 대회였다. 국왕은 이들을 앞세워 사냥 대회를 자주 열어 결집력을 강화하고 자신의 군사적 기반을 과시하는 무력시위로 활용했다. 이는 사냥 대회가 단순한 국왕의 취향에서 나온 것이 아니라 의도적인 정치 행사였음을 말해 준다. 원의 군사적 통제가 심한 상황에서 황제의 요구에 부응한다는 명목으로, 응방은 합법적으로 드러내 놓고 군사 활동을 할 수 있어 안성맞춤이었다.

국왕과 응방의 관계를 엿볼 수 있는 것으로 또 연회가 있었다. 국왕은 응방의 관리들을 궁중으로 불러들여 잔치와 연회를 빈번하게 열었다. 한번은 연회 도중에 응방 4인방의 우두머리격인 윤수가 술이 취해 왕좌에 올라가 춤을 추고 장난하는 일이 벌어지기까지 했다. 국왕과 이들의 관계가 얼마나 친밀했는지를 보여 주는 사건이었다.

사냥 대회나 궁중의 연회에는 홀적忽赤(홀치)이라고 불리는 자들도 항상 응방과 함께했다. 홀치는 의관 자제 중에서 선발되어 원 조정에 인질로 들어갔다가 돌아온 자들을 모아 궁중 숙위를 맡기면서 붙여진 이름이다. 일종의 궁중 호위병 같은 존재들이었다. 이 홀치 역시 응방과 마찬가지로 국왕이 정치적으로 비호해 친위대 구실을 했다.

국왕의 빈번한 사냥 대회나 연회는 여론의 비판을 받았고, 가끔 감찰사의 관리들이 백성들의 곤궁한 생활을 들어 자제를 요청하기도 했다. 하지만 국왕은 그런 감찰사의 관리들을 유배하거나 파직하는 것으로 대응했다. 응방의 활동을 규제하려는 것은 국왕 자신의 권력에 도전하는 것으로 여겼다.

국왕은 응방의 관리들을 사신으로 등용해 원에 파견하기도 했다. 특히 4인방은 매를 바친다는 이유도 있었지만 원에 사신으로 빈번히 왕래했다. 이들은 황제 쿠빌라이의 취미 활동에 요긴한 존재라는 점에서 고려 정부의 어려운 고충을 해결하는 사신으로는 적격이었다.

이는 원 공주의 수행원들을 사신으로 활용한 것과 같은 맥락이다.

이렇게 황제 쿠빌라이의 관심과 국왕의 비호를 받아 권력기관이 된 응방은 위세가 커질수록 그 폐단도 깊어 갔다. 그 때문인지 몰라도 국왕은 한때 응방을 폐지하기도 하지만 얼마 안 있어 다시 복구하였다. 여론의 비판을 무마하기 위한 일시적인 조치였다.

제국의 변경으로 들어선 고려에서는 그렇게 정치, 사회적으로 비정상적인 일들이 비일비재했다. 정치, 군사적 문제와는 전혀 무관한 듯 보이는 응방이 국왕의 친위대로서 권력기관의 기능을 했던 것은 그것을 말해 준다.

김방경의 호두금패

김방경은 제주 삼별초를 정벌한 공으로 수상직에 올랐고, 세조 쿠빌라이의 부름을 받고 원에 들어가 후한 선물과 두터운 신임을 받았다. 이후 김방경의 정치적 위상은 말 그대로 일인지하 만인지상이었다. 전답을 비롯한 농장이 전국에 걸쳐 있었고 권력을 쫓는 무장들이 그의 집 앞에 몰려들었다. 하지만 이것은 일본 원정 후의 그에 대한 쿠빌라이의 신임에 비하면 별것이 아니었다.

1276년(충렬왕 2) 7월, 김방경은 쿠빌라이의 생일을 축하하는 성절사로 원에 들어갔다. 성절사라는 명목으로 갔지만 일본 원정에 대한 쿠빌라이의 포상을 받기 위한 것이었다.

황제의 생일에는 원 제국에 복속한 모든 나라에서 사신을 파견해 축하 행사를 개최하는데 이번 행사는 특별한 의미가 있었다. 이해 1월에 그렇게 오래 끈 남송 조정이 공식적으로 항복을 했기 때문이다.

이에 남송의 어린 군주 공종恭宗과 그의 대부 복왕福王이 원 조정에 압송되어 쿠빌라이의 생일 축하 행사에 참석했다.

공식적인 행사를 마치고 쿠빌라이의 대전에서 연회를 베푸는 자리가 있었다. 이때 김방경은 남송의 유주幼主와 옷깃을 잡고 함께 대전에 올랐는데 연회에서의 좌석 배치가 쉽지 않았다. 남송의 왕족들과 김방경의 좌석 서열을 어떻게 할 것인지가 문제였기 때문이다. 행사를 주관하는 집사는 쿠빌라이의 결정을 기다렸다.

쿠빌라이는 남송의 유주를 황태자 다음으로 정했고 김방경의 좌석은 남송의 복왕 다음으로 지정해 주었다. 그래서 황제를 중심으로 왼쪽 배열 맨 앞에는 황태자, 다음에 남송의 유주가 자리를 잡았고, 오른쪽 배열 맨 앞에는 복왕, 다음에 김방경이 자리를 잡았다. 김방경을 복왕 다음으로 정해 준 것은 복왕의 나이 때문이었다. 쿠빌라이는 좌석을 정해 주면서 이런 말을 했다.

"고려는 의리를 생각해 스스로 귀부했고, 남송은 힘에 굴복해 항복했으니 어찌 가히 동등하게 하겠는가. 다만 남송의 복왕은 유주에게 대부大父가 되고 나이 또한 많으니 김 재상(김방경)의 위로 하고 그 나머지 사람들은 모두 김 재상의 아래로 두라."

쿠빌라이의 이 말에 따르면 김방경은 황태자 다음의 좌석 서열 2위를 차지할 수 있었지만 복왕보다 나이가 적어 3위로 자리매김된 것이다. 그렇더라도 김방경의 이 좌석은 상상하기 힘든 쿠빌라이의 특별한 배려였다. 후에 충렬왕이 원 조정에 참석한 적이 있는데 그 좌석 서열이 7위였다는 기록을 생각하면 더욱 그렇다. 쿠빌라이가 김방경을 얼마나 신뢰하고 우대했는지 알 수 있는 일이다.

그 자리에서 김방경은 황제 쿠빌라이에게서 직접 호두금패虎頭金牌

를 받았다. 호두금패는 군 통수권을 상징하는 것으로 호랑이 머리 모양을 금으로 만든 패용佩用이었다. 고려인으로 호두금패를 받은 것은 김방경이 처음이었다. 그런데 이 호두금패로 말미암은 군 통수권 문제가 김방경의 처지를 어렵게 만들고 만다.

김방경은 그해 10월 환국하는데, 국왕이 성 밖에 나와 영접할 정도로 환대를 받았다. 김방경이 국왕과 공주를 위해 연회를 베풀 때는 화려한 은그릇 제품이 화제가 되기도 했다. 그가 보제사에 지은 오백나한당五百羅漢堂은 장엄하고 화려함이 이를 데 없었고, 그 낙성식에는 다루가치와 재상들이 모두 참석했다. 이런 일들은 불법은 아니었지만 여러 사람들의 질시를 받을 만했다. 다만 김방경이 워낙 과묵하고 진중한 인물이라 황제의 신임을 빌어 문제를 일으키지는 않았다.

그런데 고려의 군사권을 통제하고 있는 사람은 주둔군 사령관인 흔도였다. 흔도는 일본 원정 직후 잠시 원으로 돌아갔다가 1년 만인 1276년(충렬왕 2) 1월 무렵 다시 고려에 오는데 장기 체류를 생각했던지 자신의 가족까지 동반하고 왔다. 오자마자 그의 처는 국왕 충렬왕을 위해 잔치를 베풀고, 충렬왕도 다음날 그의 처를 내전으로 불러 답례 잔치를 베풀어 주었다. 서로 우호적일 수도 없고 그렇다고 드러내 놓고 적대적일 수도 없는 그런 미묘한 관계였다.

그런가 하면 흔도의 아들은 고려에서 결혼까지 한다. 왕족인 안평공의 딸을 취해 장가든 것인데 이는 원 공주가 주선한 것이었다. 이 때문에 흔도의 아들은 종실 대접을 받아 수사공(정1품)이라는 벼슬까지 받았다. 국왕과 흔도 양인의 미묘한 관계를 조금이나마 완화해 보려는 노력이었겠지만 적대적인 관계는 해소되지 않는다. 흔도가 고려의 군사권을 통제하려 드는 한 적대적인 관계는 피할 수 없었을 것이다.

충렬왕이 세조 쿠빌라이의 부마라는 점에서는 정치적 위상에서 분명히 흔도보다 우위에 있었지만, 군사 지휘권 문제에 있어서는 충렬왕도 흔도의 통제를 받아야 했다. 그런데 여기에 김방경이 호두금패를 받아오면서 3자의 관계가 미묘해진 것이다.

김방경이 원에서 돌아온 직후, 석주(황해도 연안)에 머무르고 있는 주둔군 사령관 흔도의 사령부를 방문했다. 이때 흔도는 김방경에게 이런 질문을 던졌다.

"황제께서 나에게는 몽골군을 맡기고 그대에게는 고려군을 맡으라 했는데, 그대는 매사를 국왕께 미루고 국왕은 그대에게 미루니 과연 누가 맡을 것인가?"

김방경은 이렇게 답했다.

"도성 밖의 군사는 장군이 맡고 도성 안의 문제는 국왕께서 맡는 것이 당연하다."

김방경이 호두금패를 받았다고 해서 국왕을 제치고 군 통수권을 행사할 수는 없고 그럴 뜻도 없었다. 당연히 국왕에게 일임을 해 이 문제는 해소할 수 있었다. 하지만 흔도와 국왕의 관계는 그렇지 못했다. 왜냐하면 흔도는 주둔군 사령관으로서 고려군 역시 그의 통제를 받아야 한다고 생각했고 실제로 지금까지 그래 왔기 때문이었다.

그런데 김방경이 호두금패를 받아 온 것은 국왕에게도 미묘한 자극이 되었다. 어쩌면 호두금패는 실질적인 군 통수권이라기보다는 상징적인 부표에 지나지 않았을 것이다. 하지만 그게 황제 쿠빌라이가 특별히 총애해서 직접 수여했다는 것은 예사로운 일이 아니었다. 국왕은 그것을 예민하게 받아들이지 않을 수 없었다.

그리하여 군 통수권 문제가 국왕과 흔도 두 사람만의 관계에서 김방경이 끼어들어 세 사람의 관계로 복잡하게 된 것이다. 물론 김방경은 국왕이나 흔도 누구에게도 통수권을 주장할 뜻이 없었다. 하지만 김방경의 달라진 위상은 자신의 의지와는 달리 국왕에게나 흔도에게나 미묘한 자극이 되었다. 위 김방경과 흔도의 대화는 그런 삼각 관계를 잘 보여 주고 있다.

김방경의 달라진 위상을 정말 싫어할 사람이 또 있었으니 바로 홍다구였다. 홍다구는 요양이나 심양 지방에 거주한 고려 유민으로 구성된 귀부군 5백여 명을 독자적으로 지휘하고 있었다. 그는 이 군대를 거느리고 진도와 제주도 정벌 그리고 일본 원정에도 참여했는데, 일본 원정 직후 쿠빌라이의 명령으로 다시 북으로 돌아가 요양에 주둔하고 있었다.

이후 홍다구는 고려에 군대를 이끌고 들어갈 기회만 엿보고 있었다. 고려는 군량까지 공급받으면서 누구의 통제도 받지 않고 그의 군대로 마음껏 영향력을 행사할 수 있는 황금 어장 같은 곳이었다. 하지만 고려 정부에서는 바로 그런 이유로 그의 군대가 고려에 주둔하는 것을 기피했다.

홍다구는 이 귀부군을 거느리고 고려에 들어오려다 쿠빌라이의 복귀 명령을 받고 할 수 없이 돌아간 적도 있었다. 1277년(충렬왕 3) 2월의 일인데, 이 전년 12월에 김방경을 비롯한 40여 명이 반란을 계획해 다시 강화도로 들어간다고 고발한 사건이 있었다는 것을 참고하면, 이 사건에 개입하려는 의지가 분명했다. 홍다구에게는 군대를 진주시킬 좋은 기회였지만 사건이 단순한 무고로 밝혀지면서 개입할 기회를 놓친 것이다.

그런데 김방경이 정치적으로 급부상하자 홍다구도 그를 질시의 눈으로 주목하고 있었다. 홍다구는 누구보다도 김방경을 정치적 라이벌로 여겼을지도 모른다. 그도 진도, 제주도, 일본 정벌에 참여한 공으로 나름대로 쿠빌라이의 신임을 받고 있었기 때문이다.

한마디로 김방경은 국왕과 흔도 그리고 홍다구, 모두에게 질시를 받을 위치에 있었다. 이 3자의 미묘한 견제 속에서 터진 사건이 다음의 김방경 무고 사건이다.

김방경 무고 사건

1277년(충렬왕 3) 12월, 위득유, 노진의盧進義 등 몇몇 무장들이 흔도에게 김방경이 반역을 꾀한다고 모함했다. 김방경이 호두금패를 받고 돌아온 지 1년 쯤 뒤의 일이었다. 김방경이 그의 아들 김흔 등 4백여 명과 함께 국왕, 공주, 다루가치를 제거하고 강화도로 들어가 반란을 계획하고 있다는 것으로, 신빙성은 별로 없었지만 김방경의 죄상을 조목조목 나열한 고발장까지 갖춘 것이었다.

사건을 고발한 위득유와 노진의는 김방경과 사감이 있는 자들이었다. 위득유는 일본 원정 때 좌군을 지휘한 김선이 바다에 빠져 죽는데도 구하지 않았다고 하여 김방경이 파면한 자였고, 노진의는 진도 정벌 때 남의 재물을 약탈한다고 하여 김방경이 그의 재산을 몰수해 관청에 들였다. 모함은 이런 사적인 악연에서 출발했는데 그 고발 내용이 심상치 않았다.

사건을 접수한 흔도는 다루가치 석말천구와 함께 바로 국왕에게 알렸고, 국왕은 유경, 원부 등에게 흔도와 더불어 심문하도록 했다. 심문 결과 단순한 모함이라는 것이 드러났다. 다만 연루자 10여 명이 갑옷을 간직해 둔 것만 문제 삼아 곤장을 치고 석방했다. 하지만 이 사건은 김방경의 정치적 위상 때문에 여기서 끝나지 않고 다시 비화, 확대된다.

흔도와 홍다구, 이 두 사람에게 김방경 무고 사건은 호재가 아닐 수 없었다. 사건이 일어나자 흔도는 즉시 자신의 아들을 보내 황제에게 보고했고, 홍다구 역시 별도로 중서성에 요청해 바로 군대를 이끌고 고려에 들어왔다. 이들은 다시 사건을 들추어 김방경을 표적으로 삼아 함께 국문하기 시작했다. 사건은 이미 국왕의 손을 떠나 있었다.

1278년(충렬왕 4) 1월, 봉은사에서 국왕과 흔도, 홍다구가 함께하는 국문에서 김방경은 가혹한 고문을 당했다. 한겨울 날씨에 발가벗겨져 매질을 당하니 살갗이 얼어 시커멓게 멍이 들었다. 국왕이 참혹한 모습을 보고 홍다구를 제지했지만 통제 불능이었다. 마침 쿠빌라이의 응방 사신으로 와 있는 자가 이를 목격하고 황제에게 보고하겠다고 하자 그때서야 홍다구가 수그러들었다.

그런데 10여 일 후 홍국사에서 다시 참혹하게 김방경을 국문했다. 특히 홍다구는 기어이 자백을 받고야 말겠다는 의도로 집요하게 대들었지만 김방경은 자복하지 않았다. 그럴수록 홍다구의 고문은 더욱 가혹해져 김방경의 온몸이 성한 데가 없었고, 숨이 졌다가 깨어나기를 몇 차례나 반복했다. 그래도 김방경은 끝내 자백을 거부했다. 이 정도 되면 홍다구가 궁지에 몰리게 된다. 애먼 사람, 그것도 일국의 수상이요 쿠빌라이의 총애까지 받는 사람을 이 지경으로 만들어 놓았으니까 말이다.

불안해진 홍다구는 국왕을 사주해 김방경의 자백을 받아내고자 했다. 방경이 자백하더라도 죽이지는 않고 유배에 그치며, 국가에는 아무런 해가 없도록 하겠다는 것이었다. 순진한 국왕은 이 말을 믿고 방경에게 자복하라고 설득하지만, 김방경은 국왕이 이럴 줄 몰랐다는 서운한 말을 던진다.

결국 김방경의 죽음을 무릅쓴 불복으로 고려 정부와 김방경을 얽어 궁지에 몰아넣고 자신의 입지를 강화하려 한 홍다구의 의도는 성공하지 못했다. 국왕은 김방경을 대청도에, 아들 김흔을 백령도에 일단 유배하고 쿠빌라이에게 사건을 보고해 처결을 기다려야 했다.

홍다구도 나름대로 쿠빌라이에게 김방경이 반란을 모의했음을 보고했다. 뿐만 아니라 군대와 다루가치를 각 지방에 보내 고려를 더욱 철저히 감시할 것도 아울러 요청했다. 홍다구의 요청을 받아들여 그랬는지 실제로 군사 3천 명이 압록강에까지 이르렀다가 되돌아가기도 했다. 국왕의 보고를 받은 쿠빌라이가 일단 군대 파견을 멈춘 것이었다.

1278년(충렬왕 4) 3월, 마침내 쿠빌라이는 국왕의 입조와 홍다구의 소환을 명령했다. 황제의 소환을 받은 홍다구는 다시 고려의 담선법회談禪法會가 원 제국을 저주하기 위한 법회라고 원의 중서성에 보고했다. 이 말도 김방경을 모함한 위득유, 노진의가 홍다구에게 고자질한 것이었다. 이 사건도 고려 정부를 끝까지 걸고넘어지려는 짓이었는데, 소환을 피하기 위해 홍다구가 사주했을 가능성이 많다.

그해 4월 국왕은 공주와 함께 입조하는데 홍다구는 지체하면서 계속 고려에 머물렀고, 흔도는 그해 5월에 국왕을 뒤따라 원으로 갔다. 국왕이 원으로 가는 도중에 김방경 부자와 사건을 고발한 위득유, 노진의 등도 모두 소환한다는 명령을 받았다. 사건이 간단치 않음을 알고 쿠빌라이가 직접 심문하려는 것이었다. 가는 도중에 노진의는 혀가 타서 죽고 마는데 음독자살이 분명했다. 이제 김방경 무고 사건은 원 조정에서 황제의 처결에 달려 있었다.

원 조정에 들어간 국왕은 쿠빌라이를 직접 대면하고 고려의 여러 가지 현안 문제를 거론해 황제의 허락을 받는데 이 부분은 조금 뒤에 살펴보겠다.

국왕은 김방경 무고 사건의 전말을 낱낱이 보고하면서 홍다구와 그의 군대도 소환해 달라고 요청했다. 그러던 중에 또 위득유마저 갑자기 죽고 만다. 쿠빌라이는 마침내 무고라고 판단했는지 고발자가 이미 죽은 것을 들어 김방경을 사면해 다시 수상으로 삼게 했다.

그런데 홍다구는 소환만 당했지 어떤 문책도 받지 않았다. 세조 쿠빌라이에게 홍다구는 여러모로 쓸모가 많았다. 고려를 견제하고 군사적 동향을 감시하는 데, 그의 아비 홍복원 때부터 고려에 대한 원초적인 악감정을 지닌 그는 적격이었다. 특히 쿠빌라이는 고려 정부에서 반란이 일어나 다시 강화도로 들어간다는 말에는 예민한 반응을 보였다. 이 때문에 개경 환도 이후 삼별초를 정벌할 무렵부터 홍다구의 만행과 월권을 알면서도 방관했다.

홍다구의 그런 위상은 고려에서 막강한 힘을 발휘해 고려 정부 내에서도 권력을 쫓는 자들은 이런 홍다구 주변을 맴돌았다. 어쩌면 앞서 정화궁주 저주 사건이나 이번 사건에서 항상 김방경이 핵심 인물로 거론된 것은 사전에 홍다구가 개입했을 가능성이 많다. 홍다구는 어떻게든 사건을 만들어 고려의 내정에 군사적으로 개입할 기회만을 엿보고 있었기 때문이다.

그 점을 보여주는 것이, 이 사건을 고발한 위득유와 노진의가 사건 고발 직후 승진했다는 사실이다. 위득유는 상장군, 노진의는 장군으로 승진했는데 모두 홍다구의 요청을 받아들인 것이었다. 이를 보면 홍다구가 이 사건을 배후에서 사주했을 가능성은 충분히 있었다.

또한 사건 후에는 홍다구를 부추겨 이 일을 확대한 고려 정부의 고위 인사들이 있었으니 이분희李汾禧, 이분성李汾成 형제였다. 이 둘은 변신과 임기응변의 귀재로 악평이 나 있어 이전부터 국왕 원종도 경계하는 인물들이었다.

국왕이 원에서 환국한 직후인 1278년(충렬왕 4) 10월 김방경의 건의와 중론에 따라 이 형제를 섬에 유배했다가, 다시 화근을 없애야 한다는 판단에서 바다에 수장해 버렸다. 며칠 후에는 홍다구의 도당으로 지목된 16인을 잡아들여 유배하기도 했다.

김방경 무고 사건에서 국왕도 홍다구의 행동을 방관했다는 혐의를 지우기 어렵다. 최소한 그 참혹한 고문은 피하게 할 수도 있었을 것이다. 하지만 국왕도 김방경 같은 권력과 신망을 지닌 무장의 등장은 달갑지 않았으니 바로 지난 무인정권으로 인한 피해 의식 때문이었다. 김방경은 이후 서너 번이나 국왕에게 물러나기를 청했지만 받아들여지지 않았다. 다시 거론되는 일본 원정에서 쿠빌라이의 신임을 받고, 홍다구와 흔도를 견제할 수 있는 그가 꼭 필요했기 때문이다.

그 참혹한 고문을 견디면서 김방경은 무슨 생각을 했을까? 대몽 항쟁 때는 고려 왕조를 위해 싸우고, 삼별초 세력이 일어났을 때는 고려와 원 제국을 위해 싸우고, 일본을 정벌할 때는 오로지 원 제국만을 위해 목숨을 건 그가, 고문을 당하면서 지난 일을 생각했을까, 아니면 앞으로의 일을 생각했을까? 김방경의 이때 나이 67세였다.

제국의 속국으로 전락한 변경에서 아무리 황제의 신임을 받는 자라 할지라도 한순간에 추락할 수 있었다. 김방경 무고 사건은 그 점을 여지없이 보여 주는 것이었고 김방경 스스로도 그 점을 통감했으리라.

충렬왕과 쿠빌라이, 장인과 사위의 대면

김방경 무고 사건을 보고하기 위해 1278년(충렬왕 4) 4월 1일 고려를 출발한 충렬왕과 공주는 그해 6월 제국의 여름 수도인 상도에서 쿠빌라이를 대면했다.

충렬왕은 세자 시절에 여러 차례 원에 들어가 황제를 대면했지만 이번 행차는 공주와 결혼하고 국왕에 즉위한 후 처음이었다. 그 때문인지는 모르겠지만 수행인원만 190인이었다. 수많은 사람들이 수행단에 참여하기를 원했지만 제한한 것이 그 정도였다.

충렬왕과 공주는 상도 30리 밖에서 황후가 보낸 황태자, 황녀 등이 마중 나온 가운데 황실의 대대적인 환영을 받았다. 도착 후에는 여러 차례 연회에 초대되어 융숭한 대접도 받았다. 고려 국왕에 대한 환영이 아니라 황실의 부마에 대한 환영이었을 것이다.

충렬왕은 원 조정에 체류하면서 우선 김방경 무고 사건에 대해 중서성에 글을 올려 자세히 설명했다. 이어서 쿠빌라이를 대면한 자리에서 많은 현안 문제를 허심탄회하게 거론한다. 제국의 황제와 속국의 국왕이었지만 사적으로는 장인과 사위의 관계였으니 가능한 일이었다. 거론된 문제들 중에서 중요한 것만 그대로 옮겨 보겠다.

충렬왕 : 북방의 변란을 정벌하신다기에 돕고자 했는데, 폐하께서 허락하지 않으셨지만 신이 이제 입조했으니 직접 군대를 이끌고 그들을 쳐서 성덕에 보답하고자 합니다.

쿠빌라이 : (웃으면서) 북방인들이 잘못 생각해 변란을 일으켰는데 지금은 모두 흩어져 달아났으니 염려할 것이 없다.

충렬왕 : 일본이 험한 것을 믿고 조회하지 않으니 신이 다시 배를 만들고

군량을 쌓아 토벌하면 성공할 수 있을 것입니다.

쿠빌라이 : 이 문제는 그대가 돌아가서 재상들과 깊게 의논한 후에 아뢰도록 하라.

충렬왕 : 홍다구는 신이 나라를 다스리는 데 방해가 됩니다. 그는 군무만을 관리해야 할 것인데 국가의 정사까지 마음대로 하려 합니다. 그가 다루가치를 남방에 둔 사실도 신은 몰랐습니다. 상국에서 소방의 군대를 경계한다면 몽골이나 한인의 군대를 보내 주시고 다구의 군대는 소환하시기 바랍니다.

쿠빌라이 : 그것은 쉬운 일이다. (한참을 생각한 뒤) 임금이 약하고 신하가 강하면 요·순·우·탕 이후의 제왕과 같이 되고, 가사도賈似道가 남송의 도종度宗을 마음대로 한 것과 같은 일이 벌어진다. 그대의 부왕도 임연의 폐립을 면치 못했는데, 짐이 듣건대 그대 또한 재상들의 유혹에 빠진다니 나라를 능히 다스리지 못한다면 부끄럽지 않겠느냐?(이는 김방경 무고 사건에서 지난 무인정권 때처럼 다시 강화도로 들어간다는 모함이 있었기 때문이다.)

충렬왕 : 다구의 망언입니다.

쿠빌라이 : 다구만이 아니라 여러 사람들이 말하는 것이니 그대는 재상들과 더불어 나라를 보전할 수 있는 일을 잘 헤아려서 선택하고 시행하라.

충렬왕 : 간사한 자들이 김방경을 반역한다고 무고하여 흔도에게 고하니 흔도가 군사를 끌고 왕경에 들어와 그들을 잡아들여 신문했는데 별다른 것이 없었습니다. 다만 일본 원정 후에 무기를 반납하지 않은 자가 있어 삭탈관직하고 곤장을 때렸습니다. 방경은 비록 모반하지는 않았으나 이런 일들을 감독하지 못했기에 섬으로 유배했나이다. 하지만 이것도 감정 있는 자들의 참소 때문이었습니다. 뒤에 만일 이런 불법한 자가 있으면 신이

죄를 묻겠나이다.

쿠빌라이 : 그대가 알아서 잘 할지어다. 그럼 흔도는 어떠한가.

충렬왕 : 흔도는 몽골인이라 좋기는 합니다만 다구의 군대가 시비를 일으키게 되면 흔도라도 믿을 수 없습니다. 다구와 그의 군대를 조정으로 소환하시고 몽골군이나 한인군으로 대체해 주소서.

쿠빌라이 : 좋다. (동석한 관리에게) 속히 다구를 소환하라. (이때 홍다구는 고려에 그대로 머물고 있었는데 충렬왕의 건의로 그해 8월 원으로 소환 당했다.)

충렬왕 : (동석한 원의 평장정사에게) 다루가치가 임기 만료되었는데 낭가대郎哥歹는 여러 차례 소방에 왕래했으니 그를 다루가치로 대신하게 해 주소서. (현재 다루가치는 석말천구로 임기가 3년이었고, 낭가대는 응방의 사신으로 고려에 온 적이 있었다. 평장정사平章政事는 원 중서성의 종1품 관직이다. 다루가치는 중서성에서 임명한다.)

쿠빌라이 : (평장정사가 다루가치 문제를 다시 황제께 아뢰니) 어찌 다루가치를 쓰려고 하느냐. 그대가 알아서 잘 할지어다.

이 대면에서 충렬왕은 홍다구의 소환을 특별히 강조해서 요청했음을 알 수 있다. 이 문제를 관철하기 위해서 그랬는지 일본 원정도 다시 준비하겠다고 자청하고 있다. 그 결과 홍다구의 소환은 즉석에서 명령이 내려졌고, 다루가치는 충렬왕이 원하는 사람으로 교체해 달라고 했을 뿐인데 폐지까지 하게 되었다. 이에 힘을 얻었는지 충렬왕은 중서성에 여러 가지 현안 문제를 건의했다. 대부분 고려에 대한 원의 군사적 통제와 관련한 것들이었다.

그 중 한 가지만 예를 들면, 둔전군을 강화도에 설치하라는 국왕의 요구가 있었다. 이것은 모함하는 자들이 항상 강화도로 들어간다는 말로 고려 정부를 곤경에 빠뜨렸기 때문에 그런 모함을 근원적으로 차단하려는 것이었다. 원 제국이나 쿠빌라이를 자극할 수 있는 가장 좋은 모함거리가 그것이었으니, 홍다구와 그 주변의 인물들이 그랬고 김방경 무고 사건이 대표적인 예였다.

10여 일 후, 충렬왕은 다시 황제를 대면했다. 주로 고려 주둔군 문제를 논의하는 자리여서 여기에는 원의 추밀원樞密院 고관과 함께 흔도가 참석했다. 추밀원은 원 제국의 군국기무를 관장하는 곳이다.

쿠빌라이 : (추밀원 관리에게) 우리 관군이 고려에서 소요를 일으킨다는데 이게 무슨 일이냐?

추밀원 관리 : 신은 자세한 사항을 잘 모르옵니다. (흔도를 보며) 말씀해 보시라.

흔도 : 우리 군사가 백성들을 소란케 했다는 것을 국왕께서 알고 계시면 이 자리에서 말씀해 보십시오.

충렬왕 : 그대의 군사들이 김방경의 일로 우리 종친의 집을 침범했는데 하물며 백성들의 집은 오죽했겠는가. 그대들이 나를 참소해 백성들을 편안하게 하지 못한다고 하나 그대들의 소란이 이와 같으니 내가 어찌 할 수 있겠는가. (동석한 추밀원 고관에게) 나는 이들과 함께할 수 없으니 황제께 말씀드려 나에게 한 구역의 땅을 주시면 우리 백성들을 거느리고 함께 사는 것이 나의 소원이오.

추밀원 관리 : 황제께서는 다만 군대 소요 문제만을 물으셨는데 국왕은 어찌 그런 말씀을 하시오.

쿠빌라이 : 알겠노라. 모두 물러가거라.

주둔군 철수, 원정 예고

충렬왕은 작심한 듯했다. 앞의 대화에서는 홍다구의 악행에 대해서만 언급했지 흔도에 대해서는 언급을 피했다. 그런데 무엇을 믿고 그랬는지 주둔군 문제까지 거론해 흔도를 몰아붙이고 있는 것이다. 한 구역의 땅을 따로 주면 백성들을 모아 편안하게 살겠다는 말은 흔도나 홍다구의 간섭을 배격하려는 뜻이었겠지만, 그 어조가 좀 지나쳐 세조 쿠빌라이도 깜짝 놀랐을 것이다.

마침내 쿠빌라이는 결단을 내려 흔도의 주둔군과 홍다구의 군대, 그리고 둔전군과 마산에 주둔하고 있는 방수군까지 모두 철수하도록 했다. 그야말로 뜻밖의 놀랄 만한 조치가 아닐 수 없었다. 쿠빌라이는 사위인 충렬왕을 확실하게 믿은 것일까. 충렬왕 스스로도 의외였는지 마산의 방수군만은 왜구의 방어를 위해 남겨 주라고 요청할 정도였다. 쿠빌라이는 이것마저 사양하고 고려의 군대를 선발해 자체적으로 방어하라고 했다.

여기에 충렬왕은 환국하기에 앞서 쿠빌라이에게 한 가지를 더 요구했다. 주둔군이 철수하면서 고려의 여성들을 강제로 데리고 가는 일이 없도록 해 달라는 것이었다. 삼별초를 정벌한 후 몽골 군대가 북으로 귀환하면서 그런 전례가 있었다. 그 후에도 주둔군은 결혼을 빙자해 고려 여성들을 강제로 데리고 사는 경우가 많았고 이로 말미암은 사회 문제도 심각했다. 쿠빌라이는 이 문제도 흔쾌히 승낙했다. 지금도 외국 군대가 주둔한 곳에서는 항상 문제가 되는 일인데 그 당시에도 그랬던 모양이다.

충렬왕과 공주 일행은 한 달 정도 원에 체류하고 1278년(충렬왕 4) 7월 상도를 출발해 9월에 개경으로 돌아왔다. 황제의 처결로 다시 수상 직을 회복한 김방경과 함께한 귀로였다. 환국 도중에 원으로 돌아가는 홍다구를 만났는데 그는 국왕에게 말을 바쳤고, 역시 임기를 마치고 돌아가는 다루가치 석말천구는 황제의 포상을 받기 위해 공로장을 만들어 달라는 부탁을 했지만 국왕은 거절했다. 이들 모두 이제는 부마 국왕의 힘을 무시할 수 없다는 것을 실감했을 것이다.

국왕 일행이 개경 밖에 이르자 문무백관이 교외에 도열해 맞이하고 온 나라의 백성들이 국가의 어려운 문제들을 일거에 해소했다고 기뻐했다. 제국의 속국이었지만 황제의 부마가 된 국왕에게 모두들 고마워했을 것이다. 하지만 고려의 내정 문제가 원 조정에서 처결될 수밖에 없다는 나쁜 선례도 남겼으니, 앞으로 고려 정부의 중요한 문제가 생기면 국왕은 원 조정으로 달려가야만 했다.

그것은 오래 기다릴 것도 없었다. 충렬왕은 환국하자마자 이분희·이분성 형제를 죽이고 정부 내의 홍다구 일파를 잡아들여 유배했는데, 홍다구가 이 사건을 또 걸고 넘어진 것이다. 국왕은 김방경을 데리고 다시 원으로 들어가 홍다구와 대질까지 하면서 이 문제를 상세히 설명해야 했다. 환국한 지 4개월 만인 1279년(충렬왕 5) 1월의 일이었다.

그런데 의문이 남는다. 쿠빌라이는 왜 고려에 주둔하고 있는 원의 군대를 그렇게 일거에 철수했을까? 더구나 일본 원정이 다시 거론되고 있는데도 말이다. 일본 원정을 다시 준비하겠다고 자청한 사위 충렬왕을 확실하게 믿은 것일까. 세조 쿠빌라이가 외교에 능한 전략가라는 점만으로 이를 설명하기에는 뭔가 석연치 않다.

이것은 남송 정벌이 끝난 사실과 관련 있어 보인다. 이 무렵 남송은 잔여 세력이 남방에서 항거를 계속하고 있었지만 1276년(충렬왕 2) 1

월 남송 조정의 항복으로 사실상 결말이 났다. 쿠빌라이 일생의 최대 숙제 하나가 해결된 것이다.

남송 정복 이전에는 고려가 남송과 연결되지 않을까 쿠빌라이는 염려했다. 고려에서 반란을 모의한 자들이 강화도로 들어간다는 말에 예민한 반응을 보인 것도 그 때문이었다. 이를 위해 고려에 대한 감시 감독을 철저히 하고 군대를 주둔시켜 군사적 통제를 계속한 것이다. 하지만 남송 정복을 끝낸 이제 그럴 필요가 없어졌고 주둔군을 철수해도 문제가 없을 것으로 판단한 것이다.

주둔군을 철수한 더 중요한 이유는 남송 정벌을 끝낸 후 제국의 군대를 재조정할 필요도 있었을 것이라는 점이다. 남송 정벌과 동시에 진행된 1차 일본 원정은 군대의 투입이나 군수 물자의 공급 등 여러 가지 면에서 한계가 있었다. 그래서 전적으로 고려에 의존하고 강요해 치러진 원정이었다.

하지만 2차 일본 원정은 이런 제약에서 벗어나게 되었고, 제국의 전체 군사력을 새롭게 재편성할 필요가 생긴 것이다. 이것은 2차 원정을 위해서 반드시 필요한 조치였다. 즉, 주둔군의 철수는 2차 일본 원정을 위한 새로운 준비였다고 할 수 있다.

여기에 더해 일본 원정에 고려의 자발적인 참여를 유도하려는 뜻도 있었다고 보인다. 1차 원정에서 고려 정부는 강요에 못 이겨 매우 소극적으로 대응했고, 쿠빌라이로서는 그것이 원정을 준비하는 과정에서 부딪힌 하나의 한계였다. 그런데 원정 실패 직후 고려에서는 또 다시 그런 태도를 드러냈다.

1차 원정 직후인 1275년(충렬왕 1) 1월 고려에서는 김방경을 원으로 보내 쿠빌라이에게 표문을 올렸는데, 그 내용에서 이런 분위기를 읽을 수 있다. 그 내용은, 다시 일본을 정벌할 때 고려에서 군량이나 전함을 마련한다는 것은 백성들이 궁핍해 감당하기 어렵다는 간절한 호소였다.

고려 정부에서 이런 요청을 한 것은 2차 원정도 피할 수 없다는 점을 알고 있었다는 얘기다. 일본 원정을 다시 생각하고 있는 원 조정이나 쿠빌라이로서는 고려 정부의 이런 태도가 달갑지 않았을 것이다. 고려 주둔군을 철수해 준 것은 충렬왕을 전폭적으로 후원해 자발적이고 적극적인 참여를 유도하려는 의도도 작용했다고 보인다.

그렇다면 이제 본격적인 원정 준비가 시작된다는 것을 예고한다. 게다가 남송 정벌까지 마무리했으니까 이제 걸림돌은 없었다.

2차 일본 원정

일본행 사신 피살, 이국출격

1275년(충렬왕 1) 3월, 원에서는 일본을 회유하기 위한 사신 두 명을 다시 보냈다. 세조 쿠빌라이의 국서까지 지닌 사신으로 1차 원정이 실패로 끝난 지 반 년도 지나지 않은 때였다. 이를 보면 쿠빌라이는 다시 일본 문제를 원점에서 새롭게 풀어가려는 뜻을 가지고 있었던 것 같다.

그 후 1276년 남송 정벌이 마무리되고도 원에서는 일본 원정을 서두르지 않았다. 사신을 보내 놓고 그 회신을 기다려 대응해도 늦지 않다고 판단했을 것이다. 그러다가 일본행 사신이 시간이 흘러도 돌아오지 않자, 1279년(지원 16) 2월 쿠빌라이는 강회·호남·강서·복건 등 남송 지역 네 곳에 전함 6백 척을 건조하라는 지시를 내렸다. 고려 정부에 강요하기 이전에 원 조정에서 먼저 원정 준비를 착수한 것이다.

그 해 6월에는 고려 정부에도 전함 건조 명령이 내려왔다. 중서성의 지시를 받은 정동원수부에서 전함 9백 척을 건조하라는 것이었다. 아마 이런 일에도 흔도나 홍다구가 주도적으로 나섰을 것이다. 이 전함 9백 척은 모두 새로 건조되는 것이 아니고 1차 원정에서 사용된 것을 그대로 동원하고 부족한 수만 보충해서 건조했을 것이다.

다음 달, 고려에서는 사신을 보내 특별한 주문을 한다. 전함을 건조하는 데 홍다구가 감독하지 못하도록 해 달라는 것이었다. 이 요청은 받아들여진 것 같은데 고려 정부에서 홍다구를 얼마나 기피했는지 알수 있다. 이어서 원에서 파견된 사신이 직접 병장기를 점검하고 고려정부에서도 전라도에 관리를 파견해 전함을 수리하고 건조하는 일을 맡게 했다.

전함 건조를 위해서는 우선 인력과 조선 기술자를 징발해야 했다. 이를 위해 각 도에 계점사計點使라는 이름의 관리를 파견해 점검했다. 이 계점사는 전함 건조를 위한 인력 징발뿐만 아니라 앞으로 원정군으로 소집할 군사를 점검하기 위해서도 필요했다. 이들은 징발할 장정 수를 미리 점검하고 확인하는 일을 했다. 특히 조선 기술자는 동녕부(평양)에 관리를 보내 추쇄했다.

조선 사업의 경우, 전라도에서 전함을 건조하고 경상도에서 전함을 수리하는 작업을 담당한 것으로 보인다. 이곳에는 따로 원에서 파견된 사신이 상주하면서 감독했다. 기존의 전함이나 새로 완성된 전함은 모두 원정군이 출발할 마산 지역으로 집결되었다.

이런 전함 건조와 같은 국가적 사업에는 항상 재정이 문제였다. 이로 말미암아 국가의 창고인 좌우창左右倉은 수입이 줄고 쓰임새는 많아졌다. 좌창은 관리의 녹봉만을 담당하고 우창은 국가의 기타 비용을 담당했는데 비축량이 한계에 이른 것이다. 이를 위해 서해도의 전년도 조세미를 전함 건조 사업에 긴급 투입했지만 밑 빠진 독에 물 붓는 꼴이었다.

여기에 가뭄으로 이해에는 기근까지 겹쳐 더는 버틸 수 없게 되었다. 이에 비축된 군량 2만 석을 내어 전라도의 기근을 구제하고, 원에 사신을 보내 중서성의 군량미 1만 석을 가을에 갚기로 하고 들여오기도 했다. 이것도 부족해 다시 1만 석을 더 사들였다.

이 무렵 원에서는 남송의 항복한 무장 범문호范文虎가 등장해 일본 원정 문제를 주도하고 있었다. 범문호는 남송의 집권자 가사도의 사위였는데, 그의 항복은 양양성에서 여문환呂文煥의 항복과 함께 남송 멸망에 결정적인 계기를 마련한 사건이었다. 그런 그가 이제 일본 원정에 앞장선 것이다.

범문호는 쿠빌라이에게 이런 요청을 했다. 일본 승려를 동반시켜 다시 일본에 사신을 보내 회유해 보고, 1279년 4월까지 회신을 기다려 일본을 정벌해도 늦지 않다고 했다. 쿠빌라이는 이 요청을 받아들여 다시 사신을 보내지만, 이들을 파견한 직후 이전에 파견한 사신단이 일본에서 살해되었다는 소식을 접했다.

살해된 사신단은 그 이전 고려 정부에서 통역관 1명과 사공 30명을 시켜 일본으로 보냈는데, 이들은 가마쿠라로 압송당해 1275년(충렬왕 1) 9월 호조 도끼무네北條時宗 정권이 참수, 효수하고 말았다. 4년이나 지난 1279년(충렬왕 5) 8월에야 그들 가운데 사공 4명만 고려로 겨우 도망쳐 그 사실을 알려 왔다. 살아 돌아온 이들은 즉시 원으로 보내졌다.

사신 피살 소식을 접한 세조 쿠빌라이가 어떤 태도를 보였을지 궁금한데, 《원사》에는 아무런 언급이 없다. 사신 피살 소식에 흔도와 홍다구가 일본을 토벌하겠다고 맨 먼저 자청하고 나섰다는 점이 눈에 띈다. 흔도와 홍다구가 먼저 설치자 쿠빌라이는 조용히 흥분을 가라앉히고 있었을까.

그런데 사신 피살 소식을 접하기 직전에 범문호가 요청하여 보낸 사신마저도 하카다에서 모두 참수되고 말았다. 다만 이 소식은 2차 원정이 단행될 때까지 쿠빌라이나 원 조정에 아직 전달되지 않았던 것 같다.

일본의 태도는 이제 사신마저 거부하고 일전을 불사하겠다는 것이 분명했다. 1차 원정 이전의 수차례 사신 파견에서도 이런 극단적인 대응이 없었다는 점을 생각하면, 사신을 연거푸 살해한 것은 1차 원정에서 무력 충돌 탓이 컸을 것이다. 1차 원정을 잘 막아내면서 자신감이 생겨 그랬는지도 모를 일이다.

그런데 가마쿠라 바쿠후는 앞선 사신을 참수한 직후인 1276년 3월경부터 고려를 공격하기 위한 준비를 하고 있었다. 전함을 건조하고 뱃사공이나 수군을 징발하기 위한 징병 제도를 정비하고 있었다. 그에 대한 재정이나 제반 준비를 1차 침략 때의 일본 방어군 총사령관인 쇼니 스네스케에게 맡겼다. 이를 일본 역사에서는 '이국출격異國出擊'이라 부른다.

출격에 필요한 전함과 무사들은 규슈 관내에서 징발했지만 부족분은 다른 지역에서 보충하기로 했다. 출격의 본영은 하카다에 설치되었고 총사령관에는 쇼니 스네스케가 임명되었다. 그해 말에는 구체적인 동원 계획까지 수립되어 명령만 떨어지면 출격할 태세를 갖추고 있었는데 이 계획은 실현되지 못했다.

이국출격 계획이 왜 실행에 옮겨지지 못했는지 그 이유가 명확히 드러나 있지 않다. 아마 무리한 계획이라는 판단 때문에 중단된 것으로 보이는데, 정국을 장악하기 위한 도키무네 정권의 정치적인 목적도 개입하지 않았나 싶다. 실제로 이후 도키무네 정권은 각 지역에 대한 통제를 더욱 강화할 수 있었다. 어쩌면 처음부터 실행을 위한 것이 아니었는지도 모른다.

하지만 이국출격 계획이 틀어지면서 하카다만 연안에는 방어를 철저히 하기 위해 방루를 쌓게 된다. 이국출격에 필요했던 그 인력과 물자가 모두 방루 축조에 투입되었다. 방루는 규슈 지역 9개 주에 있는 각 영주들에게 구간별로 할당되어 진행되었다. 그래서 각 구역마다 방루의 모양이나 구조가 조금씩 달랐다. 이를 '석축지石築地'라고 하는데 2차 원정 때 그 효력을 발휘한다.

원정 준비, 급진전

일본행 사신이 피살되었어도 어차피 2차 원정은 정해진 수순이었으니까 별다른 변화는 없었다. 시간 낭비를 막고 일본의 태도를 명확히 알아냈다는 것이 득이라면 득이었다. 게다가 이제는 원 조정에서나 고려 정부에서나 누구도 원정을 반대할 명분이 사라졌으니 쿠빌라이로서는 득이 더 많았을 것이다.

사실, 쿠빌라이는 남송 정벌을 끝낸 직후 바로 일본 원정을 단행하려고 했지만 여러 사람들의 반대가 심했다. 그 대표적인 인물이 야율희량耶律希亮이었다. 쿠빌라이는 남송 정벌 직후 여문환, 범문호 등 남송의 항복한 무장들을 모아 놓고 희량에게 일본 원정의 가부를 물었다. 남송의 항장들은 모두 좋다고 했지만 희량은 반대하며 이런 말을 했다.

"남송은 요나라, 금나라와 더불어 3백 년이나 싸워 이제 군사와 백성들을 쉬게 해야 합니다. 몇 년을 기다린 후 군사를 일으켜도 늦지 않을 것입니다."

야율희량은 몽골 제국 초기의 명재상 야율초재耶律楚材의 손자로,

그의 말에 힘이 있었는지 쿠빌라이는 이 의견을 받아들였다. 여기서 쿠빌라이가 일본 원정에 남송의 군민을 동원할 계획을 가지고 있었다는 것도 알 수 있다. 하지만 장기간의 전쟁 뒤끝이라 이게 쉽지 않았다. 그러다가 일본행 사신의 피살 소식을 접한 것이니 이제는 그 반대를 누를 수 있는 명분이 생긴 것이다.

원에서는 사신 피살 이후 원정 준비가 급진전되었다. 1280년(지원 17) 5월에는 제주도의 목재를 이용해 전함 3천 척을 건조하라는 쿠빌라이의 조칙이 내려졌다. 제주도에서 전함을 직접 건조했는지 아니면 목재만 운반해 중국 남방에서 건조했는지는 불확실하지만 이 무렵 제주도는 원에서 직접 관할 통치하고 있었다. 아마 전함 3천 척은 남송 정벌 때 동원된 전함으로 대부분 보충하고 부족한 수만 건조해 채우려는 것으로 보인다. 이렇게 보면 제주도에서 직접 전함을 건조했다고 생각된다.

이어서 원 제국의 각 지방에서 민족을 초월한 군대 소집이 있었다. 쿠빌라이는 먼저 자발적인 종군 희망자를 모집하게 했고, 범문호에게는 죄를 짓고 남송군, 몽골군, 회회군에 귀부한 자들을 따로 징발케 했다. 개원로에서는 3천 명이 원정에 소집되기도 했고 출정 직전에는 탕구트의 군대까지 소집되었다. 하지만 원정군의 절대다수는 항복한 남송의 군인들이 차지하였다.

특별히 자원한 병사나 활을 잘 쏘는 자 등 정예병에게는 원의 화폐인 교초가 일정액씩 지급되었다. 고려군 중에서도 특수한 수군이나 화장火長에게는 교초가 지급되었다. 화장은 화포를 다루는 병사 같은데 확실하지는 않다. 이런 일들은 병사들의 전투력을 고양하기 위한 쿠빌라이의 용병술에서 나왔을 것이다.

원 조정에서는 범문호와 함께 이정李庭, 장희張禧 등도 사령관으로 발탁했다. 여기에 흔도와 홍다구도 참여해 범문호와 함께 중서우승中書右丞(정2품)으로 임명받았고, 이정과 장희는 참지정사參知政事(종2품)로 임명받아 참전하게 된다.

이정은 금의 여진족 출신인데, 남송 정벌 때 총사령관 바얀의 부장으로 참전해 양양 포위 작전과 수도 임안의 함락에 큰 공을 세우고 쿠빌라이에게서 후한 포상을 받은 무장이다. 장희 역시 금나라 출신으로 보이는데, 쿠빌라이가 아릭 부케와 내전을 치를 때부터 쿠빌라이를 도우면서 잔뼈가 굵은 무장이다. 그도 남송 정벌에 참전해 양양과 번성 전투에서 공을 세웠고, 특히 그는 수군을 잘 운용해 곤경에 처한 몽골군을 구하기도 했다.

재미있는 것은 장희가 남송 정벌에 참전해 싸울 때 범문호 역시 남송의 수군을 이끌고 맞섰다는 사실이다. 이제 두 사람이 함께 일본 원정에 참전하게 되었으니 쿠빌라이의 인재 등용은 그런 식이었다. 민족과 출신, 과거를 불문하고 자신에 대한 복종심과 능력만을 최고의 가치로 삼았다. 고려 출신의 홍다구도 그런 식으로 발탁된 대표적인 인물이었다.

흔도와 홍다구는 1차 원정에 참전한 정동원수부 관할의 군대를 그대로 지휘했을 것으로 보인다. 흔도에게는 원의 사형수들을 감형해 원정군에 편입시켰고, 홍다구에게는 제주도에서 새로이 건조한 전함을 맡겼다. 흔도와 홍다구가 지휘하는 군대를 동로군東路軍이라 불렀는데, 이들의 군량이나 전투 장비 등 군수품은 대부분 고려에서 책임졌다.

그리하여 1280년(충렬왕 6) 10월에는 원 제국에서 군사 10만 명이 소집되어 총사령관 범문호의 지휘를 받게 되었다. 그리고 그해 말에는 원에서만 전함 3천 5백 척이 준비 완료되었다.

그리고 11월에는 고려의 원정군도 준비를 완료하고 김방경을 비롯한 지휘 체계도 수립되었다. 김방경이 지휘하는 이 고려군은 흔도와 홍다구가 지휘하는 몽골 한인군과 함께 여몽한麗蒙漢 연합군을 형성하고, 범문호가 이끄는 남송군(강남군) 10만과는 별도로 움직이게 된다. 이 모든 원정 준비가 사신 피살 소식을 접한 1279년 후반부터 1280년 말까지 불과 1년 반 만에 마친 것이니 동아시아 전체가 전시 동원령에 들썩였을 것이다.

충렬왕, 일본 원정은 내가 주도한다

양국에서 원정 준비가 한참 진행 중인 1280년(충렬왕 6) 6월, 충렬왕은 세조 쿠빌라이의 입조 명령을 받는다. 이것은 충렬왕이 원정 문제에 대해 건의할 것이 있다 하여 쿠빌라이에게 자청한 것이었다.

충렬왕의 입조 요청은 세조 쿠빌라이를 직접 만나 흔도와 홍다구가 원정을 주도하는 것을 막기 위한 것이었다. 흔도와 홍다구는 원정 준비 과정에서 고려의 군사 문제나 내정에까지 개입하게 되고, 이 때문에 왕권에도 위협을 가할 소지가 많았다. 1차 원정 준비 과정에서 부왕 원종은 그런 간섭을 받았고 충렬왕은 세자 시절 이를 몸소 체험한 바였다.

그해 8월 국왕은 상도 부근의 행재소에서 세조 쿠빌라이를 대면했다. 왕위에 오른 후 벌써 세 번째 대면이었다. 그런데 이때 홍다구는 범문호, 흔도와 함께 충렬왕보다 먼저 쿠빌라이에게서 원정에 대한 구체적인 명령을 받은 후였다. 앞서 언급한 대로 이 3인을 중서우승에 임명한 것이다. 아울러 구체적인 원정 전략도 이미 세워져 있었다.

범문호는 남송군 10만으로 강남에서 출발하고, 흔도와 홍다구는 몽한군 4만으로 합포(마산)에서 출발해 일기도에서 회합한 후 일본을 공략한다는 것이었다. 이렇게 되면 충렬왕이 개입할 여지가 없게 된 것이다. 이에 충렬왕은 쿠빌라이에게 다음과 같은 일곱 가지 사항을 요청했다.

(1) 제주에 주둔하고 있는 고려군을 원정군에 보충할 것.

(2) 고려군과 한인군은 감하고 도리첩목아都里帖木兒로 몽골군을 더 징발할 것.

(3) 홍다구에게 직임을 주지 말고 도리첩목아와 충렬왕이 정동성征東省의 사무를 관장할 것.

(4) 고려 지휘관에게 모두 패면牌面을 하사할 것.

(5) 중국 연해 지방에서 사공 등 뱃사람을 충당할 것.

(6) 안찰사를 파견해 백성들의 고통을 조사할 것.

(7) 충렬왕이 마산에서 출정하는 원정군을 직접 사열할 것.

(1)항은 고려의 기존 군대를 원정군에 포함해 농민 징발의 부담을 덜고자 요청한 것으로 보인다. 앞서 언급했지만 제주에는 1차 원정 직후 원의 명령으로 고려의 정규군 4천을 소집해 주둔케 한 적이 있었다. 이 요청은 부분적으로 수용되어 제주에서 1천 명이 보충되었다.

(2)항은 (3)항에서도 보듯이 홍다구를 배제하고 도리첩목아를 중용해 달라는 요구였다. 도리첩목아는 원정이 실패한 후 김해에 주둔해 온 원의 사령관인데, 이전의 정확한 경력은 잘 모르겠고 충렬왕이 홍다구를 배제하면서 대체 인물로 생각한 듯하다. 이 요구는 받아들여지지 않았다.

(3)항의 정동성은 일본 원정을 주관할 정동행성을 말한다. 정동행성은 2차 원정 준비 과정에서 설치된 것인데, 이에 대해서는 다음에 다시 언급할 것이다. 도리첩목아가 이 정동행성에 참여했는지는 모르겠지만 충렬왕이 정동행성의 장관직을 맡은 것으로 봐서 이 요청도 받아들여졌다.

(4)항의 패면은 금패나 은패의 군사 지휘권을 상징하는 부표로 고려의 지휘관들에게 독자적인 지휘권을 확보해 주기 위한 것으로 판단된다. 이 요구는 그대로 수용되었는데, 충렬왕은 원정군의 진용이 갖춰진 후 고려의 지휘관들의 명단을 원 조정에 보내 패면을 하사받게 만들었다.

(5)항은 (1)항과 마찬가지로 고려의 인력 징발의 부담을 덜고자 요청한 것이었다. 이것은 확실하지는 않지만 부분적으로 수용되었다고 보인다. 원에서도 전함 3천 5백 척이 동원되었으니 당연한 일이었다.

(6)항은 원정 준비로 인한 고려의 어려운 실정을 원에 알리고자 요청한 것으로 보인다. 전함 건조를 위한 인력과 군사 징발 등으로 고려 농민들의 삶은 곤경에 처해 있었기 때문이다. 이 문제도 수용되었다.

(7)항은 충렬왕이 고려에서 출발하는 원정군에 대한 통수권을 행사하겠다는 것이다. 군대 사열은 그런 통수권을 확인하려는 의식이었다. 역시 흔도나 홍다구의 군사권을 견제하려는 의도로 보인다. 이것도 수용되었다.

충렬왕이 요청한 이 일곱 개 사항은 한마디로 말하자면 자신이 일본 원정을 주도하겠다는 뜻이었다. 이는 부왕 원종 때 1차 원정 준비 과정에서 있었던 극심한 내정간섭과 국정의 파행을 막지 못한 것에 대한 반면교사이기도 했다.

충렬왕은 그해 1280년(충렬왕 6) 9월 환국하는 도중에 원 조정의 지시를 받았다. 범문호, 흔도, 홍다구를 중서우승으로 삼아 일본 원정을 위임하니 군량과 전함, 뱃사공 등 일체의 군수 준비에 착오가 없도록 하라는 것이었다. 이는 흔도와 홍다구가 이끄는 군대의 군수품을 고려 정부가 책임지라는 것이었다. 군수품 공급은 이미 예측하고 있는 문제였지만 홍다구를 배제하려 한 충렬왕의 요청은 받아들여지지 않은 것이다.

이어서 만주의 흑룡강, 송화강 유역에 산거하고 있는 말갈족을 동녕부(평양 지역)로 옮기라는 지시도 있었는데, 이들을 징발해 원정군에 충당하기 위한 것이었다. 이는 고려 정부의 농민 징발 부담을 덜어 주려는 것으로 충렬왕의 요구를 어느 정도 수용한 것으로 보인다.

그리고 1280년(충렬왕 6) 10월, 원에서는 충렬왕을 '중서좌승상中書左丞相 행중서성사行中書省事'로 임명했다. 그해 12월에는 다시 중서우승상으로 승진되었는데, '행중서성사'는 일본 원정을 위해 설치한 정동행성의 사무를 맡긴다는 것이다. 이는 범문호, 흔도, 홍다구보다 높은 직임으로 상징적이겠지만 일본 원정의 총책임자나 마찬가지 위치였다.

이렇게 충렬왕이 요구한 일곱 개 항의 건의를 세조 쿠빌라이가 모두 수용하지는 않았다. 특히 홍다구를 완전 배제하는 데는 실패했지만, 대체적으로 충렬왕의 요구 사항은 수용된 것으로 보인다.

추밀원의 훈령

원의 추밀원은 중서성과 함께 원 제국과 주변 복속국을 통치하고 관리하는 제국 경영의 중추다. 중서성이 지금의 미국 국무성과 비슷하다면 추밀원은 국방성과 비슷한 기능을 가졌는데, 이 두 부처에서 원 제국의 세계 전략과 전술을 구상하고 실천했다.

그런데 일본을 정벌하는 문제는 군대 파견이나 군사 작전 같은 군사 문제만을 가지고 해결되는 것이 아니고, 일본이나 고려 정부와의 관계나 여타 군수 물자를 동원해야 하기 때문에 외교 전략과 일반 국정의 문제도 함께 생각해야 한다. 앞의 문제를 다루는 곳이 추밀원이고 뒤의 문제를 다루는 곳이 중서성이었다. 그래서 일본 원정은 원의 중서성과 추밀원이 함께 대처해야 할 문제였다. 일본 원정을 위해 설치한 정동행성은 중서성의 산하 기구고, 정동원수부는 추밀원의 산하 기구라고 할 수 있다.

1280년(충렬왕 6) 10월, 일본 원정과 관련한 구체적인 훈령이 내려왔다. 추밀원에서 쿠빌라이의 명령에 따라 작성해 정동행성에 하달한 것이었지만 고려 정부에도 전달된 것으로 보아 중서성에서도 간여한 훈령으로 보인다. 대부분 군 기강 확립과 관련한 것으로 다음과 같은 내용이다.

(1) 지휘관은 용맹한 자를 선발해 군사 훈련과 병법을 연습하는 데 노비나 연약한 자로 대신하는 것은 불허하고, 불가피한 교체가 필요할 때는 행정관의 심사를 거쳐 허락한다.

(2) 출정할 때는 합필적발도아合必赤拔都兒 군인들을 동원할 것이니 그 정원을 반드시 유지하고 그 주둔지를 점거하지 말 것이며, 그 밖의 군인들은 윤번 근무에 세운다.

(3) 출정하여 군인들이 싸워서 얻은 인구, 가축, 기타 물품은 모두 각자의 소유이니 지휘관이 강탈해서는 안 된다.

(4) 군인들의 군마를 지휘관이 빌리거나 교체하거나 사역에 동원해서는 안 된다.

(5) 병에 걸린 군인은 치료하게 하고 그 결손은 본대에서 정원을 보충하는데, 반드시 회복했을 때에만 다시 복귀해 사역에 충당할 수 있다.

(6) 전사자는 상부에 보고해 해당 군호軍戶가 1년 동안 원호를 받도록 하고, 병사자인 경우에는 반 년 동안 원호를 받도록 하는데, 그 기간이 끝나면 해당 군호의 다음 장정으로 군역에 충당한다.

(7) 용맹하게 싸우다 전사한 자는 여러 군인들의 확인을 받아 행정관이 그 공적을 결정한 후 상부에 보고해 포상하고, 반대로 전투에 태만한 자는 역시 같은 방법으로 단죄한다.

(8) 매 천호千戶마다 보급관 2명을 지정해 군수품을 지급하는데, 파견시에는 회수하고 복귀시에는 다시 지급해 지휘관이 착복하지 못하게 한다.

(9) 도망 군인이 있으면 지휘관은 상급자에게 보고하고, 추적해 체포, 신문한 후 여러 사람들 앞에서 처벌한다.

(10) 군인, 군마는 관할 구역 내에서만 부대 단위로 주둔하고 민가나 관청의 건물을 마음대로 점유해서는 안 된다.

(11) 점령하거나 항복한 지역의 전답, 곡식, 가축 등 민간 사유 재산을 침범하거나 약탈, 손상해서는 안 된다.

(12) 위 지역에서 강제로 여성을 차지할 수 없고, 합의해 결혼한 경우에도 그 가족을 강제로 억압해 마음대로 처분할 수 없다.

(13) 지휘관이나 군인들은 차, 소금, 술 등 금지 물품과 관련한 위법이 없어야 하고, 위반시에는 그 지휘관까지 처벌한다.

(14) 지휘관은 군인들에게 금전이나 재물을 할당해 강제로 거두어들이지 못한다.

본래의 취지를 훼손하지 않는 범위에서 약간의 윤색을 가해 서술했는데 매우 구체적이었음을 알 수 있다. 이게 요샛말로 야전 교범Field Manual이다. 이 훈령은 본래 취지가 도망 군인이 속출하자 군 기강을 확립하기 위해 나온 것이었지만, 남송을 정벌할 때 시행한 내용을 대부분 그대로 원용한 것이었다.

추밀원에서는 이를 일본 원정을 떠나는 군인들의 주둔지에 게시해 널리 포고하도록 했다. 남송 정벌 때의 훈령을 일본 원정에 적용하는 것이 얼마나 효과가 있을지 의문이지만, 천 년 전의 그 옛날에도 군대의 이동과 주둔에는 지금과 별반 차이가 없는 문제가 있었고, 그런 문제들을 해결하려는 고민이 있었음을 알 수 있다. 훈령에 보이는 낯선 용어 몇 가지만 짚고 가자.

(2)항의 합필적발도아는 몽골어인데, '합필적'은 부대 단위를 가리키는 이름이고 '발도아'는 용사勇士라는 뜻이라고 한다. 그래서 합필적발도아는 지금 식으로 말하자면 돌격대 혹은 선봉대 정도로 여겨지는데 확실치는 않다.

(6)항의 군호는 다수의 군인으로 편성된 호적을 가리키는 용어인데, 그 내용으로 보아 출정할 때는 군호 단위로 동원되었음을 알 수 있다. 하나의 군호에는 장정이 여러 명 있는데 그 중 한 명만 전투에 나가고 나머지 장정은 대기하고 있다가, 그 군호에서 전사자가 생기면 1년 동안 원호를 받은 후 다음 차례가 되는 장정이 출전한다는 것이다. 조선 시대에도 보법保法이라 하여 이와 비슷한 군역 제도가 시행된다.

(8)항의 천호는 몽골식 부대 편제를 말하는데, 몽골에서는 만호萬戶·천호千戶·백호百戶 등 십진법에 따른 부대 편제를 이용했다. 만호는 (6)항에 보이는 군호 만 개의 부대 단위나 그 지휘관을 가리키고

천호, 백호도 마찬가지인데 반드시 그 숫자대로 일치하지는 않았다.

이 훈령과 함께 정동행성에서는 각 단위 부대의 지휘관에 속한 관원官員의 정원을 알려 왔다. 예를 들면 최고 사령관인 도원수都元帥에게는 1백 명, 좌우 부원수 80명, 만호 50명, 부만호 40명 등으로 관원의 정원이 배정된 것이다. 이렇게 볼 때 여기 관원은 지금의 군대 행정 요원쯤으로 생각된다. 이 관원들의 업무 분장도 이루어졌는데, 문서 기록을 담당했을 것으로 보이는 경력經歷이라든지, 지금의 전령과 같은 일을 했을 영사令史라든지, 통역관으로 보이는 역사譯史 같은 직책이 들어 있다.

정동행성에서는 아울러 합필적발도아(선봉대)의 정원도 정했다. 지휘관에게는 군졸 50명당 1명, 부지휘관에게는 군졸 1백 명당 1명이 정원이었다. 예를 들면 5백 명의 군사를 지휘하는 천호는 합필적발도아가 10명이고 부천호는 5명이 되는 것이다. 합필적발도아가 이렇게 지휘관에게 배정된 것을 보면 그들이 하는 일이 선봉대의 기능뿐만 아니라 지휘관의 신변 경호도 맡지 않았을까 추측되기도 한다.

위와 같은 훈령이 고려에 접수된 그 무렵 정동행성에서는 관리를 파견해 고려 정부의 군량과 무기를 점검하고, 이어서 고려 출정군을 사열했다. 이렇게 2차 원정 준비는 별 문제 없이 신속하게 진행되고 있었다. 그 준비 과정도 1차 원정 때에 비해 치밀하고 철저했다.

고려 원정군

1280년(충렬왕 6) 11월, 고려 정부는 중서성에 최종 준비 결과를 보고하는데, 전함 9백 척, 정군 1만 명, 초공·수수 등 뱃사공 1만 5천 명, 군량 11만 석을 준비 완료했다고 했다. 정군 1만 명은 각 도에서 차출했는데, 경내(개경)에서 2천 5백 명, 경상도 2천 390명, 전라도 1천 180명, 충청도 1천 9백명, 서해도 1천 190명, 교주도 1백 60명, 동계 4백 80명으로 총 1만 5천 명이었다. 제주의 방수군 1천 명도 동원, 추가되었는데 경내의 숫자에 포함된 것으로 보인다.

그런데 뱃사공 1만 5천 명은 전함 9백 척을 운용하기에 턱없이 부족했다. 중서성 보고에 따르면 9백 척 중에서 대선인 3백 척의 사공만도 1만 8천으로 계산했는데, 이를 보면 사공 3천 명이 부족하다. 아마 나머지 6백 척의 사공은 원에서 충당한 것 같다. 고려 정부는 부족한 사공 3천 명을 동녕부와 요양 등지에서 징발해 줄 것을 요청한다.

군량 11만 석은 기존에 비축한 군량에 관리들의 녹봉, 국용의 조세까지 갹출해서 보충했지만 충분치 못했다. 고려 정부에서는 1만 명의 1개월 군량 수요를 3천 석으로 계산했는데, 최소한 군량은 3개월 분 이상을 마련해야 했다. 동로군뿐만 아니라 강남군의 군대와 그 부속 인원의 군량까지 감안하면 충분치 못했다. 고려 정부에서 더는 군량을 조달하기 어렵다고 하여, 부족한 군량은 중서성에서 보내준 비단 2만 필을 사서 보충했다.

군마의 사료를 준비하는 것도 중요한 일인데 이것은 크게 문제되지 않은 듯하다. 1차 원정에서도 마찬가지였지만 이번 원정에서도 군마가 충분히 동원되었는지는 불확실하다. 이와 관련해서 《원사》에는 이런 기록이 보인다. 범문호가 세조 쿠빌라이에게 군마 2천 마리를 요구하자, 쿠빌라이는 전함에 군마를 어떻게 이용하겠느냐며 거절한다.

범문호의 강남군 10만 군사나 흔도와 홍다구의 동로군 4만 군사가 모두 군마를 가지고 전함에 오르기에는 무리였다고 보인다. 이를 보면 원정군은 일본에 상륙한 후 기병보다는 보병이 주력이 되었을 것이다. 군마는 동로군에게만 지급되고, 강남군은 대부분 보병으로 구성되어 그 지휘관급이나 소수의 선봉대에만 지급되지 않았을까 싶다.

군마의 사료를 준비하는 것도 고려 정부의 몫이었는데 그 부담은 크지 않은 듯하다. 정동행성의 첩문에는 1281년(충렬왕 7) 이른 봄에 원정군이 고려에 파견되고 5, 6월 경에 전함을 출정시킨다는 내용이 나온다. 고려 정부가 염려한 것은 이른 봄이면 들판의 초목이 충분히 자라지 않아 따로 사료를 마련해야 한다는 부담 정도였다.

이어서 고려 정부에서는 갑옷 5천 벌, 활 5천 개, 활시위 1만 개를 요구했다. 이는 고려에 대한 군사적 통제 과정에서 다루가치가 활이나 무기를 모두 압수해 요구할 명분이 확실했다. 김방경이 이듬해 2월 원에 하정사로 다녀오면서 충분한 양은 아니었지만 받아 왔다.

출정 시기에 대해서도 고려 정부는 중서성에 문제를 제기했다. 5, 6월이면 흙비가 그치지 않고 바람이 불면 바다에 안개가 깊게 낀다고 염려한 것이다. 그 당시도 현재의 기후 순환과 같다면 5, 6월은 정확히 장마철이고 태풍이 불어오는 시기다. 이에 대해서 원의 중서성은 심각하게 고려하지 않았다. 고려 정부는 기후가 나빠 출정하지 못하면 대기하는 기간이 길어질 것을 염려했다. 그만큼 군량을 비롯한 군수품의 수요가 커지기 때문이다.

충렬왕은 고려 원정군의 지휘관들에게 직책과 패면牌面을 하사해 줄 것도 다시 요청했다. 군사 1천 명당 총관總管과 천호 각 1명, 총파總把 각 2명을 임명해 달라는 것이었다. 여기 총관이나 총파는 만호, 천호, 백호의 직책과 어떻게 다른지 궁금한데 잘 알 수 없다. 다만 그 위계 서열은, 도원수—만호—총관—천호—총파—백호 순이었다.

도원수는 그 바로 아래 좌우 부원수를 거느린 원정군의 총사령관이다. 그리고 만호, 천호, 백호는 부대 편제상의 지휘관의 서열을 말하는 것이고, 총관, 총파는 전투 외의 군사 행정이나 서무를 담당하는 행정관의 서열로 보이는데 확실하지는 않다. 정체가 불분명하기는 하지만 원의 군대 편제가 매우 기능적이고 치밀했음을 알 수 있다.

　고려의 원정군이 1만 명이니 총관은 10명, 천호 10명, 총파 20명이 정원이었다. 충렬왕은 이 40명의 이름을 모두 열거해 해당 직책을 달라고 요청한 것이다. 아울러 김방경을 도원수, 박구朴球와 김주정金周鼎을 좌우 부원수 겸 만호로 기용하고 호두금패를 하사해 줄 것을 요청했는데 모두 수용되었다.

　김방경은 고려군 도원수로서 호두금패를 받았다. 김방경의 호두금패는 그의 무고 사건을 계기로 회수하였다가 이때 다시 준 것으로 보인다. 김방경은 원정을 준비하는 과정에서 서너 차례나 퇴직을 요청했지만 충렬왕은 강요하다시피 만류하여 주저앉혔다. 고려 원정군을 이끌 인물로 그만한 사람이 없기도 했지만, 흔도나 홍다구를 견제하는 데도 쿠빌라이의 신임을 받고 있는 김방경이 적격이었기 때문이다.

　좌부원수와 만호를 겸한 박구는 그 선대가 울주(울산)의 부상富商이었으며, 무장으로 출세하여 홀치를 거느리고 충렬왕을 호위하는 일을 주로 맡은 인물이다. 우부원수와 만호를 겸한 김주정은 광주 출신으로 과거에 급제한 문신이었는데, 김방경 무고 사건 때문에 원에 입조하는 충렬왕을 호종해 국왕의 신임을 얻은 인물이다. 박구와 김주정 두 사람 모두 충렬왕의 신임 속에서 호두금패를 받은 것이었다.

　그리고 총관직을 요청한 10명에게는 천호 직과 금패를 수여하고, 천호 직을 요청한 10명에게는 총파 직과 은패를, 총파 직을 요청한 20

명에게는 패면 없이 총파 직만 수여하였다. 이는 충렬왕이 요청한 것보다 한 단계씩 낮게 받은 것이지만 크게 불만은 없었다.

이렇게 충렬왕이 고려 원정군의 지휘관들에게 모두 원의 지휘관 직책이나 패면을 받게 만든 것은 고려 원정군의 지휘 체계를 확립하기 위한 것이었다. 즉 홍다구나 흔도의 지휘나 통제를 받지 않고 고려 원정군의 독자적인 지휘권을 확보하려는 것으로 보인다. 그리고 이것은 충렬왕이 의도한 바대로 대강 이루어졌다.

그리고 특별히 조인규趙仁規에게는 왕경단사관 겸 탈탈화손脫脫禾孫이라는 직책과 금패를 수여하였다. 탈탈화손은 앞서 언급한 바 있는데 교통 요지의 역참을 관리하는 역전관驛傳官을 말한다. 그런데 앞서 언급한 탈탈화손은 고려의 교통과 인구 이동을 통제하기 위해 몽골인으로 임명한 것이었지만, 이번 조인규가 맡은 탈탈화손은 고려 정부와 원 조정을 왕래하는 공문서를 접수 관리하고, 아울러 통신을 맡은 연락관으로 보인다.

조인규는 평양 출신으로 정부에서 재능 있는 자를 선발해 몽골어를 학습시키는 데 참여해 3년 동안 문을 닫고 몽골어를 익혔다는 인물이다. 몽골어에 통달한 그는 충렬왕이 입조할 때마다 시종해 신임을 얻었고 탈탈화손 임명도 이것이 계기가 되었다. 조인규는 고려 정부에서 양성한 공식 통역관으로서 선두 주자였다. 그의 가문은 이를 기반으로 승승장구하는데 고려 말 정도전과 함께 조선 왕조 개창의 1등 공신인 조준趙浚은 바로 그의 직계 후손이다.

2차 원정은 이렇게 준비가 완료되었다. 1차 원정 때와 다른 점은 고려의 부담이 조금 줄었다는 점이다. 이는 남송 정벌을 끝낸 후라 원 조정에서 주도적으로 일본 원정을 준비했기 때문이다. 또 하나 다른

점은 충렬왕의 위상이 부왕 원종 때보다 높아졌다는 점과 고려군의
독자적인 지휘 체계를 확보했다는 점이다. 이는 충렬왕과 원 공주의
결혼이 결정적으로 기여한 것으로 보인다.

출정

준비 완료된 2차 원정군의 진용을 정리하면 다음과 같다.

〈지휘 체계〉

(1) 중서우승상 : 아라한阿刺罕 · 충렬왕

(2) 중서우승 : 범문호 · 흔도 · 홍다구

(3) 참지정사 : 이정 · 장희

(4) 고려군 도원수 : 김방경, 좌 · 우부원수 : 박구 · 김주정

〈군사력〉

① 강남군 : 전함 3천 5백 척 · 군사 10만 명

② 동로군 : 4만 명

③ 고려군 : 전함 9백 척 · 정군 1만 명 · 수군 1만 5천 명

(1)의 아라한은 조부 때부터 칭기스 칸에 봉사한 정통 몽골인이다.
그의 아비는 남송 정벌에 참여해 전사했고, 아라한 자신은 쿠빌라이
가 악주에서 황제 계승을 위해 회군할 때 함께 했다. 그는 충렬왕과
함께 원정의 총책임자였지만 강남에서 출정 직전에 질병으로 사망해

참여하지 못했다.

죽은 아라한을 대신해 아탑해阿塔海가 임명되지만 쿠빌라이의 신임이 덜 했는지 원정의 총책임자 역할을 제대로 수행하지 못한다. 아탑해 역시 몽골인으로 쿠빌라이가 황제가 되기 전부터 측근에서 봉사한 인물이다.

(2)의 범문호는 실질적으로 ①의 강남군을 지휘하는 총사령관이었다. ②의 동로군 4만을 이끄는 흔도, 홍다구와 직임은 같지만, 범문호는 강남에서 출정하고 흔도, 홍다구는 고려를 경유해 마산에서 출정한 것으로 보아 서로 독자적인 지휘 체계를 유지했을 것이다.

(3)의 이정과 장희는 범문호를 보좌하는 부사령관쯤에 해당한다. 이 밖에도 군소 지휘관들이 사서에 많이 언급되어 있지만 생략한다. 당연한 일이겠지만 대부분 남송 정벌에 참전한 지휘관들이 일본 원정에도 그대로 발탁되었다.

그런데 (1) (2) (3)의 지휘부 인물들에게는 군사 지휘관으로서의 직임을 주지 않은 것 같다. (1)의 인물들은 상징적인 총책임자니까 그렇다 치더라도 실질적으로 군대를 지휘하는 범문호, 흔도, 홍다구에게는 도원수니 부원수니 하는 지휘관의 직책을 주어야 하는데 그렇지 않은 것이다. 이는 (4)에 보이는 고려군의 지휘부와 위상을 동등하게 할 수 없다는 데서 나온 듯하다.

(4)의 고려군 지휘부는 앞서 언급했지만 호두금패의 수여와 함께 원 조정에서 준 것이었고, 그 이하의 만호, 천호 등의 지휘관 직임도 마찬가지였다. 이는 고려군의 독자적인 지휘 체계를 인정해 준 것이었지만 (2)와 (3)의 지휘부와 동등한 위상은 확보하지 못해 고려군의 독자적인 지휘권 행사에는 한계가 있었을 것이다.

①의 강남군 10만 명은, 여기에 초공, 수수 등의 수군이 포함된 것인

지, 아니면 수군은 별도로 존재했는지 불분명하다. 전함을 운용하려면 대선은 1척당 수군이 60명 이상 필요하고 소선이라도 30명 정도는 필요하다. 3천 5백 척의 전함은 1척 당 30명 만 잡아도 수군 10만 명 이상이 있어야 하는데, 10만 명 외에 별도로 확보되어 있지는 않았을 것이다. 아마 강남군은 수군과 전투병의 특별한 구분이 없었던 것 같다.

이 강남군은 1281년(충렬왕 7) 3월, 백성을 살육하지 말고 지휘관끼리 화합해 군율을 엄격히 하라는 쿠빌라이의 마지막 훈시를 듣고 출정한다. 하지만 바다에 전함을 띄우고 출항한 것은 한참 뒤인 5월 이후였다. 여기서 조금 이상한 것은 고려를 경유해 그해 5월 초에 마산에서 출정하는 ②의 동로군보다 출발이 늦었다는 점이다.

이것이 출항 직전에 아라한이 사망했기 때문인지, 아니면 전술상 계획적인 것이었는지는 불확실하다. 전자라면 불길한 조짐이라 할 수 있고, 후자라면 왜 그래야 했는지 다시 의문이 따라온다. 제국의 모든 국력을 기울인 원정을 한 사람의 죽음으로 그르칠 수는 없었을 테니까 후자일 가능성이 클 것이다. 이 문제는 조금 뒤에 따로 살펴보겠다.

강남군의 출정 항구는 경원慶元이었다. 경원은 장강 바로 아래에 있는 항구인데 당나라 때 강남 무역의 중심인 명주明州였고 현재의 영파寧波다. 통일신라 때 한반도의 서남해안과 이곳을 연결하는 항로가 발달하기 시작했는데, 특히 고려 시대에는 중국 북방의 금나라를 피해 흑산도에서 남송으로 향하는 남방항로의 종착지였다. 이곳에서 일본과 연결하는 항로는 동중국해를 제주 남쪽으로 횡단해 규슈 지방에 닿는 것으로 강남군은 이 항로를 이용하려는 것이었다.

②의 동로군은 요양 지방에 주둔하고 있다가 1281년(충렬왕 7) 3월 고려 경내로 들어와 ③의 고려군과 마산에서 합류한다. 이들이 여몽

한 연합군으로 국왕 충렬왕은 마산에 행차하여 그해 4월에 출정식과 함께 이 군대를 사열했다. 쿠빌라이에게서 받은 충렬왕의 군 통수권 행사였다. 당연히 흔도나 홍다구는 충렬왕에게 항례하지 못했으니 부왕 원종 때와 달라진 위상이었다.

③의 전함 9백 척은 동로군과 고려군이 함께 운용할 것이었다. 그런데 전함 9백 척을 운용할 수군 1만 5천은 너무 적다. 그래서 ②의 동로군 4만에는 수군도 포함되어 있었다고 보인다. 앞서 언급했지만 이 9백 척 중에서 3백 척은 대선이었는데 여기에는 군량을 비롯한 군수품이나 화포 기계 같은 전쟁 장비를 적재했다.

마침내 고려군과 동로군은 1281년(충렬왕 7, 지원 18) 5월 2일 마산과 거제도에서 출항하고, 범문호가 이끄는 강남군은 언제 출발했는지 기록이 없지만 그해 5월 중순쯤 경원에서 출항한 것으로 보인다. 그리하여 양 원정군은 그해 6월 15일 일기도에서 회합한 후 일본을 공략하기로 결정했다.

강남보다 마산에서 먼저 출항한 것은 교두보를 확보하기 위한 것으로 보인다. 전체 전함만 5천 척 가까이 되는 대규모 함대였으니까 우선 정박할 곳이 문제였을 것이다. 정박과 함께 그 전초기지로 생각한 곳이 일기도였다. 그래서 동로군과 고려군이 먼저 당도해 그 일기도를 장악하고 강남군을 기다려 합류한다는 계획이었다.

처음에는 강남군도 마산으로 합류해 동로군과 함께 출정할 생각이었다. 그러나 기후가 불편하다고 여겨 강남군은 마산을 거치지 않고 일기도로 바로 들어가 합류하기로 한 것이다. 상식적으로도 그게 낫다는 생각이 든다. 강남군이 구태여 마산을 경유할 이유가 없었을 것이다.

하지만 일기도 합류 계획은 출정 직전에 바뀐다. 그 무렵 표류해 온 일본 상인에게 얻은 정보를 근거로 평호도平戶島(히라도)가 최적지로 거론된 것이다. 평호도는 일기도에 비해 지키는 군사가 없어 전함을 정박하기에 적절하다는 것이었다. 하지만 이런 이유보다 원 조정에서는 둔전 경영을 염두에 두고 평호도를 선택한 것으로 보인다. 주위에 관개용 물이 많아 둔전을 경작하기에 좋다는 기록으로 봐서 그러는데, 이번 원정은 장기 주둔을 계획하고 있었다는 것을 알 수 있다.

그런데 동로군을 지휘하는 흔도와 다구는 이미 출발한 뒤라 일기도가 아닌 평호도로 합류 지점을 변경한 사실을 모르고 있었다. 이에 강남군은 평호도에 도착해서 이 섬을 근거로 일기도에 정박한 동로군을 불러 합류하겠다는 계획을 세웠다.

상륙도 못하고

먼저 출항한 고려군과 동로군은 대마도로 향했다. 대마도는 방비가 별로 없었다. 일본 측에서는 대규모 원정군을 방어하기도 쉽지 않고, 본토에서 상대적으로 멀어 방어에 성공한다 해도 별 의미가 없었기 때문이다.

원정군은 5월 21일 대마도의 대명포大明浦에 닿았다. 대명포는 고려 측 사료에 보이는 지명으로 지금 어디쯤인지 불분명한데 사가佐賀로 보는 경우가 많다. 원정군은 여기서 통역관을 보내 격문을 전했지만 반응이 없었다. 큰 희생 없이 대마도를 장악한 원정군은 물자 공급이나 전열을 재정비하면서 잠시 머무른 것으로 보인다.

원정군은 대마도를 뒤로하고 바로 일기도로 향했다. 그런데 일기도로 가던 중 동로군의 전함 두 척이 바람을 만나 표류해 군사 150명 정도

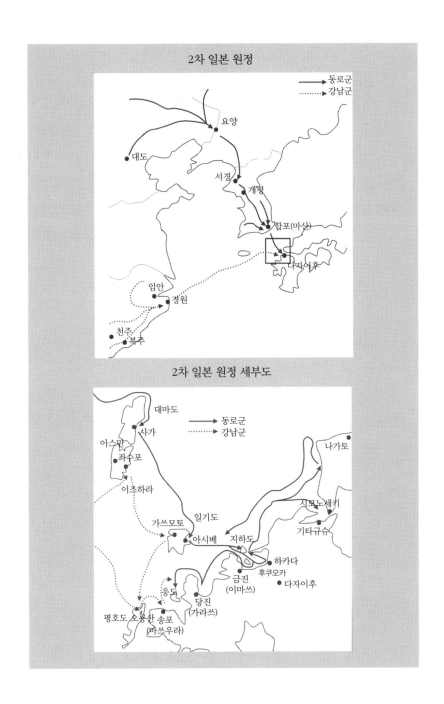

2차 일본 원정

동로군
강남군

요양

대도

서경

개경

합포(마산)

다자이후

임안

경원

천주

복주

2차 일본 원정 세부도

대마도

동로군
강남군

사가

아수만

나가토

좌수포

이추하라

시모노세키

가쓰모토

일기도

아시베

지하도

기타규슈

하카다

금진
(이마쓰)

후쿠오카

다자이후

응도

당진
(가라쓰)

평호도 오룡산 송포
(마쓰우라)

가 실종해 버린다. 원정군이 일기도의 아시베芦邊만에 집결한 것은 5월 26일이었다. 일기도는 일본 측에서도 반드시 방어해야 할 섬이었지만 원정군 측에게도 본토 상륙을 위한 교두보로서 중요한 섬이었다.

일기도에는 일본 장수 소이자시少貳資時(쇼니 스케도키)가 군사를 이끌고 방어하고 있었다. 여기 스케도키는 1차 원정 때 일본 측 사령관 스네아케의 아들이다. 본래 일기도를 사수하는 지방장관은 따로 있었는데 1차 원정 때 멸족되어 자리가 비어 있었다. 막부에서는 일기도를 대마도와 함께 버려둘 작정이었지만 스네아케가 일기도의 지정학적 중요성을 생각해 자신의 아들을 방어 사령관으로 보낸 것이었다.

일기도의 아시베만에 집결한 동로군은 주성인 후나가쿠 성을 공격하면서 상륙을 감행했다. 일본군은 바위까지 굴리며 저항했지만 중과부적이었다. 특히 뇌포瀨浦에서 격전이 벌어지는데 동로군은 화포를 사용해 일본군을 패주시켰고, 장수 스케도키는 여기서 전사했다. 뇌포는 아시베만의 어느 지점으로 생각된다. 스케도키의 이때 나이 19세로, 이 젊은 무사를 기리기 위해 일기도 신사에서는 그를 제신으로 받들고 있으며 지금 아시베항에는 그의 기마상이 세워져 있다.

일기도를 점령한 동로군은 약탈과 만행을 자행하면서 10여 일을 지체한 후, 6월 6일 하카다만으로 향했다. 그런데 하카다만은 해안선을 따라 이미 석벽으로 둘러싸여 있어 상륙을 감행하기 어려운 곳이었다. 동로군은 작전을 변경해 하카다만 입구에 있는 지하도志賀島(시카노시마)를 공략하기로 했다. 지하도에서는 동북쪽으로 길게 반도가 나와 있어 이곳을 이용하면 상륙하기 좋을 것이라 판단한 것이다.

지하도 공략에는 고려군이 앞장서서 일본군을 물리치고 3백여 급을 베었다. 하지만 전투 중에 홍다구가 패전해 달아나다 겨우 목숨을 건지기도 했다. 이튿날 다시 전투가 벌어졌지만 일본의 저항이 만만치 않아 이길 수 없었다. 사신이 두 차례나 참수당한 일로 흔도나 홍다구로서는 분기탱천했겠지만 일본군도 그런 만큼 단단히 방어에 나섰다.

동로군은 지하도를 공략하는 한편, 혼슈本州 서쪽 끝에 있는 나가토 長門에도 전함을 보내 규슈와 혼슈 사이의 시모노세키 해협을 차단했다. 지하도에서 교전이 길어지면서 혼슈에서 오는 지원군을 저지하고 새로운 상륙 지점을 확보하기 위해서였다. 동로군이 혼슈 서쪽 해안으로 상륙만 할 수 있다면 일본 측에는 치명타를 안겨 줄 수 있었다.

이 무렵 군중에 전염병이 돌기 시작했다. 무슨 전염병인지 모르겠지만 여러 지역에서 징발된 군사와 한여름의 무더위로 인한 수인성 전염병이 아니었을까 싶다. 《고려사절요》와 《신원사》에 따르면 3천 명이 병사했다고 하니 그 피해 참상이 극심했음을 알 수 있다. 이때는 아직 범문호의 강남군이 도착하기 전이었다. 본토 상륙은 고사하고 하카다만의 지하도를 장악하는 것마저 쉽지 않았다.

지하도 쟁탈전은 6월 6일부터 8일 동안 이어졌다. 일본 측 기록에 따르면, 이때 주야에 걸친 전투로 사망한 원 측 군사가 천여 명에 달했다고 한다. 전염병 때문이었는지 모르겠지만 일본군의 거센 저항을 이기지 못한 원정군이 밀리고 있었다. 동로군이 지하도 점령을 포기하고 하카다만에서 물러난 것은 6월 13일이었다.

동로군은 다시 전열을 가다듬어 종상해宗像海로 나아갔다. 종상해는 《신원사》에 보이는 지명으로 일기도와 본토 사이의 바다로 생각되는데, 해전을 통해 바로 본토에 상륙하려는 것이었다. 이때 일본 측에는 새로운 지원군이 당도해 있었다. 새로운 지원군은 가마쿠라 바쿠후의 젊은 집권자 도끼무네가 직접 보낸 군사로 추전성차랑秋田城次郎

이 지휘하고 있었다.

동로군은 소선들을 둥글게 연결해 진영을 만들고 대선을 밖에서 둘러쌌다. 일본 전함의 공격을 막고 대선에 석노石砮를 설치해 쏘려는 것이었다. 석노는 탄력을 이용해 사람 머리만 한 바윗돌을 멀리 날리는 투석기인데 회회포回回砲라고도 불렸다. 마르코 폴로의 여행기에 따르면 이 회회포를 폴로 자신이 만들어 남송 공략에 큰 기여를 했다고 한다.

그런 투석기를 일본 원정에 동원한 것이다. 투석기는 주로 공성전에서 성능을 발휘했지만 해전에도 쓸모가 있었던 모양이다. 일본 전함은 대부분 작은 배로 한 방을 맞으면 치명적이었다. 과연 투석기의 효과는 위력적이어서 일본 전함들은 대적하지 못하고 패주했다.

그런가 하면 혼슈의 나가토로 향한 동로군의 일부 전함은 연안의 몇 개 섬을 장악하고 6월 8, 9일 이틀 간에 걸쳐 상륙을 시도했다. 처음에는 일본군이 밀려 상륙에는 성공했지만 시간이 지나면서 다시 동로군이 밀려 승세를 이어가지 못했다. 가마쿠라 바쿠후가 직접 파견한 지원군이 속속 들어오면서 후퇴할 수밖에 없었다.

이렇게 상륙하려는 동로군과 이를 저지하려는 일본군 어느 쪽에서도 완전한 승세를 잡지 못하고 있는데, 문제는 범문호가 이끄는 강남군이 약속 일자 6월 15일이 지나도 오지 않는 것이었다. 상륙도 쉽지는 않았지만 동로군만으로는 본토에 상륙한다 해도 견고한 일본군의 방어에 부딪힐 수밖에 없었다. 이때가 6월 하순 무렵으로 마산을 출항한 지 벌써 두 달 가까이 지난 시점이었다.

흔도와 홍다구는 강남군이 오지 않자 초조해 김방경에게 회군할 것을 제의했다. 하지만 김방경은 아직 한 달분의 군량이 남아 있으니 강남군이 오기를 기다려 보자고 하면서 회군을 반대했다. 흔도와 홍다구가 김방경의 의견을 무시하고 회군할 수는 없었다.

혼슈 서쪽 해안에 상륙하려는 동로군의 일부는 밀고 밀리는 소강 상태에 빠져 있었고, 하카다만에서 물러난 동로군은 응도鷹島(다카시마) 쪽으로 향했다. 일단 강남군과 합류하려는 것이었다. 전세가 유리하지도 못한 상황에서 계속 상륙만 시도하는 것보다는 강남군과 하루라도 빨리 합류하는 것이 그 시점에서는 상책이었기 때문이다.

경원을 출항한 범문호와 이정이 이끄는 10만 군사와 전함 3천 5백 척은 선두 그룹이 그해 6월 말 대마도에 당도하고 7월 초에야 평호도에 도착했다. 약속한 날짜에서 보름 이상 넘긴 때로 강남에서 여기까지 한 달 이상을 소요한 것인데 항해가 여의치 않았던 모양이다.

평호도는 일본 측의 방어가 심하지 않았는지 전함을 정박해 상륙하는 데 큰 저항이 없었다. 강남군은 처음에 송포松浦(마쓰우라)에 상륙하려 했지만 여의치 않아 평호도의 오룡산五龍山에 본거지를 마련했다. 여기서 동로군과 합류하기 위해 흔도, 홍다구가 싸우고 있는 응도와 하카다만 쪽으로 향했다. 이에 흔도와 홍다구도 하카다만 쪽에서 전함을 이끌고 와서 호응해 양 원정군이 응도 북쪽 근해에서 일단 접선하는 데는 성공했다.

강남군과 동로군이 일단 합류해야 군대를 재편성해 다음의 작전 계획을 세울 수 있었는데, 양 원정군이 완전히 합류하는 데는 상당한 시일이 걸린 것으로 보인다. 양 원정군이 응도 근해에 대강 집결한 것은 7월 27일이었다. 원정군은 먼저 응도를 공격해 점령하고 다음으로 다자이후를 공격 목표로 세웠다. 다자이후를 공략하려면 하카다만 쪽으로 상륙하는 것이 가장 빠른 길이었지만 그곳은 든든한 성벽이 있어 상륙하기 어렵다는 판명이 이미 났다.

그렇다면 응도 근해에서 송포 지역으로 상륙하는 수밖에 없었는데 그것도 쉽지 않았다. 상륙에 성공하더라도 다자이후로 들어가자면 해발 1천 미터가 넘는 산을 넘어야 하는 어려움이 있었다. 어느 쪽도 쉽지 않은 길이었다.

또 태풍을 만나다

한편, 원정군이 응도 앞바다에 집결했다는 소식을 접한 일본군 사령부는 하카다만 일대에 있는 전함을 응도 근해로 출동시켰다. 하지만 바다를 시커멓게 덮고 있는 원정군의 함대를 본 일본 전함은 감히 전면전을 엄두도 내지 못했다. 일본군이 할 수 있는 일은 기껏해야 정탐이나 야밤을 통한 기습뿐이었다.

응도에 바람이 불기 시작한 것은 원정군이 응도 근해에 합류해 집결한 7월 30일 밤부터였다. 홍다구와 흔도는 전함의 선수와 선미를 서로 단단히 묶어 포진했다. 풍랑은 갑자기 심해졌다. 이런 속에서도 몇 차례 접전으로 일본군을 물리치기는 했지만 원정군 쪽에서도 전투 중 바다에 빠지는 군사가 많아 승기를 잡을 수 없었다.

풍랑은 갈수록 심해져 연안은 온통 암초로 에워싼 듯이 보였고, 유황 연기까지 피어 올라 마치 청룡이 하늘로 오르는 듯한 괴이한 형상이 백출했다. 이를 본 군사들이 놀라 동요하면서 사기는 땅에 떨어졌다. 동로군은 강남군이 약속 일자에 당도하지 못할 때부터 이미 의기소침해 있었다고 보인다. 여기에 설상가상으로 태풍이 불기 시작한 것이었다.

8월 1일(윤 7월 1일), 마침내 태풍의 고비가 밀어닥쳤다. 전함은 태풍 앞에 파괴되고 전복하여 침몰하는데 속수무책이었다. 태산만 한 파도가 함대를 마음대로 휘저어버렸고, 셀 수 없이 많은 군사들이 뱃전에서 떨어져 나가 바다에 빠졌다. 아직도 강남군과 동로군이 완전히 합류한 것은 아니었다. 평호도에는 강남군의 일부 전함이 정박해 있었고, 동로군의 일부 전함도 합류하지 못하고 있었다. 바람이 거세지기 시작하면서 많은 전함들이 좁은 항만을 피해 좀 더 먼 바다로 피신해 나가기도 했다. 전함 상호 간의 충돌로 일어나는 파손을 막기 위한 것이었다.

응도에는 풍랑으로 표류하다 겨우 살아남은 전함이나 풍랑을 피하려는 많은 원정군이 피신해 들어왔다. 바람이 조금 잦아들면서 살아남은 군사들은 응도에 접안하고 전함을 수선해 회군을 준비했지만, 이번에는 일본군이 밀어닥쳐 살육했다. 일본군은 이들을 몰살하다시피 했다. 원정군과 일본군이 격전을 벌인 곳이 응도의 선당진船唐津(후네가라쓰)과 중천中川(나카가와)이다. 중천에는 현재 격전지 기념비가 세워져 있다.

응도(다카시마)에 표착한 적군 수천 명 가운데 일부가 깨진 7, 8척의 배를 수리해 타고 도주했다. 이것을 본 일본군 수백 척이 쇼니 가게스케의 지휘로 응도로 몰려갔다. 배가 없어 도주하지 못한 1천여 명이 목숨을 구걸했지만 모두 붙들어 중천(나카가와) 하구에서 목을 쳤다.

일본 측 사료 《팔번우동훈》에 기록된 응도에서의 살육 장면이다. 하지만 궁지에 몰린 원정군의 패잔병들이 목숨을 건 저항을 하면서 일본군도 전사자가 많았다고 한다.

원정군의 전함이 태풍을 만나 가장 피해가 큰 지역이 응도 해역이다. 얼마 전 여기 응도의 남해안 지역에서는 수중고고학에 따른 해저 유적 조사가 진행되면서 많은 해저 유물이 인양되었다고 한다. 원정군의 생활 용품이나 선박 도구, 무기 등이 쏟아져 나와 현재 응도 역사박물관에 전시되어 있다. 그 중에는 일종의 수류탄이라 할 수 있는 도자기로 만든 폭렬탄도 있었다.

그런데 《고려사》에는 그해 7월에 김방경이 이끄는 군대가 다자이후 부근에서 전투를 벌이다 퇴각했다는 기록이 있다. 이어서 강남군 50여 척이 뒤따라와 다자이후의 성으로 향했다는 것이다. 이 기록에 따르면 일부 원정대는 강남군과 합류하기 직전에 상륙에 일단 성공하여 다자이후 부근까지 치고 갔음을 알 수 있다. 이렇게 본토 상륙에 성공한 군대는 김방경이 이끄는 고려군이 아니었을까 싶다. 하지만 태풍 때문이었는지 이들도 오래 버티지 못하고 퇴각했다고 보인다.

평호도에 남아 있는 강남군이라고 태풍을 피해 갈 수 없었다. 사령관인 범문호와 이정도 파괴된 선판을 붙들고 표류하다 간신히 살아남을 정도였으니까 나머지 군사들이야 말할 나위가 없었다. 그나마 다행인 것은 평호도의 오룡산에 주둔한 군사들은 익사만은 면할 수 있었다. 하지만 전함이 대부분 파괴되어 이들은 산중에 고립된 신세가 되어 버렸고, 결국 강남군이 퇴각한 후에 이들은 일본군의 포로가 되어 거의 모두 살육당하고 만다.

그런 속에서도 태풍의 피해를 면한 지휘관도 있었다. 이정과 함께 강남군을 지휘한 장희는 평호도에 도착하자 성을 쌓는 한편, 정박한 전함을 모두 연결해 50보의 거리를 두고 결박했다. 태풍을 예상하고 그랬는지 아니면 유비무환의 태도였는지 모르지만, 이 때문에 장희

휘하의 전함은 거의 보존되었다.

태풍이 지나간 후 범문호는 회군할 것을 주장했다. 이에 장희는 살아남은 군사로 충분히 싸울 수 있다고 하면서 반대했다. 하지만 온전한 전함은 극소수여서 이미 전쟁 수행이 불가능하다는 것은 장희도 인정할 수밖에 없어 회군하기로 결정했다.

장희는 범문호에게 보존된 전함을 나눠 주어서 살아남은 군사를 싣는데 전함이 부족했다. 하는 수 없이 적재된 군마를 모두 버리고 군사를 태워 회군을 준비한다. 장희의 기지로 보존된 전함이나 여기에 타고 회군한 군사가 얼마나 되었는지 모르겠지만 강남군 전체에 비하면 극소수였을 것이다.

태풍으로 만신창이가 된 원정군은 출정과 달리 일사불란하게 회군할 수 없었다. 강남군은 평호도와 그 본토 쪽 대안 비전肥前(히젠, 지금의 나가사키현) 지역에서 군사를 수습해 귀환했다고 보이고, 동로군은 응도나 그 연안에서 귀환했을 것으로 보인다. 강남군과 동로군 그리고 고려군 모두 마산으로 귀환했다. 이때가 1281년(충렬왕 7) 8월 중순이었다.

다음 달 강남군과 동로군은 고려를 경유해 북으로 돌아갔다. 《고려사》에는 돌아가지 못한 자가 10만 명이나 되었다고 한다. 《원사》에는 강남군으로서 돌아온 자가 10에 1, 2였다거나, 죽은 자가 10에 7, 8이었다는 기록이 여기저기에 남아 있다. 처참한 패배라서 그랬는지 정확한 통계는 남아 있지 않고 동로군에 대해서는 이런 기록마저도 없다.

고려군의 피해 상황은 정확히 남아 있다. 마산으로 돌아온 군사들은 그 후 모두 귀향했는데, 그해 11월 고려 정부는 각 도에 안렴사를 파견해 정확한 통계를 냈다. 정군 9천 960명, 초공·수수 1만 7천 29명이 참전해 그 중에서 생환자가 1만 9천 397명이었다. 70퍼센트 정도 살아 돌아온 것인데, 아마 전투를 함께한 동로군도 이와 비슷한 상황이 아니었을까 싶다.

강남군과 동로군의 피해 상황이 이렇게 다른 것은 무엇 때문인지 궁금하다. 동로군에 비해 강남군은 전열을 가다듬을 여유가 없이 태풍을 만난 때문이었을까? 아니면 강남군의 전함이 고려의 전함보다 구조적으로 취약한 때문이었을까? 뒤늦게 탈출해 온 패잔병의 말에서 그 단서를 찾아보자.

탈출한 패잔병이 전한 이야기

원정군이 모두 귀환하고 얼마 안 있어 우창于閶이란 자가 평호도의 오룡산에서 홀로 탈출해 중국으로 돌아왔다. 우창이 전한 말을 종합하면 이러했다.

태풍으로 평호도에 정박해 있던 강남군의 전함이 거의 모두 파괴되자 여러 지휘관과 군사들은 앞 다투어 온전한 전함을 골라 올라탔다. 얼마나 다급했는지 산중에 군사 대부분이 남아 있다는 생각은 하지 못했다. 전함이 그대로 평호도를 떠나면 그들의 고립은 피할 수 없었다. 이렇게 해서 오룡산에 고립된 군사가 10여 만 명이나 되었다고 한다. 강남군의 주력 부대가 거의 고스란히 남아 있었다고 보인다.

고립된 군사들은 자체적으로 장백호張百戶란 자를 지도자로 선발해 살길을 찾았다. 나무를 베어 탈출을 위한 배를 건조하는데 몰려온 일본군과 전투가 벌어져 모두 전사하고 3만 정도가 포로가 되고 만다. 이들은 팔각도八角島로 끌려가 모두 살육 당하고, 신부군新附軍만 목숨을 부지하고 노예가 되었다. 여기 신부군은 항복한 남송의 군인들로 강남군에 참여한 자들이다. 우창은 살아남은 이 무리 속에 있다가 탈출했다는 것이다.

우창 말고 탈출한 자가 두 사람 더 있었는데 이들의 말도 우창과 일치했다. 이에 근거해 세조 쿠빌라이는 범문호를 비롯한 지휘관들을 문책하는데 전함을 서로 연결해 보존한 장희만이 죄를 면할 수 있었다. 태풍 탓이라고는 하지만 한 번도 아니고 두 번이나 일본 원정에 실패한 세조 쿠빌라이의 심정이 어땠을지 짐작될 것이다.

진노한 쿠빌라이는 당장 좌승상 아탑해에게 다시 군사를 일으켜 일본을 칠 것을 명령했지만 조정은 내키지 않아 했다. 하지만 아무도 감히 반대하는 자는 없었다. 이때 어사대부 상위相威만이 홀로 반대하고 나섰다.

"일본을 정벌하는 것은 급히 서둘러서는 아니 됩니다. 이번 원정도 기일이 촉박해 급히 서둘다 전함이 견고하지 못했으니 이것을 거울로 삼아야 합니다. 미리 만반의 태세를 갖추고 있다가 시간이 흘러 저들이 방비에 태만해지면 일거에 평정해야 합니다."

쿠빌라이는 이 의견을 받아들여 당장 진행하려고 한 재정벌은 그만두게 된다. 상위는 몽골 황실의 인물이었는데 백안과 함께 남송 정벌에도 참여한 적이 있었다.

1282년(충렬왕 8) 6월에는 고려로 탈출해 온 패잔병도 있었다. 심총沈聰을 비롯한 6인으로 이들 역시 강남군 소속이었고, 그 중 심총은 명주(경원) 출신으로 총파 직에 있는 자였다. 그가 전하는 상황도 들어 보자.

그는 6월 18일에 일본에 당도했는데 태풍을 만나 전함이 모조리 파괴되면서 산중에 고립되었다고 한다. 여기 심총을 비롯한 강남군이 고립된 산도 앞서 말한 오룡산이 분명해 보인다. 6월 18일에 당도했다면 7월 초에 도착한 강남군의 본대보다 빠른 일자다. 이들이 선봉대로 강남을 먼저 출발해서 그랬는지, 아니면 동중국해를 항해하는 도중에 대선단 3천 5백 척의 전열이 흐트러져 일본 도착에 시차가 있어 그랬는지는 잘 모르겠다.

심총은 산중에 고립된 군사가 13, 4만 명이나 되었다고 한다. 앞서 우창이 10만여 명이 고립되었다고 말한 것과 약간 차이가 난다. 어느 쪽이 정확한 것인지 모르겠지만 강남군은 애초 예정된 군사 10만 명보다 많은 수가 출정했음을 알 수 있고, 또한 평호도의 오룡산에는 강남군의 거의 전부가 주둔하고 있었음도 여기서 다시 확인할 수 있다.

이들이 일본군에 포위되어 전투를 벌인 것은 10월 8일이었다고 한다. 그러니까 태풍이 쓸고 간 후 두 달 이상을 고립된 상태로 오룡산에서 버틴 것이다. 고립된 강남군은 굶주린 상태에서 싸워 보지도 못하고 항복했다. 일본군은 장인과 농사 경험이 있는 자만 가려서 머물게 하고 그 나머지는 모두 죽였다고 했다.

강남군이 동로군보다 극심한 피해를 입고, 돌아온 자가 10에 1, 2 정도인 것은 평호도의 오룡산에서 고립된 것 때문이었다는 것을 알수 있다. 여기서 다시 의문이 생긴다. 어떻게 10여 만이나 되는 군사를 그냥 놔두고 퇴각할 수 있었을까? 이 문제는 중요한 부분이니 조금 뒤에 다시 살펴보겠다.

탈출한 심총은 고려 정부의 조사를 받고 바로 원으로 보내졌다. 그후에도 일본에서 도망쳐 온 패잔병들은 또 있었다. 1282년(충렬왕 9) 8월, 역시 남송 출신 강남군 5명이 탈출에 성공해 고려에 왔다. 이들이 일본에서 낙오한 경위나 탈출 과정에 대해서는 자세한 이야기가 전하지 않으나 심총의 상황과 크게 다르지 않았을 것이다.

그해 12월에는 일본 원정에 참전했다가 중국으로 도망쳐 온 고려인도 있었다. 파주 백성인 그는 강남군이 출발한 중국 명주에 표착해 탈출에 성공한 자였다. 그는 쿠빌라이를 만나 '갱생更生'이라는 이름과 함께 백호 벼슬까지 받아 고려에 돌아왔다. 이 고려인이 낙오한 경위는 강남군과는 조금 다를 듯한데 역사 기록에는 그에 대한 특별한 언급이 없어 아쉽다.

일본에서 포로로 잡혔다가 이렇게 탈출한 사람들 가운데 기록을 남긴 자가 한 사람만이라도 있었다면 얼마나 좋을까. 전근대 시대에 많지 않은 여행기나 표류기가 그 시대를 얼마나 흥미롭고 풍부하게 설명하던가. 이런 기록을 남기느냐 마느냐는 학식의 유무에 따라 결정되는 것이 아니라 호기심이나 경험의 차이라고 생각한다. 마르코 폴로는 문자를 모르면서도 구술을 통해 그렇게 풍부한 기록을 남기지 않았던가.

일본 원정이 실패한 것은 태풍 때문만은 아니었다. 당시 원 제국의 내부 사정으로 볼 때
일본 원정 추진 자체가 무리한 것이었고 원정군의 구성에도 문제가 많았다.
남송 정벌 도중에 행한 1차 원정은 말할 필요도 없고,
2차 원정은 남송 정벌을 끝낸 다음이긴 했지만 아직 그 후유증이 남아 있는 상태였다.
일본 원정은 두 차례나 실패한 이후에도 세 차례나 더 추진했지만 실행하지 못했다.
일본 원정의 실패는 대원 제국의 상승기에 발목을 붙잡은 사건으로
이후 대원 제국은 내리막길을 걷게 된다.

4 · 원정 실패, 그 후

마르코 폴로의 일본 원정 이야기

일본, 황금의 섬 치핑구

마르코 폴로는 《동방견문록》에서 일본 원정에 대해 상당히 길고 자세하게 이야기했다. 조금 허황된 이야기도 있지만 역사 기록에 없는 흥미로운 이야기도 들려준다. 《원사》나 《신원사》는 정사지만 부실한 사서로 유명한데, 특히 《원사》는 부실한데다 착오까지 많아 마음 놓고 이용하기가 어려울 정도다. 그래서 차라리 마르코 폴로의 일본 원정 이야기에 귀를 기울여 보는 것도 나쁘지 않을 것이라는 생각이 든다.

마르코 폴로는 먼저 일본을 이렇게 소개하고 있다.

치핑구는 육지에서 동쪽으로 해상 1,500마일 떨어진 곳에 있는 섬이다. 매우 큰 섬이고 주민들은 피부가 희고 깨끗하며 잘생겼다. 우상 숭배자들이고 다른 어느 누구의 지배도 받지 않고 자기들끼리 독립해 있다. 또한 여러분에게 말하건대 그곳에서는 헤아릴 수 없이 많은 금이 나기 때문에 금이 대단히 많다. 그러나 아무도 그 섬에서 금을 가지고 나오지 못하는데, 그것은 어떤 상인도 어떤 사람도 대륙에서 그곳으로 가지 않기 때문이다. 그래서 그들이 그렇게 많은 금을 갖고 있다고 내가 말한 것이다.

또 한 가지 놀라운 것은 이 섬 군주의 궁궐이다. 그는 온통 순금으로 뒤덮인 멋진 궁전을 갖고 있는데, 우리가 집이나 교회를 납판으로 덮듯이 금으로 씌워 놓았다. 그것이 얼마나 값비쌀지는 말로 다하기 힘들 정도다. 또한 그의 궁실에 있는 보도들 역시 모두 순금으로 되어 있고 두께는 두 손가락 정도나 된다. 궁궐의 모든 곳들과 접견실과 창문들 역시 금으로 장식되어 있다. 이 궁궐이 지닌 가치는 누가 그것을 계산하려 해도 할 수 없을 정도로 엄청난 것이다.

그들은 진주도 많이 갖고 있는데 붉은색으로 매우 아름다우며 크고도 둥글다. 그것은 흰색 진주만큼, 아니 그보다 더 높은 가치를 지닌다. 〈이 섬에서는 사람이 죽으면 어떤 사람들은 매장하고 어떤 사람들은 화장한다. 그런데 매장되는 모든 사람의 입에 이러한 진주 한 알을 물려주는 관습이 지켜지고 있다.〉 각종 다른 보석들도 많으며 이 섬이 지닌 재화에 대해서는 누구도 말할 수 없을 정도다.

여러분에게 말하지만 누군가가 대카안에게 바로 이 같은 엄청난 재화에 대한 이야기를 하자, 지금의 통치자인 쿠빌라이는 그 섬을 정복하고 싶어 했다. 그래서 그는 수많은 배에 기병과 보병을 싣고 신하 두 사람에게 지휘하도록 해 보냈다(김호동 역주, 《동방견문록》, 416~417쪽).

〈 〉안의 글은 또 다른 사본에 나와 있는 내용을 추가한 것이다. 마르코 폴로는 일본을 치핑구Cipingu로 부르고 있다. 어떤 사본에는 지팡구Zipangu로 표기된 것도 있지만 대부분 치핑구로 되어 있다고 한다. 폴로는 일본인들을 우상 숭배자라고 했는데 이는 불교도를 말한다.

마르코 폴로는 일본을 황금의 나라로 묘사하고 있다. 그는 일본의 황금 이야기를 하면서 어느 누구도 그곳에 가 본 적이 없다고 했다.

쿠빌라이 칸의 일본 원정과 충렬왕
:: 원정 실패, 그후

폴로도 물론 일본을 가 보지 않았으니까 이런 이야기는 그가 당시에 떠도는 소문을 모아 놓은 것으로 그의 허풍이나 과장을 잘 보여 주는 대목이다.

당나라 때만 해도 일본은 중국과 자주 왕래했고, 쿠빌라이 시대에도 일본 상인들이 남송을 왕래한 경우가 분명 있었으니까 당시 중국인들이 일본을 전혀 모르지는 않았을 것이다. 그래서 황금의 나라 일본은 이방인 마르코 폴로의 허황된 생각일 뿐이었다. 그런데 쿠빌라이가 일본 원정을 단행한 것은 바로 이 황금 때문이라는 것이다. 이 말도 허풍이다. 쿠빌라이는 일본에 대한 정보에 그렇게 어둡지 않았고, 일본을 그렇게 여기지도 않았다. 이 역시 마르코 폴로만의 생각이었다.

사이가 나쁜 두 사령관

위의 인용문을 이어서 마르코 폴로가 남긴 일본 원정 이야기를 들어 보자.

이 신하들 가운데 하나는 이름이 아바칸Abacan이고 다른 하나는 본삼진 Vonsamcin이었다. 이 두 신하는 지혜로우면서도 용맹했다. 그들에 대해서 내가 무엇을 말할 수 있겠는가? 그들은 차이톤과 킨사이에서 출항해서 바다를 항해해서 그 섬까지 갔다. 그들은 그곳에 상륙해 많은 평원과 부락들을 함락시켰지만, 이제 여러분에게 설명하려는 재난이 그들에게 닥쳐 도시나 성채는 하나도 정복하지 못했다.

여러분은 이 두 신하가 서로에 대해 깊은 반감을 품고 있었다는 사실을 알아야 할 것이다. 어느 날 하루는 바람이 북쪽에서부터 어찌나 세차게 불어

오는지, 군인들은 만약 지금 떠나지 않으면 배들이 모두 부서지고 말 것이라고 말했다. 그들은 모두 배에 올라 그 섬을 떠나 바다로 들어갔다. 그들이 4마일쯤 갔을 때 〈바람은 더욱 세차게 불었고 워낙 많은 배들이 있었기 때문에 서로 부딪쳐서 상당수가 부서지고 말았다. 그러나 부서지지 않은 배들은 바다로 흩어져 난파는 모면했다. 그때 그들은 그 근처에서〉 그리 크지 않은 또 다른 섬을 발견했다. 그래서 그 섬까지 헤쳐 간 배들은 그곳에 피신할 수 있게 되었지만, 헤쳐 나가지 못한 배들은 그 섬에 좌초하고 말았다. 〈난파한 배에 탄 사람들 가운데 다수는 그 섬으로 피신했지만 섬에 이르지 못한 사람들은 죽었다. 성난 바람과 무서운 폭풍이 잠잠해지자 두 신하는 넓은 바다에서 난파를 모면한 많은 배들을 이끌고 그 섬으로 돌아왔다. 사람 수가 너무 많아 모두 배에 태울 수 없었기 때문에, 그들은 지위가 높은 사람들, 즉 백인장, 천인장, 만인장들을 배에 타도록 했다. 그리고는 그곳을 출발해서 고향으로 항해하기 시작했다.〉 이 섬에 피신해 남았던 사람들의 숫자는 거의 3만 명이었는데, 그들은 모두 이제 죽은 목숨이라고 생각했다. 그들은 다른 배들이 고향을 향해 떠나고 자신들은 도망칠 길이 없다는 것을 알게 되자 깊은 절망에 빠졌다. 항해를 한 사람들은 고향 땅으로 돌아갔다. 떠나간 사람들은 그렇다고 하고, 섬에 남아 이제는 죽은 목숨이나 다름없다고 생각하게 된 그 사람들에 대해서 이야기해보도록 하자(위의 책, 417~419쪽).

이것은 2차 일본 원정에 대한 이야기다. 마르코 폴로는 1차 원정에 대해서는 전혀 언급하고 있지 않다. 일본 원정을 두 차례 시도했다는 이야기 정도는 했을 법한데 아무런 언급이 없다. 아마 1차 원정은 마르코 폴로가 모를 정도로 조용히 넘어간 것이 아닌가 싶다. 그것은 1

쿠빌라이 칸의 일본 원정과 충렬왕
:: 원정 실패, 그후

차 원정이 온전히 고려를 앞세워 단행했기 때문에 중국 사회에는 별다른 파장이 없었던 탓일 것이다.

마르코 폴로는 일본 원정의 두 사령관으로 아바칸과 본삼진을 거론하고 있다. 아바칸은 일본 원정의 총책임을 맡은 알라칸阿剌罕(아라한)을 말하는 것 같다. 그러나 그는 출정 직전에 병사해 그 직을 아타카이阿塔海(아탑해)가 대신했다. 이렇게 보면 폴로가 말하는 아바칸은 아타카이를 가리키는지도 모른다. 또 다른 사령관 본삼진은 범문호를 말하는데, 범문호가 당시 참정(참지정사, 종2품)이라는 관직을 지니고 있어 '범참정'을 '본삼진'으로 표기한 것이었다. 《원사》에 따르면 범문호는 출정 직전에 참지정사가 아니라 흔도, 홍다구와 함께 중서우승(정2품)에 제수되었다.

강남군이 출발한 곳으로 거론된 차이톤은 천주泉州고 킨사이는 항주杭州다. 《원사》에는 강남군이 출항한 지역을 경원(영파)이라 했는데 역사 기록과는 차이가 있다. 항주는 남송의 수도로 경원과 가깝고 항복한 남송의 군인들을 강남군에 끌어들였다는 점에서 충분히 가능성이 있다. 다만 천주는 경원보다 한참 아래의 남방인데 왜 이곳이 거론되었는지 잘 모르겠다. 아마 천주 역시 이 지역에서 남송인들을 원정군으로 징발하면서 거론된 지명이 아닌가 생각된다.

두 지휘관이 서로 불화하고 있었다는 마르코 폴로의 언급도 흥미롭다. 실제 역사 기록에도 그런 흔적이 엿보이기 때문이다. 쿠빌라이는 출정을 코앞에 두고 범문호 등 지휘관을 불러 놓고서 서로 불화하지 말 것을 특별히 당부했다는 기록이 남아 있다. 이런 특별한 당부는 역으로 지휘관끼리 불화할 가능성이 컸다는 뜻일 게다. 이는 남송에서 투항한 장수 범문호에 대한 몽골 출신 장수들의 불신감 때문이었던 것으로 보인다.

이어지는 강남군이 태풍을 만난 이야기는 매우 자세하다. 마치 마르코 폴로 자신이 현장에서 직접 목격한 것처럼 생동감이 넘치고 역사 기록보다 훨씬 풍부한 내용을 담고 있다.

한 가지 주목되는 점은 태풍이 불자 전함들이 섬을 떠나 바다로 향했다는 점이다. 이는 항구에 밀집하여 정박한 선박들이 서로 부딪쳐 파손되는 것을 막기 위한 것이었다. 여기 섬은 평호도로 생각되고, 4마일쯤 가서 다른 섬을 발견하고 피신했다는 섬은 응도로 여겨진다. 그러니까 강남군의 전함은 평호도와 응도, 그리고 그 사이에서 태풍을 만나 가장 큰 해를 입은 것이다.

태풍이 지나간 후 온전한 전함이 부족해 군사들을 모두 태울 수 없었다는 내용도 역사 기록에서 확인된다. 그래서 지위가 높은 사람들이 우선 승선했다는 것이다. 백인장, 천인장, 만인장은 지휘관 백호, 천호, 만호를 말한다. 이들이 떠나가고 승선하지 못한 사람들은 섬에 고립되었는데 이 숫자가 3만 명이라고 했다.

역사 기록에는 10여만 명이라고 했는데 차이가 난다. 아마 폴로가 말한 3만 명은 10만 명이 고립된 후 일본군에 포위되어 격전을 벌이다 모두 죽고 살아남아 포로가 된 3만 명을 말한 듯하다. 그렇다면 마르코 폴로의 이 숫자는 역사 기록과 부합하는 매우 정확한 이야기다.

고립된 3만 명, 일본 수도를 점령하다
마르코 폴로의 일본 원정 이야기를 계속 들어 보자.

섬으로 피신한 3만 명의 사람들은 도저히 도망갈 길이 없었기 때문에 죽은 목숨이라 생각했다. 그들은 격심한 분노와 슬픔을 느꼈지만 달리 해결할 방도가 없었다. 이제 그 섬에 남아 있던 사람들에게 무슨 일이 벌어졌는지 이야기해 주겠다.

큰 섬에 있던 군주와 사람들은 적군이 혼비백산해서 도망쳤다는 것과 섬으로 도망친 사람들이 있다는 사실을 알게 되자 매우 기뻐했다. 바다가 잠잠해지자 그들은 그 섬에 있는 수많은 배들을 모아서 타고 곧바로 섬으로 항해해 갔다. 모두 다 섬에 있는 사람들을 붙잡기 위해 즉시 상륙했다. 그 3만 명은 적이 모두 뭍에 내렸기 때문에 타고 온 배를 지키는 사람이 아무도 없다는 사실을 알게 되었다. 그들은 지혜로운 사람답게 행동해 적이 자기들을 공격하러 오는 사이에 섬의 다른 편에 있다가 재빨리 적의 배가 있는 곳으로 달려가 곧장 그 배에 올라탔다. 그들이 쉽게 이렇게 할 수 있었던 것은 그곳을 지키는 사람이 아무도 없었기 때문이다.

내가 이에 대해서 무엇을 말하겠는가? 배에 올라탄 그들은 그 섬을 떠나 다른 섬으로 갔다. 그들은 섬에 상륙한 뒤 그 섬의 군주의 깃발과 문장을 갖고 수도를 향해 출발했다. 이 깃발을 본 사람들은 그들이 정말로 자기네 군대로 생각해 그들을 시내로 맞아들였다. 그들은 그곳에 늙은 사람들 이외에는 아무도 없다는 것을 알고 그곳을 점령한 뒤, 자신들을 위해 시중을 들어줄 예쁜 여자들을 빼놓고는 모두 밖으로 쫓아 버렸다. 대카안의 군인들은 여러분이 들은 그런 방식으로 그 도시를 점령했다.

그 섬의 군주와 군인들은 도시가 점령되고 사태가 이렇게까지 된 것을 보고는 원통함으로 죽고 싶은 심정이었다. 그들은 다른 배를 타고 섬으로 돌아와 그 도시를 완전히 포위하고는, 어느 누구도 자기 마음대로 들어가지도 나오지도 못하게 했다.

내가 이에 대해서 무엇을 말하겠는가? 대카안의 병사들은 7개월 동안 그 도시를 방어하면서, 이런 상황을 대카안에게 알릴 수 있는 방법을 궁리하느라 밤낮으로 고민했다. 그러나 그에게 알릴 만한 아무런 방법도 없었고 이런 식으로 계속할 수 없다는 것을 깨닫게 되었다. 그들은 바깥에 있는 사람들과 강화를 맺었는데, 투항해 평생 동안 그곳에 살면 목숨을 살려준다는 조건이었다. 이것은 그리스도 강림 후 1269년의 일이었다(위의 책, 419~420쪽).

섬에 고립된 3만 명이 일본의 도시를 점령했다니 황당한 이야기가 아닐 수 없다. 그런데 잘 음미해 보면 그럴 듯한 이야기로 들린다.

역사 기록에는 고립된 10만 명이 일본군의 공격을 받아 거의 모두 죽고 3만 명이 포로가 되었는데, 이중 남송 출신의 군인들만 살려 주고 나머지는 모두 죽였다고 했다. 하지만 폴로는 마지막까지 살아남은 자가 3만 명이고 이들이 섬을 탈출해 일본의 한 도시를 점령했다는 것이다.

이들이 점령했다는 도시는 포로로 강제 수용되어 노역을 한 곳으로 보인다. 그러니까 이들은 자력으로 섬을 탈출한 것이 아니라 일본군에 노예로 끌려간 것이었고, 도시를 점령한 것이 아니라 어느 일정 지역에 집단 강제 수용된 것을 그렇게 표현한 것이다. 투항하면 목숨을 살려 준다는 조건으로 강화했다는 것은 이들이 포로 신분이었음을 다시 확인시켜 준다. 실제 일본 정부는 이 남송 출신 포로들을 일본 동북 지방의 황무지 개척 사업에 동원했다고 한다.

그런데 마르코 폴로는 고립된 포로 3만 명이 왜 일본의 도시를 점령했다고 이야기했을까? 아마 2차 원정 직후 당시 중국 사회에는, 특히 남송 지역에서는 그런 식의 이야기가 떠돌지 않았을까 한다. 참담한 패배에 대한 보상 심리에서 역설적으로 만들어진 이야기가 나돌았을 법하다. 그리고 마지막 부분 1269년은 2차 원정이 있었던 1281년을 잘못 기록한 것임이 분명하다.

쿠빌라이의 심판, 지휘관 처벌

이제 마르코 폴로가 말하는 일본 원정의 마지막 이야기를 들어 보자.

사태는 여러분이 들은 대로 막을 내리게 되었다. 대카안은 그 군대의 사령관이던 신하들 가운데 한 사람의 머리를 베도록 했고, 다른 하나는 많은 사람들이 끌려가 죽은 곳인 〈초르챠라는〉 섬으로 보내서 거기서 죽게 했다. 〈그는 상술한 섬으로 사람을 보내 죽게 할 때는, 껍질을 벗긴 지 얼마 안 된 들소 가죽으로 그의 손을 꽁꽁 싼 뒤 단단히 꿰매게 한다. 손을 싼 가죽이 마르면 줄어들어서 무슨 수를 써도 그것을 벗길 수가 없다. 그곳에 버려진 사람은 먹을 게 아무것도 없는데다 풀을 뜯어먹으려면 땅바닥을 기어야 하기 때문에 죽을 때까지 말 못할 고통을 쉮게 된다. 그 신하도 이런 식으로 죽었다.〉 그가 이렇게 처리한 것은 그들이 맡은 일에 대해 잘못 처신했다는 것을 알았기 때문이다.

여러분께 이야기해 줄 것이 하나 더 있다. 두 신하는 그 섬에 있는 한 성채에서 많은 사람들을 붙잡았는데, 그들이 항복하지 않으려 했기 때문에 그들 모두를 머리를 베어 죽이라고 명령했고, 여덟 사람을 빼놓고는 명령대로 모든 사람들의 머리를 잘랐다. 그 여덟 사람의 머리는 도저히 자를 수 없었는데, 그것은 그들이 지니고 있던 돌 때문이었다. 그들은 팔 아래 살과 살갗 사이에 돌을 지니고 있었는데 겉에서는 보이지 않았다. 이 돌은 마술에 걸려 있어서 그것을 지닌 사람은 결코 쇠에 의해서 죽지 않게 하는 마력을 갖고 있었다. 신하들이 왜 그들을 쇠로 죽일 수 없는지에 대한 이유를 듣고는, 몽둥이로 치라고 하자 그들은 그 자리에서 즉사하고 말았다. 그 뒤 팔에서 그 돌들을 빼내서 매우 귀중하게 간직했다. 이 이야기는 실제 일어난 일이다.

여러분에게 이제까지 대카안의 군대가 패배한 이야기를 했는데, 이제 이 정도로 마치고 우리 책에서 다루는 이야기로 돌아가도록 하자(위의 책, 420~421쪽).

앞부분은 원정군 지휘관을 처벌한 내용이다. 한 사람은 참수당했고, 또 한 사람은 초르챠라는 섬으로 격리되어 고통 속에서 죽었다고 했다. 초르챠는 만주 지역을 가리키는 지역명으로 섬이 아닌데 섬이라고 표현했다. 초르챠를 흑룡강 하구에 있는 어떤 섬으로 보는 학자도 있다고 한다. 아마 원 조정에서 중죄인의 유배지로 거론된 것이 아닌가 싶다.

마르코 폴로는 쿠빌라이가 원정군 지휘관 두 명을 처벌했다고 했는데 역사 기록에는 없는 사실이다. 마르코 폴로가 그런 이야기를 한 것은, 아마 당시 중국 사회에서 원정 실패에 대해 처벌하는 것을 당연한 일로 여긴 탓이 아닐까. 상식적으로 생각해도 처벌을 받는 것이 순리일 것 같다. 지휘관들은 낙오한 10만 명을 방치하고 도망치듯 떠났으니까 말이다.

그럼에도 지휘관들은 실제 처벌받지 않았다. 이렇게 생각하면 오히려 원정 실패에 대해 처벌받지 않았다는 사실이 더 의문이다. 상식적으로 이해하기 힘들기 때문이다. 이 문제는 조금 뒤에 원정 실패의 원인을 살펴보면서 다시 언급할 것이다.

뒷부분은 설화 같은 이야기인데, 원정군이 일본에서 많은 살육을 자행했다는 뜻으로 읽을 수 있다. 원정군이 저지른 일본인 살육은 1, 2차에 모두 걸쳐 있었는데, 1차 원정 때의 살육은 막부 정권이 사신을 참수하는 극단적 대응을 불러오기도 했다. 살육은 주로 대마도나 일기도에서 자행되었다. 특히 2차 원정 때는 본토에 변변히 상륙도 못 했으니까 주로 섬에서만 살육했다. 또한 사신 참수에 대한 보복으로 더욱 심하게 자행하기도 했다.

《신원사》〈일본전〉에는 일기도에서 산중에 숨어 있는 섬 주민들이 어린아이의 울음소리 때문에 발각되어 모두 살육되었다는 단편적인 기록이 보인다. 일본의 향토 역사 기록에는, 어린아이의 가랑이를 찢어 죽였다거나, 포로로 잡은 자들의 손바닥을 철사로 꿰어 끌고 다녔다는 참혹한 이야기도 전한다. 이런 구체적인 사실은 확인할 수 없지만 원정군은 분명히 살육을 자행하였다고 생각된다.

마르코 폴로의 이야기 끝부분에 보이는, 살갗 사이의 돌 때문에 쇠로는 죽일 수 없었다는 얘기는 일본군의 중무장 보병에 대한 칼의 무용성을 말하는 것이 아닌가 싶다. 당시 일본군은 무거운 철제 갑옷과 투구를 착용했고 긴 일본도와 활을 소지했다.

이에 비해 원정군은 가죽 갑옷에 단궁과 곡도曲刀 혹은 도끼를 찼다. 이 단궁은 탄력성이 강해 사거리가 일본군 활의 거의 두 배에 달했다고 한다. 원정군은 여기에 투척용 석탄石彈이나 폭렬탄爆裂彈도 소지했는데, 이는 쇠나 도자기로 만든 둥근 용기에 화약을 집어넣은 것으로 일종의 수류탄이었다.

양 진영의 이와 같은 무장의 차이는 전술의 차이를 가져왔다. 일본군은 중무장으로 밀착한 백병전에서 유리했고, 반면에 원정군은 강력한 단궁이나 폭탄을 사용하기 힘든 백병전이 불리했다고 보인다. 폴로의 위 이야기는 백병전에서 일본군의 철제 갑옷에 무용지물이 된 원정군의 단궁이나 곡도를 은유하는 것으로 보인다.

위와 같은 마르코 폴로의 일본 원정 이야기는 당시 중국 사회에 일본 원정이라는 대사건이 충격이었음을 말해 준다. 특히 원정 준비를 고스란히 떠안은 중국 남방 지역에서는 그 준비 과정에서부터 사회적 파장이 컸을 것이다. 10만이나 되는 남송의 군인들이 돌아오지 못한 것에 대해서도 사회적 충격과 함께 수많은 이야기가 떠돌았을 것이다.

마르코 폴로가 다른 지역이 아닌 중국 남방 지역의 여행담을 기록하면서 일본 원정 이야기를 한 것도 그 때문으로 보인다.

왜, 실패했을까?

태풍, 가미카제

일본 원정은 두 차례 모두 태풍을 만났다. 1차 원정에서 태풍을 만난 것은 10월 말로 양력으로 치면 11월이다. 11월에 무슨 태풍이 불었는지 지금의 절기로 보면 좀 드문 일이었지만 일본으로서는 행운이 아닐 수 없었다.

2차 원정에서는 7월 말에서 8월 초에 태풍을 만났는데, 지금의 절기로 봐서 태풍이 올라오는 시기와 정확히 맞아떨어진다. 그 당시 사람들도 기후의 순환 정도는 알고 있었을 텐데 원정 시기를 왜 그렇게 잡았는지는 알 수 없다. 아마 사신의 피살 소식을 접한 쿠빌라이가 복수심에 불타서 시기의 선택에 여유가 없었을지도 모르겠다.

2차 원정에서도 태풍이 불어 준 것은 일본으로서는 또 한 번 큰 행운을 만난 셈이었다. 상상해 보라. 전함 5천 척이 일본을 향해 몰려오는 광경을. 평호도 앞바다는 새까맣게 뒤덮였을 것이다. 이렇게 많은 전함이 동원된 해전이 그 이전이나 그 이후에 또 있었을지 모르겠다. 그런데 기다리고 있었다는 듯이 또 적시에 태풍이 불어 주었으니, 이는 행운 정도가 아니라 그야말로 신이 내린 구원의 손길로 여겨졌을 것이다.

일본은 이 태풍을 신풍神風(가미카제)이라고 불렀다. 일본에서는 가미카제란 말을 언제부터 썼는지 잘 모르겠지만, 일본인들은 이 말을 마치 호국의 신처럼 받아들인 것 같다. 그래서 태평양 전쟁 때 미국 함대에 몸을 던진 전투 비행사들에게 그 이름을 붙여 주었다.

1945년 일본 본토를 향해 몰려오는 미국 태평양 함대는 수백 년 전에 있었던 대원 제국의 함대를 연상시켰을 것이다. 일본인들은 그때 적시에 불어준 태풍을 마치 신의 손길을 기다리듯이 다시 찾게 되었다. 그리하여 13세기 말의 태풍이 20세기 중반에 신풍으로 다시 부활한 것이다. 그만큼 대원 제국의 일본 정벌은 실패했음에도 일본인들의 마음속에 역사적 충격으로 각인되어 있었음을 말해 준다.

재미있는 사실은, 원의 일본 원정 이후 일본 본토를 공격한 것은 태평양 전쟁 때 미국이 최초라는 점이다. 아마 일본이 이민족에게 본토를 공격당한 것은 일본 역사상 이 두 차례뿐이 아닌가 싶다. 1905년 러일전쟁에서 러시아 함대가 대한해협까지 오기는 하지만 본토가 위협당하지는 않았다. 그러니 일본인들이 태평양 함대가 밀려오는 것을 보고 과거 대원 제국의 공격을 떠올린 것은 너무나 당연했다. 역사적으로 이민족 침략은 그것밖에 없었으니까.

그런데 일본에서는 대원 제국의 원정대를 원구元寇(겐꼬오)라고도 불렀다. '원의 도적떼'란 뜻이다. 한국이나 중국 역사에서 쓰는 왜구倭寇란 말에 저항해 적대적인 감정을 가지고 만든 것인지 모르겠지만, 왜구란 용어는 고대 역사서에서부터 등장한다. 아마 중국 중심의 문명사관에서 부정적 이미지의 왜구란 말이 나오지 않았나 생각된다.

원구란 용어가 언제부터 사용되었는지 분명치 않은데 일본 원정 당시에는 그런 말이 없었다. 확실하지는 않지만 막부 말기부터 명치유

신에 이르는 시기, 즉 일본이 서양과 교류하면서 세계로 향한 시기에 나온 말이 아닌가 싶다. 그 시대 분위기 속에서 일본인들의 주체적 사상의 표현일 것이다. 혹은 원의 침략을 막아낸 자는 우리뿐이라는 아시아를 향한 자신감의 발로일 수도 있겠다.

아마 거의 같은 무렵이었을 것이다. 일본인들이 아메리카 합중국을 '美國'이라 하지 않고 '米國'이라고 쓴 것도 말이다. 대동아 공영권을 외치며 아시아 제패를 꿈꾸는 그들에게 수백 년 전에 자신들을 침략한 대원 제국을 '도적떼'로 만들 필요가 있었듯이, 아메리카 합중국도 '쌀처럼 먹어치울 수 있는 나라'로 비하할 필요가 있었다. 하지만 이런 역사 인식은 결국 젊은이들을 죽음의 구렁텅이로 몰아넣는 가미카제를 불러올 수밖에 없었다.

신풍이 일본을 구해 주지는 못했지만 태풍은 확실하게 일본을 구해 주었다. 하지만 일본 원정이 두 차례 모두 태풍 때문에 실패했다고 하면 좀 싱거운 일이 아닐 수 없다. 그것은 우연이었기 때문이다. 우연한 일도 역사의 물줄기를 바꿔 놓을 수 있다는 것을 인정해야 하는 경우가 얼마든지 있다. 다만 역사에서 우연적인 요소를 강조하는 것은 그 사건을 이해하는 데 아무런 도움을 주지 않는다는 문제가 있다.

일본 원정이 태풍 때문에 실패했다고 강조하면 세조 쿠빌라이가 추진한 일본 원정이라는 사건을 역사적으로 이해하는 데 한계가 있다. 하지만 태풍은 분명히 일본 원정에 영향을 끼쳤다. 그렇다면 만약 태풍을 만나지 않았다면 쿠빌라이의 일본 원정은 어떻게 되었을까? 이런 의문을 품고서 태풍이라는 우연적인 요소는 일단 제외하고 일본 원정의 실패 원인을 찾는 것이 순리일 것 같다.

강남군의 구성

1차 원정은 앞서 언급했지만, 일본을 확실하게 정복하겠다는 의지를 가지고 나선 것이 아니었다. 그것은 일본을 복속시키기 위한 외교적 교섭의 연장으로 무력시위 정도에 지나지 않았다. 이 점을 알 수 있는 몇 가지 근거가 있다.

하나, 대원 제국의 해외 원정에 4만 명의 군사력은 너무나 약세였다는 점.

· 둘, 하카다만에 성공적으로 상륙해 놓고서 일몰을 핑계로 전함으로 철수했다는 점.

셋, 남송을 정복하지 못한 상태에서 원정 준비를 온전히 고려 정부에만 의존했다는 점.

이 세 가지 외에도 여러 가지 정황으로 보아 1차 원정은 정벌보다는 무력시위를 목표로 했다는 것이 드러난다. 기록이 미비해 장담할 수는 없지만, 세조 쿠빌라이는 일단 무력시위를 해 놓고 현지에서 외교적 교섭을 생각하지 않았나 싶다. 그러다 태풍을 만나 퇴각한 것이다.

그런데 태풍을 만나지 않았다 해도 다시 하카다만에 상륙해 공격을 감행하고 다자이후를 점령하기에는 이미 늦었다는 점이다. 일본군의 지원군이 속속 밀어닥쳐 중과부적이었기 때문이다. 그래서 1차 원정은 원의 처지에서 전력을 다한 원정도 아니었지만 처음부터 수적인 열세로 실패할 수밖에 없었다고 보인다.

2차 원정이 실패한 이유는 우선 강남군의 구성 문제에서 찾을 수 있다. 강남군 10여만 명에는 여러 색깔의 군사들이 포함되었지만 절대 다수는 항복한 남송의 군인들이었다.

남송의 항주가 무혈 함락되면서 1백만 이상이나 되는 남송군도 모두 원에 항복했다. 남송군 1백만은 형식상 급여로 생활하는 직업군인의 성격을 띠고 있었지만 그 구성이 다양하고 복잡해 방만한 군대였다. 숫자만 많았지 쓸모 있는 군대가 아니었다.

항복한 남송군에서 최상급 정예병들은 쿠빌라이의 친위병으로 편입되는 경우도 있었지만, 대부분 중·상급 보통 군사들은 카이두의 반란을 진압하기 위해 중앙아시아 전선에 투입되었다. 이보다 처진 하급 군사들은 광동, 광서 지역의 남송 잔여 세력을 소탕하거나 베트남, 미얀마 등 동남아시아 전선에 투입되었다.

항복한 남송군 중에서 그 나머지 군사들 대부분은 별로 쓸모가 없었다. 군사라기보다는 무기도 갖추지 못한 떠도는 유랑민에 가까운 존재들이었다. 일본 원정을 위한 강남군에 편입된 자들이 바로 이들로 강남군의 절대다수를 차지하고 있었다. 이들은 정복당한 지역의 군사들이니 일본 원정 출정 당시부터 패잔병과 다를 바가 없었다.

어쩌면 이러한 최하급의 남송군을 일본 원정에 동원한 것은 이들을 격리하기 위한 일종의 사회적 처분이었다고 할 수 있다. 이들은 세조 쿠빌라이나 원 조정에 골치 아픈 존재들일 수도 있었다. 군사로서의 자질이 빈약해 정규군에 편입시키기도 어려웠고, 그렇다고 그냥 방치하기에는 사회적 문제를 일으킬 소지가 다분했기 때문이다.

이들로 구성된 강남군의 지휘를, 하필 남송의 항복한 무장 범문호에게 맡긴 것도 그냥 지나치기 힘들다. 몽골은 칭기스 칸 때부터 중요한 대외 원정에서 항상 최고 사령관은 황제나 그 친족이 맡든지 아니면 황실에 대대로 무공을 세운 가문의 후손들이 맡았다. 범문호는 지휘관으로서의 능력이나 자질이 문제가 아니라 그 점에서 이전의 지휘관 임명과는 전혀 성격이 달랐다.

생각이 여기까지 미치니, 평호도에서 강남군 대부분이 고립되어 일본군에게 살육되었다는 사실도 새삼 의문으로 다가온다. 평호도 오룡산에 고립된 10만 명의 존재를 퇴각하는 지휘관들이 과연 몰랐을까? 주력 부대의 주둔 사실을 몰랐을 리 없었을 테니, 이들을 그냥 놔두고 서둘러 퇴각해 버린 것은 고립을 방조한 것이나 다름없는 짓이었다.

세조 쿠빌라이나 지휘관들이 출정할 당시부터 의도적으로 그런 계획을 세웠다고 할 수는 없다. 하지만 항복한 남송군을 원정군으로 동원한 것이 일종의 격리 차원이었다는 것을 감안하면 홀대나 푸대접을 받았으리란 것을 충분히 예상할 수 있다. 그런 홀대나 푸대접이 결국 전장에서 고립을 방조하고 집단적인 살육을 피할 수 없게 했을 것이다.

그리고 원정에서 돌아온 후 그렇게 고립을 방조한 지휘관에 대한 문책 사실에서도 의문이 많다. 살아 돌아온 사령관들은 당연히 엄한 문책을 당해야 옳을 텐데 마르코 폴로의 이야기와는 다르게 그렇지 않았던 것이다. 특히 범문호는 총사령관으로서 당연히 책임을 져야 상식적인 일일 것이다. 《신원사》 그의 열전에는 쿠빌라이가 범문호를 처벌하지 않았다는 말이 특별히 언급되어 있다.

그런데 이와 달리 《신원사》 〈일본전〉에는 범문호 등이 벌을 받고 장희는 홀로 면죄되었다는 기록도 있다. 원정 지휘관에 대한 문책 사실을 말해 주는 유일한 기록인데, 이게 중대한 잘못에 대한 문책치고는 너무 허술해 신뢰하기 힘들다. 게다가 앞에서 말한 범문호 자신의 열전 기록과는 상반되어 그 사실 여부마저 의문인 것이다.

이렇듯 강남군을 평호도에 고립되게 방치한 것에 대한 문책이 명확하게 드러나지 않은 것은 강남군이 천대를 받았다는 것과 관련이 있다고 보인다. 쉽게 말해서 세조 쿠빌라이에게 강남군은 버려도 아깝지 않은 군사들이었다는 뜻이다. 이는 남송의 항복한 군사들을 모아 만든 강남군의 구성에서 비롯하였다고 할 수 있다. 일본에서 살육당한 10만 명은 세조 쿠빌라이가 이끄는 역사의 수레바퀴에 깔려 이름도 없이 사라진 것이다.

아무튼 항복한 남송군으로 구성된 강남군은 그 숫자만 많았지 형편없는 군대였다. 강남군 중에서 정예병은 소수였고 이들은 전투보다는 오히려 남송군을 감시, 감독하는 역할이 더 중요했을 것이다. 이런 구성으로 볼 때 원정군으로서의 강력한 전투력을 기대하기란 애초부터 힘든 일이었다고 보인다.

오히려 흔도와 홍다구가 지휘하는 동로군이나 김방경이 지휘하는 고려군이 더 정예병이었다고 할 수 있다. 이들은 대부분 1차 원정 때 동원된 군사가 그대로 동원되어 항해나 전투 경험을 갖추고 있었다. 그래서 전체 원정군에서 동로군은 선봉대 같은 역할을 했을 것이고 먼저 출항한 이유도 거기에 있었다. 동로군이 강남군에 비해 피해가 적은 것도 이런 군대 구성과 무관치 않다고 생각된다.

강남군은 전함에서도 취약했다. 전함 3천 5백 척은 대부분 남송 정벌 때 동원된 내해용의 낡은 배였고 새로이 건조한 전함은 급조되어 부실했다. 이는 원정을 서두르다 전함이 취약했다는 원 조정 관리들의 말에서 그대로 나타난다. 더구나 당시 남중국의 선박 건조 기술은 고려에 비해 후진적이었다고 하니, 시간과 기술 부족 등으로 부실한 전함을 동원했다고 보인다.

지휘관 상호 간의 불화도 문제가 된 것 같다. 이 문제는 앞서 마르코 폴로도 이야기한 것이었고 역사 기록에도 그런 흔적이 남아 있다. 이를 보면 지휘관 사이의 불화는 의외로 큰 두통거리가 아니었을까 하는 생각이 든다.

실제 범문호와 장희 사이에는 전장에서 의견 충돌이 있었다. 태풍이 쓸고 간 뒤 장희는 보존된 자신의 전함과 살아남은 군사들을 모아 다시 싸울 것을 주장했다. 하지만 범문호는 회군할 것을 주장하고 황제가 죄를 물으면 자신이 당하겠다고 하면서 완강히 거절했다. 이러한 지휘관 사이의 의견 충돌은 상호 간의 불신감에서 나온 것이 분명했고 이는 지휘 체계에도 악영향을 미쳤을 것이니 원정 실패에 일조를 했을 것이다.

결국, 2차 일본 원정은 강남군의 여러 전력 상황으로 보아 태풍이 없었을지라도 성공할 가능성이 낮았다. 더구나 일본도 미리 침략을 예상하고 준비를 철저히 해 방어에 나서고 있었다.

일본, 가마쿠라 바쿠후의 대응

12세기 말 가마쿠라 바쿠후鎌倉幕府의 성립은 일본 역사에서 중요한 변화를 가져왔다. 가마쿠라 바쿠후는 전국의 무사 계급을 주종 관계로 조직해 그것을 대표하고 그 이익을 실현하는 새로운 정치 형태를 취했다. 이후 일본은 교토京都의 왕정보다는 가마쿠라 지방의 바쿠후가 통치하였다. 이런 무인정권은 그 후 많은 변화가 있었으나 기본 구조는 19세기까지 이어진다.

세조 쿠빌라이가 일본에 처음 사신을 보내 통교를 요구했을 때는 가마쿠라 바쿠후의 호조 마사무라北條政村가 집권하고 있었다. 이 당시 일본은 고려의 무인정권과 아무런 교섭이나 왕래가 없어 대륙에서 일어나는 변화나 원의 실체를 정확히 몰랐던 것 같다. 그 때문인지 막부 정권은 원의 통교 요구를 수용하지 않았다.

그 후 마사무라의 뒤를 이은 호조 도키무네北條時宗가 1268년부터 1284년까지 집권해 1, 2차 원정을 모두 막아 낸다. 쿠빌라이가 조양필을 두 차례나 일본행 사신으로 파견한 때는 그의 집권 초기였다. 도키무네는 집권할 당시 젊은 나이인 10대 후반이었는데도 출병까지 경고한 세조 쿠빌라이의 통교 요구를 완강히 거부했다.

원의 통교 요구에 일본 측에서는 찬반양론이 일어났다. 교토의 왕정 측에서는 원의 요구를 수용해 일단 통교하자고 주장했고 막부 측에서는 계속 거부할 것을 주장했다. 이런 모습은 고려의 최씨 무인정권이 몽골의 침략을 앞에 놓고 보인 대응과 비슷하다고 볼 수 있다. 일본에서도 고려와 마찬가지로 이런 문제는 왕정보다는 실권을 쥐고 있는 무인정권이 주도할 수밖에 없었다.

일반적으로 무인정권(군사정권)은 정권의 속성상 대외적으로 배타적이고 강경한 노선을 추구하는 것이 보통이다. 여기에 강력한 국가와 새로운 외교 관계를 맺는 것은 현실적으로 무인정권의 통치 기반에 이롭지 못하다는 판단도 할 수 있다. 게다가 그런 새로운 관계가 복속을 의미한다면 말할 필요도 없을 것이다.

젊은 집권자 도키무네는 어가인御家人(고케닌)들을 규슈에 집결시켜 항전을 준비했다. 어가인은 막부의 우두머리인 장군將軍(쇼군)에 대해 주종 관계를 이루는 가신家臣의 칭호다. 서양 중세의 봉건 영주 같은 존재인데 이들은 각자 자신들이 이끌고 있는 무사단의 수장이기도 했다. 막부의 도키무네 정권이 어가인을 동원했다는 것은 전국 동원령을 발동한 것으로 적절하고 과단성 있는 조치였다.

원정대의 상륙이 예상되는 규슈와 서일본 지역에는 이국경고異國警

固라 하여 당번과 부역을 조직화했다. 해당 지역의 어가인과 그 아래의 지두地頭(지토)를 동원해 윤번으로 수비케 하는 제도였다. 1271년에는 관동 지역의 어가인까지도 규슈에 내려가 살도록 했고, 1272년에는 전국의 모든 영지와 그 소유자인 영주를 조사, 보고하도록 하여 사실상 전국 동원령 체제를 확고히 해 두고 있었다.

이런 방어 태세로 1차 원정을 막아냈는데, 1차 원정의 실패는 일본이 방어를 잘했다기보다는 원의 공격이 너무 소극적이고 미온적인 탓이 더 컸다. 이에 대해서는 앞서 언급했으니 생략한다.

1차 원정 이후 일본에서는 기타규슈와 혼슈本州의 서쪽 끝에 있는 나가토長門에 호조의 도쿠소得宗 가를 정점으로 하여 방어를 위한 군사 조직망을 별도로 만들었다. 방어의 가장 중요한 지역인 하카다만 연안 일대에는 백성들을 분할하고 담당시켜 석축지를 건설했다. 이 석축지의 완성으로 원정군이 하카다만으로 상륙한다는 것은 쉽지 않은 일이었다. 막부 정권은 2차 원정 직전까지 석축지를 철저히 관리하면서 침략에 대비한 만반의 준비를 하고 있었다. 이를 보여 주는 일본 측의 기록은 수없이 많이 남아 있다.

방어 체제를 완비한 도키무네는 두 차례나 원의 사신을 살해하는 극단적인 대응을 했다. 이것은 1차 원정 때의 무력 충돌이나 살육에 대한 보복으로 그랬을 수도 있다. 하지만 원의 공격에 대한 정면 승부를 생각하고 철저한 대비를 하면서 자신감이 생긴 탓이라고 할 수도 있다.

일본의 이러한 방어 태세는 몽골의 침략 때 고려의 최씨 무인정권이 취한 태도와는 사뭇 다르다. 당시 최씨 무인정권은 침략 초기에 바로 강화도로 천도한 후 항전에 들어갔는데, 전국적인 동원령을 내려 대대적으로 침략에 맞선 경우는 한 번도 없었다. 대몽 항쟁은 현지의 지방관이나 유력자들이 백성이나 지방군, 소외 계층을 동원해 유격전을 통해 소규모로 싸운 경우가 대부분이었다. 당시 상비군의 주력인 삼별초는 최씨 정권에 장악되어 강화도의 정권 수호에 이용되었고, 전투보다는 백성들을 산성이나 해도로 강제 이주시키는 일에 더 매달렸다.

두 나라가 외침에 대해 이렇게 달리 대응한 것은 무엇 때문일까? 양국 무인정권의 역사적 성격이나 속성과 무관치는 않겠지만 지리적인 환경의 차이도 크지 않았을까 생각된다. 바다로 가로막힌 일본은 원의 침략을 막기에 고려보다 아무래도 유리했을 것이다. 이 때문에 자신감을 가지고 통교 요구에도 강력하게 대응하고 사신까지 살해하는 극단적인 대응을 할 수 있었다고 본다.

2차 원정에서 강남군이 당도하기 전부터, 그러니까 태풍을 만나기 전부터 동로군은 일본의 저항에 부딪혀 하카다만에서 고전하고 있었다. 석축지에 근거한 일본군의 완강한 방어 때문에 연안에는 접근할 수도 없었다. 일본 측에서는 원정군의 육상 전투력을 우선 꺾어 놓을 필요가 있었고, 이를 위해서 원정대가 상륙하기 전에 공략한다는 전략이 성공한 것이다. 동로군은 하카다만에 전함을 띄워 놓은 채 진퇴양난에 빠져 있었다.

강남군이 당도했지만 이런 전세를 되돌릴 수 없었다. 강남군은 동로군이 상륙해 거점을 확보해 놔야만 다수를 앞세워 그나마 힘을 쓸 수 있었다. 상륙에 성공하지 못한 동로군은 우선 평호도의 강남군과 합류하기 위해 응도 쪽으로 내려갔고, 이제 도착한 강남군의 전함 5천 척은 미처 전열을 정비하지 못하고 평호도와 응도 일대 해역에서 우왕좌왕했다. 태풍이 불어온 것은 그때였다.

2차 원정에서 태풍이 없었다면 원정군이 연안의 섬 정도는 장악해 원정을 조금 오래 끌 수는 있었을 것이다. 하지만 원정군이 상륙에 성공하여 교토나 가마쿠라를 직접 공략하는 등의 전세를 완전 뒤엎는 일은 일어나지 않았을 것이다. 그래서 일본 원정에서 태풍은 결정적인 실패 요인이 아니었다고 본다.

쿠빌라이가 생각한 일본 원정

세조 쿠빌라이는 역대 몽골의 황제들에 비해 군사 지휘관으로서의 실전 경험이 짧은 편이었다. 그의 지휘관 경험은 황제가 되기 전에 남송 정벌에 참여한 것이 전부였고, 그것마저 황제 뭉케가 죽자 회군해 중도에 그만두었다. 반면에 그는 외교 전략에 있어서는 다양한 실전 경험을 통해 놀라운 성과를 이룩했다.

대표적인 예가 아릭 부케와 벌인 대칸 계승 싸움이었다. 쿠빌라이가 아릭 부케와의 내전에서 승리한 것은 군사력의 승리가 아니라 외교 전략이 거둔 승리였다. 그의 진면목은 군사령관이라기보다는 외교 전략가였다는 것을 유감없이 보여준 사건이었다. 그뿐이 아니라 수십 년 동안 이어진 전쟁을 끝내고 마침내 고려를 복속시킨 것도 그의 외교 전략이 거둔 성과였다.

일본 문제에서도 쿠빌라이는 그런 식의 외교 전략으로 먼저 접근했다. 통교를 위한 수차례의 사신 파견이 그것인데, 일본 측에게는 원의 위협을 사전에 알아채고 그만큼 준비할 수 있는 시간적 여유를 마련해 준 셈이었다. 맨 처음 일본에 원의 국서가 전달된 것이 1267년이고 그 후 1차 일본 원정이 1274년에 단행되었으니까 그동안 방어할 준비를 갖추게 한 셈이다.

그런데 세조 쿠빌라이가 일본 정벌에 대해 외교로써 먼저 접근한 분명한 이유가 있었다. 그것은 남송을 정벌하고 있었기 때문에 전쟁보다는 외교적 수단을 먼저 선택할 수밖에 없었다. 하지만 수차례의 사신 파견이 무위로 끝나고 막상 1차 원정을 단행했을 때는 몽골 특유의 기습 작전이나 허를 찌르는 전투를 펼칠 수 없었다.

그래서 남송 정벌은 일본 원정의 실패에 가장 큰 배경 요인으로 작용했다고 할 수 있다. 남송 정벌은 지금까지 어느 정복 전쟁보다 힘든 악전고투였다. 대원 제국의 온 국력을 쏟아 부었지만 쉽사리 결판이 나지 않았다. 그래서 남송 정벌 도중의 일본 원정은 원의 조정에서도 반대가 심했다. 남송 정벌에서 고전 중인데 동시에 일본 원정을 단행한다는 것은 누가 봐도 무리한 욕심이었다. 세조 쿠빌라이 혼자서 일본 원정을 생각하고 있었는지도 모른다.

어쩔 수 없이 일본 원정에 필요한 모든 준비를 고려 정부에 강제로 떠맡길 수밖에 없었다. 그런데 고려에서 삼별초 저항이라는 뜻밖의 복병을 만난다. 일본이나 남송 정벌을 위해서는 우선 삼별초를 진압하는 것이 급했다. 삼별초를 진압하고 1차 일본 원정을 단행했지만 그때는 이미 파괴력이 떨어졌고 전력을 다한 원정도 아니었다. 일본 정부는 침략을 예상해 대비하고 있었으며, 원의 처지에서는 남송 정벌에 발이 묶여 있어 순전히 고려에 떠넘긴 원정이었기 때문이다.

1276년 마침내 남송을 정벌하고 이제는 본격적으로 일본 원정을 준비할 단계였다. 쿠빌라이는 남송을 일본 원정에 앞세웠는데, 이는 1차 원정에서 고려를 앞세운 것과 마찬가지였다. 남송은 정복되었지만 그 지역은 오랜 전쟁으로 사회가 안정을 찾지 못했고, 조정의 관리들은 그것을 이유로 다급하게 추진하는 일본 원정을 또 반대했다. 남송을 정벌한 마당에 이제 일본 원정은 급할 것이 없다고 생각했지만 쿠빌라이의 생각은 지금 당장 정복해야만 했다. 대원 제국의 황제로서 자존심이 걸린 문제로 여겼기 때문이다.

그 무렵 일본행 사신의 피살 소식을 접했다. 이제는 잠시도 늦출 수가 없었다. 쿠빌라이도 그랬지만 지금까지 반대한 관료들도 이제는 반대할 명분이 없었다. 그래서 2차 원정 준비는 신속하고 다급하게 추진되었다. 어쩌면 1차 원정보다도 더 급박하게 추진되었을 가능성이 크다. 강남군의 구성이나 전력 면에서 그 점은 확실히 드러난다. 1차 원정은 남송 정벌 도중에 있었기 때문에, 그리고 2차 원정은 남송을 정벌한 후였지만 그 후유증과 사신 피살 때문에 준비가 철저하지 못했다.

결국 남송 정벌 도중이나 그 직후에 일본 원정을 단행한 것은 무리였다는 생각이 든다. 더구나 그 원정은 지금까지와는 다른 해외 원정이었다. 남송을 정벌하면서 전함을 준비하고 장강에서 수전을 경험했다고는 하지만 그것은 대해를 건너는 해외 원정과는 차원이 다른 것이었다. 강과 바다의 차이가 바로 태풍이었다.

어쩌면 일본 원정은 남송 정벌보다 훨씬 많은 국력을 쏟아 부어야 성공할 수 있었다. 그런데 남송을 정벌하는 도중에, 혹은 남송 정벌 후에 그 여력으로 일본 원정을 단행했다는 것은 쿠빌라이가 이 문제를 너무 안일하게 판단했다는 생각이 든다.

장담할 수는 없지만 세조 쿠빌라이에게 일본 정복은 반드시 필요한 일이 아니었을 수도 있다. 가령 2차 일본 원정 직후에 단행된 자바나 수마트라 같은 원정은 반드시 필요했다. 카이두의 난으로 중앙아시아 지역이 차단되면서 서방과의 새로운 교역로가 필요했기 때문이다. 하지만 일본 원정은 그런 현실적인 이유가 없었다. 단지 남송과 교류하고 있는 일본의 존재를 알고 있었다는 것이 원정의 이유라면 이유였다.

쿠빌라이의 대원 제국에 세계의 모든 나라는 복속하여야 한다는 것, 이게 일본 원정의 가장 큰 동기였다. 일본이 거기 존재한다는 것을 안 이상 그대로 놔둘 수 없었다. 어쩌면 이런 문제는 교역로를 확보한다는 실리적인 문제보다 더욱 중요한 문제일 수도 있었다. 그것이 예나 지금이나 제국의 존립 가치고 제국의 생리니까.

하지만 현실적인 절박한 이유가 없는 원정은 전심전력을 할 수 없었고 아무래도 맥이 빠질 수밖에 없었다. 남송 정벌은 세조 쿠빌라이가 제국의 운명을 걸고 반드시 완수해야 할 과제였지만 일본 원정은 그 정도는 아니었다. 좀 거칠게 표현해서 복속시키면 두말할 필요 없이 좋지만, 실패하더라도 별로 손해날 것이 없는 그런 원정이었다는 생각이 든다.

그래서 쿠빌라이는 1차 원정에서 고려를 앞세웠고, 2차 원정에서는 남송을 동원했는지도 모른다. 칭기스 칸 이래 몽골의 정복 전쟁에서 복속국의 인적·물적 자원을 동원해서 다음 국가를 정복하는 방식은 통상적인 일로 특별한 예외가 아니었다. 하지만 그 경우 복속국의 군사는 보조적인 기능을 했고 핵심은 항상 몽골의 전통 군대가 차지하고 있었다. 그런데 일본 원정은 대부분 복속국의 군사 동원으로만 단행되었다. 그럴 수밖에 없는 이유가 있었지만 이것은 일본 원정에 총력을 기울이지 않았다는 뜻이다.

포기할 수 없는 일본 원정

세조 쿠빌라이의 일본 원정은 현실적인 필요나 특별한 동기 없이 추진되었지만 두 번이나 실패하자 포기할 수 없게 되었다. 역설적이게도 두 번의 실패가 강력한 동기부여를 한 꼴이었다. 이것도 패권을 생명처럼 여기는 제국의 생리일 것이다. 한 번 건드린 이상 끝장을 봐야 했을 테니까.

2차 원정이 있은 지 1년 후인 1282년(충렬왕 8, 지원 19) 9월, 원에서는 3차 일본 원정을 위한 전함 건조에 들어갔다. 고려와 제주 그리고 중국 남방 지역에 전함 3천 척을 건조하라는 쿠빌라이의 명령이 떨어졌다. 그해 11월에는 원의 사신이 고려에 들어와 전함 건조를 독려하고 고려 정부에서도 각 도에 사신을 파견해 전함 건조와 수리에 착수했다.

이때의 원정 준비는 일본뿐만 아니라 참파占城(베트남 남부와 캄보디아)나 버마緬國 등 동남아시아 정벌까지 계획한 준비였다. 흥미로운 점은 모반 대역 죄인이나 부모 살해 등 중죄인을 제외한 사형수들을 원정군에 충당하였다는 사실이다. 이는 2차 원정에서 항복한 남송군 가운데 최하급의 패잔병을 쓸어 원정군에 충당한 것과 비슷하다.

물론 사형수들로만 원정군을 편성한 것은 아니었다. 예전처럼 남송군이나 한족에서 군사 대부분을 충원하고 특별히 황제의 친위군이나 수전에 익숙한 자들도 원정군으로 선발하였다. 그리고 정동행성을 다시 세우고 원정군에 대한 모든 사무는 2차 원정 때의 아탑해와 충렬왕이 함께 맡도록 했다. 여기에 회회포(투석기)를 다루는 장인들이 정동행성에 소속되어 원정을 준비하는 등 나름대로 철저히 했다.

그러나 이 원정 준비는 실행에 옮겨지지 못하고 중단되고 만다. 강남 지역에서 백성들이 동요한다는 이유로 여러 신하들이 반대했기 때문이다. 그 대표적인 인물이 어사중승인 최욱崔彧이란 자였다. 그는 전함 건조와 군수품 조달을 하느라 백성들의 생활이 매우 어렵고, 이에 따라 도적떼가 연달아 일어나니 2, 3년 후에 추진해도 늦지 않다고 주장했다. 하지만 쿠빌라이는 이 요청을 들어주지 않다가 결국 도적떼가 그치지 않자 원정은 흐지부지 중단되고 말았다.

쿠빌라이는 원정을 추진할 수 없게 되자 또 사신을 파견한다. 1283년(충렬왕 9) 불교 승려를 앞세운 사신을 일본에 파견했지만, 경원(영파)에서 출발한 이 사신은 대양을 건너다 태풍을 만나 되돌아오고 만다. 이어서 다음해에 그 승려와 또 다른 사신을 동반해 다시 파견했지만 이번에는 뱃사공이 사신을 살해하고 도주하는 바람에 무위에 그치고 말았다.

그 후 4차 일본 원정이 다시 논의된 것은 1285년(충렬왕 11, 지원 22) 10월 무렵이다. 정동행성을 다시 세우고 이전의 아탑해를 좌승상으로 삼아 원정 사무를 총괄하게 했다. 전함은 역시 고려와 강남 지역에서 책임지게 하고 민간의 선박까지 동원했다. 기타 군수품은 강회와 요동 지방에 주로 할당했는데 군량은 무려 백만 석을 준비해 출항지인 마산에 비축하도록 했다.

이에 따라 고려에는 군사 1만과 전함 6백 50척, 군량 10만 석을 준비하라는 명령이 떨어졌다. 아울러 초공, 수수 등 수군의 명부를 작성해 보고하도록 했다. 이때는 수군의 조직에 특별히 신경을 쓰고 있는데, 강회 지역에서는 전함 1천 척을 동원해 강에서 수전을 훈련하기도 했다. 그리하여 익년 3월에 중국을 출발해 8월에 고려의 마산에서 모든 원정군이 회합한다는 계획까지 세웠다.

그런데 이번 원정도 실행하지 못했다. 준비에 착수한 지 불과 몇 개월 만인 다음 해 1월, 쿠빌라이가 스스로 원정을 철회한 것이다. 그 이유는 백성들을 힘들게 한다는 것이었지만 이보다는 제국의 내정에 문제가 발생했기 때문이다. 그것은 다름 아닌 만주 지역의 맹주인 동방 3왕가의 심상찮은 움직임이었다.

동방 3왕가는 2차 원정 직후부터 옷치긴 왕가의 젊은 우두머리 나얀乃顔을 중심으로 결속하기 시작했다. 이들이 쿠빌라이 정권과 틈이 벌어지기 시작한 것은 2차 원정 직후 다시 무리하게 3차 원정을 준비하면서부터였다. 그러니까 나얀의 반란은 무리한 일본 원정의 추진이 그 원인이 되었다고 할 수 있다.

나얀의 반란은 쿠빌라이 정권의 위기로 제국을 큰 혼란에 휩싸이게 했는데, 4차 원정 준비가 중단된 것은 이 나얀의 반란 때문이었다. 쿠빌라이 스스로 원정을 철회할 정도였다면 상당히 심각한 상황이었던 것으로 보인다. 이 나얀의 반란에 대해서는 조금 뒤에 자세히 살필 것이다.

그런데 일본 원정은 이후에도 다시 한 번 논의된다. 1292년(충렬왕 18) 8월 무렵인데, 이는 원 측 기록에는 드러나지 않고 고려 측 기록에만 보인다. 당시 세자(후의 충선왕)가 원 조정에 들어가 쿠빌라이를 만나면서 다시 일본 원정에 대한 이야기가 거론된 것이다. 아마 세자 입조를 계기로 고려에게 원정의 부담을 주려는 의도로 보인다. 그 무렵 어떤 자가 쿠빌라이에게 이런 말을 했다.

"강남의 전함은 크기는 하지만 부딪히면 깨어지니 이것이 실패의 원인입니다. 만일 고려에게 배를 만들게 하여 다시 정벌을 한다면 일본을 얻을 수 있을 것입니다."

이에 쿠빌라이가 배석한 홍군상洪君祥에게 원정 문제를 물었다. 홍군상은 1291년(충렬왕 17)에 죽은 홍다구의 동생이다. 쿠빌라이의 물음에 홍군상은 이렇게 답했다.

"전쟁이란 매우 중대한 일이니 먼저 사신을 보내어 고려에 물은 연후에 실행해야 합니다."

홍군상은 고려 정부를 괴롭힌 그의 형과는 조금 달랐던 모양이다. 쿠빌라이는 그렇게 여기고 홍군상을 고려에 보내 충렬왕과 일본 원정 문제를 다시 논의하도록 했다. 이에 충렬왕은 자신이 직접 토벌해 공을 세우겠다고 답했다. 충렬왕의 이런 대답은 어차피 일본 원정을 피할 수 없다면 적극적으로 대응하는 것이 좋다는 지금까지의 경험에 따른 판단으로 보인다.

이때 고려 정부에서는 김유성金有成과 곽린郭麟이라는 사신 두 명을 선발해 고려의 국서를 주고 일본에 파견했다. 1292년(충렬왕 18) 10월의 일이었다. 김유성은 1269년(원종 10)에 일본인 포로를 송환할 때 호송을 담당해 일본에 다녀온 경험이 있었다. 아마 이번 사신 파견은 전쟁을 막아보려고 고려 정부에서 자율적으로 단행한 것이 아닌가 한다.

이번 사행이 가지고 간 고려 국서는 일본 측이 소장하고 있고, 표현상 약간의 차이가 있지만 《고려사》에도 남아 있다. 그 내용은 원에 저항하다가 결국 굴복한 남송의 처지를 설명하고 조회하지 않으면 존망을 알 수 없다는 위협적인 것이었다. 국서를 접수한 일본에서는 이에 대한 반발과 함께 위기감이 다시 고조되고 임전태세를 갖추었다는 사정이 일본 측 기록에 전하고 있다.

그런데 이들 사신은 일본에 억류당해 있다가 끝내 환국하지 못하고 그곳에서 병사하고 말았다. 나중에야 고려에 온 일본 승려가 이 사실을 알려 준다. 두 차례 원정으로 일본이 원한을 품고 있었는데 쓸데없는 일을 한 것이었다. 아마 원의 사신이었다면 참수를 면치 못했을 것인데, 그렇지 않은 것은 이들이 고려 사신인 탓일 것이다.

이리하여 다시 5차 일본 원정 준비에 들어갔는데, 원에서는 이듬해 8월 홍중희洪重喜를 보내 전함 건조를 관할하게 했다. 홍중희는 홍다구의 아들로 아비가 맡았던 직책을 물려받은 것으로 보인다. 하지만 그는 아비와 달리 고려 백성들을 괴롭히는 일을 부끄러워했다고 한다.

고려 정부에서는 각 도에 관리를 파견해 전함과 군량 준비에 착수하고, 그해 10월에는 일본 원정 문제를 상의하기 위해 충렬왕이 원으로 들어갔다. 또 한 차례 전쟁의 광풍이 몰아칠 위기였다. 하지만 12월 대도에 도착한 충렬왕은 쿠빌라이를 만날 수 없었다. 쿠빌라이가 병석에 누워 위독한 상태였다.

결국 이때의 병을 이기지 못하고 세조 쿠빌라이는 1294년(충렬왕 20, 지원 31) 1월에 죽었다. 이로써 원정 준비는 중단되고 다시는 일본 원정이 거론되지 않았다. 사실 충렬왕은 쿠빌라이를 만나 일본 원정의 불편함을 직접 호소해 보고, 가능하다면 중단시켜 보려는 것이었는데 기회를 놓친 것이었다.

이렇게 일본 정벌은 쿠빌라이가 죽고서야 미완으로 남겨둔 채 확실하게 중단되었다. 결국 일본 정벌은 쿠빌라이의 필생 사업이었지만 성공하지 못했다.

일본 원정의 영향과 그 의미

해양 제국의 좌절, 제국의 쇠퇴

칭기스 칸이 집권한 초기부터 세조 쿠빌라이 시대를 거쳐 이후 멸망할 때까지 몽골 제국의 발전과 성장 과정을 살펴보면 쿠빌라이의 집권이 중요한 전환점이었다는 것을 알 수 있다. 유목 국가에서 농업 국가로, 유목적인 초원의 제국에서 정주적인 중원의 제국으로 전환되었기 때문이다. 세조 쿠빌라이가 대칸에 오르면서 제국의 수도를 카라코룸에서 대도(북경)로 옮긴 것은 이를 실천하기 위한 제국 경영의 상징적인 사건이었다.

초원에 근거한 몽골 제국은 정복 전쟁이 국가의 생존 근거였고, 정복 지역에 대한 약탈과 공물 징수는 제국을 경영하는 재정의 근간이었다. 이에 따라 정복 전쟁은 계속될 수밖에 없었고 정복 지역이 확대될수록 초원 제국의 재정 기반은 튼튼해졌다. 이는 다시 다음의 정복 전쟁을 가능하게 하는 상승효과를 가져왔다. 몽골 제국의 광범위한 정복 활동은 그래서 가능했다.

또한 유목적인 초원 제국은 농업적인 정주 국가보다 정복 전쟁을 수행하는 데 유리했다. 초원 제국은 유목적인 사회 조직의 특성상 인력 동원이 훨씬 효율적이었기 때문이다. 어쩌면 유목 국가는 사회 구성원 전체를 군사 조직의 일원으로 볼 수 있다. 몽골 제국의 지속적인 정복 활동은 그래서 가능했다.

하지만 농업을 위주로 하는 정주 국가에서는 군사 동원이 큰 사회적 부담을 안겨 주고 자칫 잘못하면 국가적 위기를 초래할 수 있다. 인력 징발이 농업의 정착성을 침해하기 때문이다. 따라서 대외적인 정복 전쟁은 정주 국가에서는 특별한 경우가 아니면 수행하기 힘든 것이다.

그래서 쿠빌라이의 대도 천도는 정복 전쟁을 더는 확대, 지속할 수 없다는 것을 의미하기도 했다. 정복은 말 위에서 할 수 있지만 통치는 말 위에서 내려와야 가능하다는 것을 실천하려는 것이었다. 중원의 제국으로서 더 이상의 정복 전쟁은 오히려 국가적 부담으로 작용할 수 있었고 제국의 경영에도 득보다 손실을 가져올 공산이 컸다.

그런데 남송은 아직 미정복 상태였다. 남송을 그대로 놔두고서는 명실상부한 중원의 제국으로 자리 잡을 수 없었고 제국을 경영할 수도 없었다. 쿠빌라이에게 남송 정벌은 대원 제국을 중원의 제국으로 완결하는 사업이었기 때문이다. 쿠빌라이는 악전고투 끝에 남송 정벌을 마무리했지만 여기에 너무나 많은 국력을 소모했다.

이제 중원을 차지하고 있는 대원 제국이 정복 전쟁을 더 하는 것은 무리였다. 농민들을 군사로 징발하는 것은 국가적 위기를 불러올 수도 있었기 때문이다. 정복 전쟁은 실리적인 면에서도 별 의미가 없었다. 정복에 성공한다 해도 약탈이나 공물 징수로 국가의 재정을 마련할 단계가 이미 아니었기 때문이다. 그런데도 쿠빌라이는 일본 원정을 추진했다.

쿠빌라이 칸의 일본 원정과 충렬왕
:: 원정 실패, 그 후

일본 원정에서 고려의 농민이나 항복한 남송의 군인들을 동원한 것은 어쩔 수 없었다. 전쟁의 부담을 떠안은 강남 지역에서 농민들이 동요한 것도 당연했다. 무리하게 일본 원정을 추진한 탓이었다. 만주 지역에 근거한 동방 3왕가와 쿠빌라이 정권의 틈이 벌어진 것도 두 차례 실패 이후 다시 일본 원정을 무리하게 추진한 탓이 컸다.

역사에서 가정은 의미가 없다고 한다. 하지만 가정을 해보는 것도 이미 정해진 역사적 사실을 이해하는 데 보탬이 될 수 있다. 만약 쿠빌라이의 일본 원정이 성공했다면 어떻게 되었을까?

쿠빌라이가 일본을 복속시켰다면 정말 가늠하기 힘든 엄청난 변화를 가져왔을 것으로 보인다. 구체적인 모습은 상상하기 쉽지 않지만 우선 생각할 수 있는 것은 대원 제국을 해양 제국으로 발전시켰을 것이라는 점이다. 일본을 정벌한 해군력은 해상 무역 활동의 기반이 되고 중국 남방에서 일본에 이르는 무역 루트는 더욱 번성했을 것이다. 그 중간에 있는 고려 역시 해상 무역의 덕을 톡톡히 봤을 것이다.

이는 괜한 상상이 아니다. 일본 원정 이전에, 그리고 일본 원정 이후에도 일본 상인들은 강남을 왕래하며 무역 활동을 하고 있었다. 쿠빌라이는 일본 원정 도중에도 이런 무역 활동을 막지 않았다. 만약 일본 원정이 성공했다면 이런 해외 무역 활동은 더욱 발달했을 것이 틀림없다.

대원 제국이 중원을 차지하면서 국내 상업도 이미 눈부시게 발전하고 있었다. 단순한 농업 국가가 아니었다. 화폐 사용은 보편화되었고 물류 유통은 사통팔달로 통하고 있었다. 이것은 마르코 폴로의 여행기를 보면 충분히 감지할 수 있다. 일본 원정이 성공했다면 이런 국내 상업 발달을 기반으로 해외 무역은 더욱 번성했을 것이 분명하다. 대원 제국은 이제 더는 중원의 농업국가가 아니라 상업적인 해양 제국으로 발돋움할 수 있었을 것이다.

하지만 일본 원정은 실패했다. 이것은 중원의 대원 제국이 해양 제국으로 나아가는 길목에서 좌절한 것으로 볼 수 있다. 유목적인 초원의 제국에서 정주적인 중원의 제국으로, 정주적인 중원의 제국에서 다시 상업적인 해양 제국으로 도약할 기회를 놓친 것이었다. 만약 그것이 가능했다면 대원 제국은 훨씬 강성했을 것이고 세조 쿠빌라이는 인류 역사상 초유의 가장 독특한 세계 제국을 건설했을 것이다.

하지만 그렇게 되지 않았다. 어느 한 국가가 성장, 발전하는 과정에서 국가적 사업의 실패는 쇠망으로 이어지기 십상이다. 그래서 일본 원정의 실패를 계기로 대원 제국은 내리막길을 걷게 되었다고 볼 수 있다. 세조 쿠빌라이 사후 대원 제국은 불과 70년을 넘기지 못하고 사라진다. 몽골 제국이 건국되고 불과 반세기 남짓 만에 세계 제국을 건설한 것도 특별하지만, 그 후 바로 쇠퇴의 길로 접어들었다는 것도 특별한 일이 아닐 수 없다.

일본 원정을 추진하지 않았어도 세조 쿠빌라이의 대원 제국은 막강했고, 그 상태에서도 세계 제국의 면모를 충분히 갖추고 있었다. 통치 영역으로만 봐도 인류 역사상 전무후무한 국가로써, 로마 제국도 쿠빌라이의 대원 제국에는 미치지 못했다. 하지만 로마는 공화정에서 제정으로 바뀐 이후에도 5백 년을 지속하는데 대원 제국은 쿠빌라이 이후 쇠퇴의 길로 들어선 것이다. 그 분수령이 일본 원정이었다.

쿠빌라이는 남송 정벌을 끝낸 후에 대외 원정보다는 내정에 힘을 쏟아야 했다. 그게 대원 제국이 안정을 찾고 지속적으로 성장, 발전하는 길이었다. 두 차례 실패하고 세 차례 중도 포기한 일본 원정은 그 자체로 국론을 분열시키고 제국의 경영에 큰 부담만 안겼다.

나얀乃顔의 반란은 그 과정에서 일어나 제국을 뒤흔든 내란이었다.

나얀의 반란

태조 칭기스 칸에게는 세 동생이 있었는데 첫째가 카사르, 둘째 카치운, 셋째 옷치긴이었다. 이들을 동방 3왕가로 부르는데 이 가운데 옷치긴 왕가가 그 핵심이었다. 옷치긴 왕가를 비롯한 동방 3왕가는 몽골 황실의 대칸 계승 때마다 결정권을 쥐고 중요한 역할을 했다. 특히 쿠빌라이와 아릭 부케의 대칸 계승에서 옷치긴의 손자 타가차르가 쿠빌라이 측에 가담하면서 결정적인 기여를 했다는 것은 이미 앞에서 설명했다.

나얀은 그 타가차르의 손자로서 30대 청년으로 일본 원정 직후 동방 3왕가를 이끌며 동북 지방(만주 일대)을 장악하고 있었다. 그런데 그가 세조 쿠빌라이에게 반기를 든 것이다. 두 차례 원정이 실패로 돌아가고 세 번째 원정을 준비하던 무렵이었다. 그 이유는 일본 원정과 관련이 있었다.

동방 3왕가에서 장악하고 있는 동북 지방은 일본 원정 준비를 위해 많은 부담을 안아야 했다. 때문에 동방 3왕가와 이 지역에 파견된 쿠빌라이 정권의 행정기관 사이에는 분쟁이 그치지 않았다. 특히 쿠빌라이 정권이 3차 원정 준비를 위해 조선 사업용 벌목이나 여진족에 대한 인력 징발을 강행하자 동방 3왕가의 불만은 커지기 시작했다.

게다가 쿠빌라이 정권에서도 동방 3왕가를 경계해야 한다는 논의가 일어나고 그런 과정에서 상호 간에 불신감을 키웠다. 여기에 1285

년(충렬왕 11, 지원 22) 요양에 동경행성이 설치되면서 중앙 정부와 갈등이 최고조에 달하게 된다.

행성의 설치는 쿠빌라이 정권을 탄생시킨 동방 3왕가에 대한 경계심을 노골적으로 드러낸 일이었고, 이는 또 중서성의 직접 통제를 받아야 한다는 뜻이었으니 이 지역을 장악하고 있는 동방 3왕가로서는 격분할 만한 일이었다. 당황한 쿠빌라이 정권은 이 지방에 대한 통제를 한 등급 아래인 선위사宣慰司로 교체하였지만 때는 이미 늦었다.

마침내 1287년(충렬왕 13, 지원 24) 4월, 동방 3왕가는 나얀乃顔을 우두머리로 하여 군사 반란을 일으킨다. 이들은 흥안령 산맥 동서에 걸친 지역에 널리 군사를 일으키고 옷치긴 왕가에서 본진을 맡아 남쪽 경계에 해당하는 요하遼河까지 진출했다. 이에 카치운 왕가·카사르 왕가의 여러 왕들도 남하할 태세를 갖추었다. 여기에 중앙아시아 지역에 확고한 기반을 구축한 카이두海都가 호응하고 있었다.

쿠빌라이 정권은 최대의 위기를 맞았다. 이때 황태자인 연왕 칭킴, 북평왕 노무간, 안서왕 망갈라 등 쿠빌라이의 적자 3왕은 모두 죽고 없었다. 믿을 만한 자식은 별로 없었고 손자들은 아직 어렸다. 73세 노황제 쿠빌라이는 친정을 선언했다. 그만큼 위급했다는 뜻이다.

1287년 5월 쿠빌라이는 친위군단을 이끌고 정벌의 선두에 서서, 그해 6월 초에는 요하까지 진격해 나얀의 군진을 급습했다. 이후 자세한 전투 얘기는 생략하지만 마르코 폴로의 여행기에서는 이 전투를 흥미진진하게 서술하고 있다. 나얀이 카이두에게 전갈을 보내자 카이두가 기꺼이 호응했다는 얘기나, 쿠빌라이가 코끼리 등에 매단 수레를 타고 군대를 지휘했다는 얘기 등은 중국 측 사료 《원사》나 페르시아 측 사료 《집사》에도 그대로 나타나 있다. 마르코 폴로의 여행기에 따르면 이 내전에서 쿠빌라이 측은 기병 36만과 보병 10만을 소집했고, 나얀 측은 기병 40만을 동원하였다고 하니까 몽골 제국 최대의 내전이었음을 알 수 있다.

이 내전에서 쿠빌라이가 승리하는데 여기에는 쿠빌라이 측의 특수 친위군단이 결정적 역할을 했다. 승패의 향방이 갈리자 나얀은 쉽게 항복하고 말았다. 쿠빌라이는 항복한 나얀을 살해했지만 그 군사들만은 그대로 보존하고 군수품은 완전히 몰수했다. 쿠빌라이가 출정한 지 불과 보름만의 속전속결이었다.

나얀의 본진이 이렇게 쉽게 무너지자 나머지 동방 3왕가의 반군도 항전의 의미를 잃고 무조건 항복했다. 여기에 나얀과 연합하기로 한 카이두 세력도 몽골 본토로 진격하려다 중단하고, 쿠빌라이가 계속 진격하자 본거지인 중앙아시아 방면으로 퇴각하고 말았다. 이렇게 나얀의 반란은 애초의 기세와는 달리 어렵지 않게 진압되었다.

한편, 나얀의 반란이 일어나자 쿠빌라이는 고려에 출병을 요청했다. 아니, 정확히 말하자면 고려 측에서 먼저 출병을 제의했고 쿠빌라이의 사전 허락을 받아 출병한다. 이때 충렬왕은 몸소 군대를 사열한 후 자신이 직접 군대를 이끌고 출병 길에 올랐다. 1287년(충렬왕 13) 6월이었다. 충렬왕이 출발한 직후 나얀의 성을 함락했다는 소식을 접했지만 출병을 멈추지 않았다. 이후 반란이 신속히 진압되면서 출병은 별 의미가 없게 되었다.

결국 나얀의 반란은 시작된 지 두 달 만에 진압되고 동방 3왕가의 세력은 대부분 다시 쿠빌라이 체제로 복속되어 제국의 안정을 찾는 데 성공했다. 다만 동방 3왕가 가운데 카치운 왕가의 방계인 카다안哈丹과 그 잔여 세력이 항전을 계속했다. 이 세력은 수년 동안 항전하며 떠돌다 1291년(충렬왕 17) 1월 철령을 넘어 고려 경내로 쳐들어온다. 이들의 난입으로 고려 정부는 또 한바탕 난리를 치르는데 이는 뒤에서 따로 살필 것이다.

　나얀의 반란은 그 원인이 바로 일본 원정을 무리하게 추진한 데 있었다. 두 차례 일본 원정은 그 자체로도 제국의 경영에 큰 부담을 안겼지만, 그 후유증으로 일어난 나얀의 반란은 그 부담을 더욱 가중시켰다. 일본 원정의 실패나 나얀의 반란은 대원 제국의 상승기에 제국의 발목을 붙잡은 꼴이었다.

가마쿠라 바쿠후의 멸망

　일본에서는 1차 일본 원정을 '문영文永의 역役'이라 부르고, 2차 일본 원정을 '홍안弘安의 역'이라 부른다. 이 두 차례 침략을 막아내는 데 성공한 일본은 여러 가지로 강요당했을 변화를 모면하고 외부의 압력 없이 역사를 전개할 수 있었다. 그렇다고 일본 원정이 국내 정세에 아무런 영향을 주지 않을 수는 없었다.

　모든 전쟁이 내부 불만을 누르고 국론을 결집하는 데 호재가 되듯이 일본에서도 그랬다. 우선 정치적으로 두 차례 침략을 물리친 호조 도키무네 정권의 권위가 강해졌다. 외적의 침략을 방어한다는 명분으로 전국의 무사들을 동원할 수 있었고, 그의 일문에서 수호守護(슈고)를 독점하는 비중도 높아졌다.

　수호는 막부 정권에서 각 지방으로 파견하는 지방 장관으로 막부 반대 세력을 잡아들이는 치안을 주로 맡던 직책이다. 이 직책을 막부가 독점했다는 것은 전국을 장악했다는 증거다. 여기에 그 아래 장원에는 치안과 토지 관리 등의 권한을 갖는 지두地頭(지토)를 파견해 조세징수권도 장악할 수 있었다.

그런데 호조 도키무네는 2차 원정 3년 후인 1284년 34세의 젊은 나이로 병사했다. 강화된 권위를 누려 보지 못하고 일찍 죽은 것이다. 도키무네가 죽자 그의 어린 아들 호조 사다도키北條貞時가 그 자리를 승계했다. 하지만 그는 어가인에 대한 논공행상에 당면해 경제적인 문제에 봉착하고 만다.

어가인의 막부에 대한 의무 가운데 가장 중요한 것이 군역으로 그 비용은 각자가 부담하게 되어 있었다. 이들은 두 차례 원의 침략을 막아낸 주역들이었다. 그런데 이전까지의 내전에서는 전쟁에서 이기면 상대의 토지를 몰수해 군역에 대한 보상이 가능했지만, 원과 치른 전쟁에서는 한 치의 땅도 새로이 얻을 수 없어 보상이 불가능했다.

게다가 2차에 걸친 방어에 성공한 후에도, 3차 침략에 대비해 규슈 일대의 경비를 강화하면서 어가인들은 전쟁을 세 차례 치르는 것과 다를 바 없는 부담을 안았지만 보상을 받을 수 없었다. 여기에 전승을 기원한 신사나 사원들까지 나서서 보상을 요구했다.

전쟁 보상 문제는 막부 정권에 대단히 민감하고 중요한 사안이었다. 어가인들이 막대한 전비 부담으로 궁핍해졌고 이를 구제하지 못하면 막부는 존립 기반을 상실할 것이기 때문이다. 막부는 여러 가지 편의적이고 권위적인 방법을 동원해 이 사태에 대응했으나 보상할 재정 기반이 부족해 근본적인 문제는 해결할 수 없었다. 마침내 1294년 보상 중단을 선언하고 만다.

이것은 어가인 층의 경제 기반과 그 결속을 약화시키고 막부 정권을 위협했다. 막부는 이들을 구제할 방법으로 여러 수단을 동원했지만, 이는 또 발전해가는 상업 경제에 역행하는 결과를 낳아 경제 질서만 혼란하게 하고 장기적 효과를 기대할 수 없었다. 여기에 어가인의 몰락을 더욱 촉진한 것은 수호가 지위를 세습하면서 어가인과 약소 영주들을 지배하기에 이른 것이다. 또한 막부의 독재와 실정이 겹치면서 무사들의 반감까지 사고 말았다.

이런 상황은 교토 왕정 측에서 막부 타도 운동을 벌이게 되는 계기가 되었다. 여러 차례의 정치적 격변 속에서 반막부 운동이 전국으로 번지고 이를 막지 못한 가마쿠라의 막부는 사다도키를 비롯한 일족이 자결함으로써 역사 무대에서 사라지고 말았다. 1333년의 일이다.

이렇게 가마쿠라 바쿠후는 원의 두 차례 침략을 잘 막아냈지만 2차 일본 원정이 있은 지 반세기 만에 천황의 왕정복고를 지지하는 군대 때문에 멸망하고 말았다. 이는 두 차례 침략을 막아내면서 초래된 재정의 약화가 그 중요한 단서를 제공했다고 할 수 있다. 이것은 원의 침략을 받고 재정난에 봉착한 고려의 최씨 정권이 붕괴한 것과 비슷한 현상으로 볼 수 있다.

하지만 일본의 무사정권은 가마쿠라 바쿠후 멸망 이후에도 남북조의 항쟁을 거쳐 무로마치 바쿠후室町幕府로 이어지고 이후 5백 년 이상 지속된다. 이것은 고려의 무인정권과 크게 대비되는 점인데 원의 침략을 잘 막아 낸 덕분이라 할 수 있다. 고려에서는 최씨 정권이 붕괴한 후 다시 무인정권이 들어섰지만 원의 압박을 이겨 내지 못하고 종말을 고한 데 반해, 일본에서는 원의 침략을 막아 내면서 무인정권이 장기화한 것이다.

그런데 일본 원정이 끼친 영향은 이와 같은 정치, 사회적인 측면도 있었지만, 다른 정서적인 측면에서도 중요했다. 일본은 역사상 대대적인 이민족의 침략을 최초로 받았기 때문이다. 그 충격은 적지 않았다.

일본 측 기록에는 당시 신사에서 전승을 기원했다는 기도문이 수없이 많이 남아 있다. 1, 2차 원정 때에도 그랬고, 2차 원정 이후에도 신사나 불사에 기도를 올렸다는 기록은 쉽게 눈에 띈다. 일본 원정이 실패로 끝난 후에도 막부나 왕정에서는 여원 연합군의 침략을 예의 주시하고 있었다. 두 차례 침략에 대한 충격과 그 이후의 불안한 국민 정서를 그대로 보여주는 것이다.

그 점을 또 확인할 수 있는 것이 '일소현명一所懸命(잇쇼켄메이)'이라는 말이다. 원의 침략을 막아 '자신의 땅은 목숨을 걸고 지킨다'는 뜻이다. 이는 막부의 무사들에게 최고의 덕목으로, 전장에서 도망친 무사는 영지를 몰수당해 가난을 대물림할 수밖에 없었던 당시 일본 사회의 정서를 대변하는 말이다. 이 말이 지금은 발음이 같은 '일생현명一生懸命(평생 목숨을 걸고 일함)'으로 바뀌어 경제대국 일본의 밑천이 되었다. 이것은 원의 침략이 일본의 국민 정서나 국가주의 형성에 미묘한 영향을 주지 않았을까 하는 생각을 갖게 한다.

신풍, 즉 가미카제라는 말이 등장한 것도 이런 정서와 무관치 않다. 자신들을 구해 준 태풍이 수백 년이나 지난 후에 변형되어 다시 등장했다는 것은 그때의 침략과 태풍이 일본인들에게 깊게 각인되었음을 말해 주는 것이다. 이것은 일본인들에게 신국神國, 즉 신의 보호를 받는 나라라는 쓸데없는 자신감을 심어주지 않았을까? 그리고 이것은 20세기에 들어와 일본 군국주의가 태동할 수 있는 정서적 토양을 제공했다고 보인다.

두 차례의 침략을 막아 낸 호조 도키무네는 1904년 메이지 천황에게서 '종일위從一位'에 추증되었다. 1904년이면 일본이 대륙으로 침략의 손길을 뻗치면서 러시아와 일전을 준비할 무렵이니, 과거 대륙의 침략을 막아낸 영웅이 필요했을 것이다. 일본 군국주의의 태동에는 수백 년 전에 있었던 원의 침략도 일조를 하고 있었음을 보여 주는 대목이다.

일본행성과 고려의 정동행성

일본 원정을 계기로 고려에는 정동행성이 설치되었다. 정동행성은 정동등처행중서성征東等處行中書省의 약자인데, 말 그대로 동쪽, 즉 일본을 정벌하기 위한 기구로 설치된 것이었다.

본래 원 제국의 '행중서성'은 중서성의 산하 기구로, 원이 정복한 중국과 그 주변 지역을 몇 개의 구역으로 나누어 다스린 지방 정부와 같은 것이었다. 이를 줄여서 '행성'이라고 했다. 예를 들면 요양등처행중서성遼陽等處行中書省은 지금의 동북 3성, 즉 만주 일대를 다스린 지방 정부고, 감숙등처행중서성甘肅等處行中書省은 지금의 감숙성과 그 일대를 다스린 지방 정부다. 이를 줄여서 요양행성, 감숙행성이라고 하는데 이런 행성이 원 제국 내에는 정동행성까지 포함해 모두 11개가 있었다.

이렇게 행성은 원 제국의 지방 행정조직으로 중앙에 있는 중서성의 지방 출장 기구라고 할 수 있다. 그런데 정동행성은 이런 지방 행정조직이나 지방 정부로 설치된 것이 아니고 군사 목적, 즉 일본 원정을 위한 준비 기관으로 설치되었다. 그러니까 정동행성은 처음에는 원 제국의 일반적인 행성과는 설치 경위가 달랐고 성격이나 기능도 전혀 다른 것이었다.

맨 처음 정동행성이 설치된 것은 1280년(충렬왕 6) 무렵으로 2차 일본 원정 직전이었다. 1차 원정 때는 없었지만 2차 일본 원정을 좀 더 체계적이고 전문적으로 수행하기 위해 설치되었다. 세조 쿠빌라이가 1차 원정보다는 2차 원정에 좀 더 심혈을 기울였다는 것도 알 수 있다.

그런데 정동행성이 설치된 이 무렵 '일본행성'이라는 명칭도 보이고 있어 양자의 관계가 좀 불명확하다. 양자를 별개의 독립된 기구로 보는 견해도 있고, 일본행성은 정동행성의 별칭으로 보아 양자를 같은 것으로 보는 견해도 있다. 여기서는 별개로 보고자 한다.

정동행성과 일본행성, 양자의 차이는 이렇게 생각된다. 정동행성은 일본 원정을 위한 준비기구지만 일본행성은 일본을 정복한 후 일본을 통치하기 위한 행성으로 보인다. 즉 일본행성은 정동행성과 같이 원정을 준비하기도 했지만, 그보다는 본래 설립 취지가 일본을 정복한 후 이 지역을 통치하기 위한 것으로, 원 제국의 일반적인 행성과 같은 성격으로 설치되었다고 생각된다. 일본 원정이 성공한다면 일본은 원 제국이 무력으로 정복한 타 지역과 마찬가지로 원의 직접 통치를 받아야 했고, 이를 위해서는 원의 내지와 같은 지방 행정기구가 필요했기 때문이다.

이런 일본행성이 일본을 정복하기도 전에 설치되었다는 것은 쿠빌라이가 일본 정복을 굳게 믿고 있었다는 뜻이다. 하지만 그보다는 우선 남송의 강남군을 일본 원정에 조직적으로 동원하기 위해서도 필요했다고 보인다. 즉 일본행성에서는 강남군을, 정동행성에서는 동로군을 준비하고 조직한 것이다.

앞서 2차 일본 원정의 총책임자로 중서우승상에 임명된 아라한과 충렬왕은 정확히 말하자면 각각 일본행성과 정동행성의 우승상이었다고 보인다. 즉 아라한은 일본행성의 장관이었고 충렬왕은 정동행성의 장관이었다는 얘기다. 중서우승에 임명된 범문호, 흔도, 홍다구 등의 직임도 마찬가지였다. 강남군을 지휘한 범문호는 일본행성의 우승이었고, 동로군을 지휘한 흔도와 홍다구는 정동행성의 우승이었다.

이렇게 보면 정동행성의 동로군은 전투의 주력부대로 본토 상륙과 정벌이 목표였고, 일본행성의 강남군은 정벌 후의 일본 주둔이 목표였다. 원정 직전에 아라한이 사망하고 아탑해가 그 뒤를 이었지만, 일본행성의 우승상인 아탑해는 정벌 후 일본 주둔을 목표로 이미 둔전 설치를 계획하고 있었다. 아울러 강남군을 정예병이 아닌 남송의 항복한 군인들로 충원한 것도 전투보다는 일본 정복 후의 주둔과 이를 위한 둔전 경영에 더 큰 의미를 둔 때문이었다.

이렇게 설치된 정동행성과 일본행성은 그 후 2차 일본 원정이 실패로 끝난 후 곧 폐지되었다. 이후 일본 원정이 단속적으로 추진과 포기를 몇 번 반복하면서 이에 따라 정동행성도 설치와 폐지를 반복했다. 다만 일본행성은 다시 설치되지는 않았다. 일본 정복이 쉽지 않다는 것을 알면서 정복 후의 주둔 문제는 급하지 않은 것으로 판단했기 때문이다.

그런데 이와 같이 일본 원정을 위해 설치와 폐지를 반복한 정동행성이 그 후 새롭게 다시 등장한다. 1287년(충렬왕 13) 이후 설치된 정동행성이 그것이다. 이때는 일본 원정이 사실상 완전히 포기된 상태로, 일본 원정을 준비하기 위한 이전의 정동행성과는 차원이 다른 것이었다. 이것은 일본 원정과는 무관한 정동행성이었다.

일본 원정과 무관하게 설치된 정동행성은 시기에 따라 그 성격이나 체제가 조금씩 변하기는 했지만 원이 망할 때까지, 즉 공민왕 대 초까지 존속했다. 이러한 정동행성은 원 제국의 지방 행정기구로 원의 일반적인 행성과 조금도 다를 바 없는 것이었다. 이는 간단히 말해서 고려가 형식적이지만 원 제국의 내지와 같은 지방 행정구역으로 취급당했다는 것을 뜻한다.

이렇게 되면 고려는 원 제국의 지방행정을 총괄하는 중서성의 지배를 받게 되고, 고려 국왕은 독립국의 통치자라기보다는 정동행성의 책임자로 제국의 지방 장관에 불과하다. 물론 이는 제도상에 나타난 형식적인 것에 지나지 않았고, 실제는 최소한의 독립국으로서 위상을 지켜나갔다. 하지만 정동행성의 설치가 고려의 국가 위상을 추락시킨 것은 분명하다.

이것은 1차 일본 원정을 준비하는 과정에서부터 시작되었다. 고려 국왕은 중서성의 지시를 받아 일본 원정을 준비하는 총책임자였다. 국왕 원종은 이를 내키지 않아 했지만 피할 수 없었고, 충렬왕은 이 점을 알고서 적극적이고 능동적으로 대처했다. 그 후 정동행성이 설치되고 충렬왕이 장관에 임명되면서 국왕은 그런 제도적 장치에 포섭되어 명실상부한 일본 원정의 총책임자가 되었다.

원 제국은 일본 원정을 사실상 포기한 후에도 정동행성의 이러한 제도적 유용성을 포기할 수 없었다. 원 제국은 일본 원정을 준비하는 과정에서 이 점을 깨달았을 것이다. 고려 국왕을 원 제국 내의 관료 질서 속에 규정해 두고, 고려를 제국의 지방 행정조직에 묶어두면서, 필요하다면 감시, 감독할 수 있는 제도적 장치가 필요했다. 군사적 목적으로 처음 설치된 정동행성이 원 제국의 지방 행정기구로 전환되어 존속되었던 것은 이 때문이었다.

이렇게 설치된 고려의 정동행성은 부마국 체제와 함께 원 제국과 고려의 특수한 관계를 규정짓는 핵심 요소였다. 중서성의 산하 기관인 정동행성은 고려의 국가 위상을 규정했고, 황제의 부마라는 인척 관계는 고려 국왕의 위상을 결정했다. 정동행성이나 부마국 체제 양쪽 모두 원 제국이 고려에 대한 통제와 지배를 강화하기 위한 조치로 나왔지만, 고려 정부나 고려 국왕도 여기에 안주해 의탁하려는 측면이 분명히 있었다.

정동행성은 시기에 따라 여러 모습으로 나타났다. 정동행성의 장관은 고려 국왕이 형식적으로 맡았지만 그 이하의 속관은 원 조정에서 임명하여 시기에 따라 많기도 하고 적기도 하여 들쭉날쭉했다. 따라서 정동행성의 기능이나 성격도 시기에 따라 차이가 많았다.

이렇듯 정동행성이 고려에 대한 강력한 통제 기구나 감시의 기능을 한 시기도 있었지만, 대부분은 양국의 공식적인 연락 기관으로 존속했다. 하지만 특별한 시기에는 정동행성을 강화해 고려의 국가로서의 독립성을 부정하고 완전히 원 제국의 한 지방으로 전락시키는 조치를 내린 적도 있었다.

정동행성은 지금으로 말하자면 대강 주한 미국 대사관쯤으로 이해하면 어떨지 싶다. 정동행성에 대해서는 앞으로 필요할 때마다 자주 언급할 것이다.

둔전, 고려 농업의 선진 지역

일본 원정을 준비하면서 고려 정부가 떠안아야 할 부담 중에 가장 큰 것이 군량이었다. 이 군량 문제를 해결하기 위해 원의 중서성에서 고려 경내에 설치한 것이 둔전이었다는 것을 언급했다.

고려에 설치된 둔전은 《원사》 둔전 기록에 따르면, 수도 개경을 비롯해 동녕부(평양), 봉주(황해도) 등 모두 10여 곳에 있었다. 여기에 《고려사》에는 황해도 일대의 염주, 백주 등도 둔전 설치 지역으로 기록되어 있다. 이러한 둔전 경영을 위해 최소한 원의 군사 6천 명이 종전군種田軍으로 고려에 주둔하고 있었다.

원에서는 이 둔전 경영을 위해 농우와 농기구 등 생산 수단을 집중적으로 투입하였다. 이는 물론 단기간에 농업 생산력을 높이기 위한 것이었다고 판단되는데, 이것이 뜻하지 않게 농업 기술의 발달을 가져왔다고 보인다. 우선 농우를 사용하는 우경 문제를 살펴보자.

원에서는 둔전 경영을 위해 농우 6천 두를 고려에 요구했다. 이중 3천 두는 비단을 주고 유상으로 매입하기로 했지만, 농우 6천 두를 마련한다는 것은 당시 고려의 농우 소유 수준에서 생각할 때 쉬운 일이 아니었다. 농우 6천 두는 둔전군이 약 6천 명이었으니 군사 1명 당 농우가 1두씩 지급되었다고 할 수 있다.

당시 고려에서는 쟁기를 이용한 우경牛耕보다는 따비耒라는 사람이 끄는 소형 쟁기를 사용하고 있었다. 농우 부담을 줄이기 위한 고려 정부의 진정표에 따르면, 우경을 하는 경우에도 농우를 사육하는 농가보다는 당시에는 농우를 빌려 쓰는 농가가 대부분이었다고 한다. 그런데 둔전에서는 농우가 대량 투입되면서 우경이 일반화되었던 것이다.

농우와 함께 당연히 쟁기라는 농기구도 널리 보급되었다. 쟁기가 없는 농우는 무용지물이기 때문이다. 우경을 통한 쟁기에는 그 구조상에 중요한 변화가 있었다. 그것은 쟁기의 삽날 위에 붙이는 보습耜이라는 장치인데, 땅을 갈아서 뒤집어 엎어 주는 기능을 하는 것이다. 쟁기에서 이 보습의 유무는 파종하기 위한 이랑과 고랑의 구조를 결정해 줄 뿐만 아니라 자연적으로 지력의 회복을 도모하는 중요한 기능을 한다. 그래서 보습이 달린 쟁기는 생산력을 증대시키는 농업 기술상의 첨단 농기구였다.

그런데 한국 농업사에서 쟁기에 딸린 보습이라는 이런 장치가 언제부터 사용되었는지는 아직 정확히 밝혀져 있지 않다. 가장 일찍 보는 경우는 나말여초로 보고, 가장 늦게 보는 경우는 조선 후기에야 나타난다고 하고 있다. 보습이 달린 쟁기의 변화는 바로 이 시기, 일본 원정을 준비하던 둔전에서 시작되지 않았나 생각된다. 확실한 증거는 없지만 농우의 집중적인 투입을 통한 우경의 일반화에서 그렇게 생각하는 것이다.

우경을 통한 쟁기의 발달과 함께, 여기에 원의 종전군이 주둔해 오면서 중국의 새로운 농법도 도입되었을 것으로 생각된다. 처음에는 자연환경이 중국과 달라 여러 가지 애로 사항도 있었겠지만 둔전은 새로운 농법을 적용하는 시험장이 되었을 것이다. 그래서 당시 둔전은 새로운 농업 기술을 도입한 농업 선진화 지역이었다고 말할 수 있다.

우연찮게 세조 쿠빌라이는 《농상집요農桑輯要》라는 새로운 농서를 간행한다. 이 농서는 중국 화북 지방의 농법을 기반으로 새로운 농업 기술을 소개하고 개발한 책으로 유명한데, 고려 말에 우리나라에도 소개되어 조선 초의 농업 발달에 중요한 영향을 끼쳤다. 세조 쿠빌라이 집권 때 이런 새로운 농서가 간행되었다는 것은 이 당시 농업 생산력의 향상이 절실했다는 것을 말해 준다. 아울러 이는 유목국가이던 몽골 제국이 정주 지역에 기반해 정복 활동을 계속하면서 군량 문제를 해결할 필요에서 나온 것이 분명하다.

일본 원정은 이렇게 농업 생산력의 발달을 가져오는 계기가 되었다고 보인다. 이는 근대 산업 사회에서 전쟁이 산업 기술을 발달시키는 효과와 비슷한 현상이다. 전쟁은 군수 물자를 대량 생산해야 하는 특별 수요 때문에 뜻하지 않게 산업과 과학 기술의 발달을 가져온다.

일본 원정은 고려의 농업 기술 발달에 중요한 계기를 마련해 주었을 뿐만 아니라 상업의 발달에도 영향을 끼쳤다고 보인다. 둔전에 필요한 농우를 사기 위해 비단을 들여오기도 했고, 부족한 군량을 확보하기 위해 원에서 쌀을 직접 들여오는가 하면, 비단을 들여와 쌀과 교환하기도 했다. 어떤 때는 원이 지폐인 교초를 보내와 전함 건조 비용으로 충당하기도 했다.

이런 일들은 일본 원정 준비가 당시 고려의 상거래나 교역의 발달에도 일조를 했다는 것을 보여 준다.

군역의 변화, 국민개병제의 시작

전통 사회의 병역 제도는 크게 두 가지 형태로 나눌 수 있다. 하나는 세습적으로 군역만을 부담하는 계층이 군역을 세습하는 형태다. 이 경우 그 군역에 대한 반대급부로 국가가 군인의 생계를 책임진다. 이를 요즘 식으로 말하자면 직업군인제인데, 고려 시대에는 이를 군반제軍班制라고 했다.

또 하나는 특별한 직역이 없는 모든 장정에게 군역을 부과하는 형태다. 이는 군역에 대한 반대급부가 없는 의무병적인 방식을 말한다. 이것을 지금에는 국민개병제라고 하는데 고려 시대에는 부병제府兵制 혹은 병농일치제兵農一致制라고 했다.

시대를 거슬러 고대로 올라갈수록 군역 제도는 전자, 즉 직업군인제의 성격이 강했다. 정복 전쟁이 일상적인 고대 사회에서 훈련이 잘 된 양질의 전문적인 전사(직업군인)가 필요했기 때문일 것이다. 이때의 전사는 그 신분이 일반 평민보다 우위에 있었고 사회적 영향력이나 처우도 좋았다. 우리 역사에서 삼국 시대나 나말여초는 이런 시대였다고 생각된다.

하지만 정복 전쟁이 점차 줄어들고 평화의 시기가 길어지면서 전문적인 전사의 필요나 그 영향력도 줄어들게 된다. 그러면서 나타난 것이 병농일치제, 즉 부병제였다고 생각된다. 병농일치제는 모든 농민이 병사가 되고 군역이 끝나면 다시 농민으로 돌아가는 것으로 전문적인 전사로서의 질은 떨어질 수밖에 없었다. 이때의 군사는 군역보다는 요역이나 부역을 치른다는 의미가 더 강했다. 조선 전기는 여기에 해당된다.

고려 시대 군역 제도에 대해서는 이 양자 사이에 논란이 많은데 군반제라는 의견이 조금 유력하다. '군반'이라는 군역만을 전담하는 계층이 따로 있었고, 이들은 그 반대급부로 군인전軍人田을 국가로부터 지급받았다는 것이다. 그런데 최근에는 고려 시대 군역에 대해 군반제뿐만 아니라 부병제적인 요소가 섞여 있다는 의견이 설득력을 얻고 있다. 하지만 중앙군中央軍과 같은 상비군의 핵심 군대는 군반제였다는 것이 일반적인 견해다.

그런데 고려 군역 제도의 근간인 군반제는 무인 집권기를 거치면서 붕괴하고 있었다. 무인 집권자들이 사병 집단을 양성하면서 국가의 상비군 체제가 유지될 수 없었기 때문이다. 무인 집권기가 끝나고 군반제를 다시 복구하려 했지만 쉽지 않았다. 무엇보다도 군역의 대가로 국가가 지급해야 할 군인전을 확보할 수 없었기 때문이다.

이런 상황에서 일본 원정을 위한 군사의 징발 문제가 고려의 부담으로 떨어졌다. 당시 고려에 직업적인 군인, 즉 상비군이 어느 정도 있었는지는 모르겠지만 이것만으로는 원에서 요구하는 군사 수를 충당할 수 없었다. 전함을 건조하기 위한 인력의 징발도 문제였다.

원에서는 고려의 전통적인 군반제 하의 숫자를 근거로 군사를 요구했다. 하지만 실제로는 당시 군반제는 이미 붕괴하여 그 잔재만 남아 있었기 때문에 고려 정부는 이에 부응할 수 없었다. 고려의 군사 수는 이렇게 일본 원정 준비 기간 내내 양국의 중요한 현안 문제로 남아 있었다. 결국 농민 중에서 강제 징발하는 수밖에 없었다.

농민에서 군사를 징발하는 방식은 1차 원정 때보다는 2차 원정 때 더욱 철저했다. 각 도에서 정확히 인구 비례로 농민을 징발하고 있는 데서 알 수 있다. 이렇게 농민에서 징발된 군사들은 일본 원정이 끝나자 해산하여 귀향했는데, 이것이 병농일치제의 계기였다고 생각한다.

이후 병농일치제가 확고하게 자리 잡은 것은 아니었지만 군역 제도상의 새로운 변화를 불러온 것은 분명하다. 군반제가 무너진 상태에서 다시 원상태로의 복귀는 요원한 일이었다. 여기에 새로운 군역 제도는 마련되지 않은 상태에서, 농민에 대한 강제 징발은 병농일치제라는 새로운 군역 제도의 출발이었다는 뜻이다.

병농일치제가 확립된 것은 조선 초다. 그렇다면 크게 보아 무인 집권기부터 고려 말까지는 직업군인제(군반제)에서 의무병제(병농일치제)로 넘어가는 과도기였다고 할 수 있다. 그래서 일본 원정을 준비할 때 농민들 중에서 군사를 강제 징발한 것은 그런 병농일치제의 계기를 제공했다고 볼 수 있는 것이다.

일본 원정 후, 고려

충렬왕의 전성기

2차 일본 원정이 끝난 직후인 1281년(충렬왕 7) 12월, 충렬왕은 자신과 관련 있는 의미 있는 조치를 한 가지 내린다. 자신이 세자 시절 원에 입조할 때 호종한 관리들과, 무인정권을 타도한 관리들에 대한 포상과 공신 책정을 논의하라는 것이었다. 10여 년 전의 일을 왜 이제와서야 거론하였는지 우선 궁금한데, 충렬왕이 세자로서 원에 입조한 그 시기를 잠깐 돌아보자.

1268년(원종 9) 12월, 임연이 김준 정권을 타도한 직후 충렬왕은 이듬해 4월 세자로서 원에 입조했다. 그리고 그해 6월에 임연이 당시 부왕인 원종을 강제 폐위하는 정치적 격변이 일어났다. 환국 도중 압록강 부근에서 이 소식을 접한 세자는 눈물을 머금고 다시 원으로 들어갈 수밖에 없었고 뒤이어 부왕도 쿠빌라이의 부름을 받고 원으로 들어갔다. 그 이듬해인 1270년(원종 11) 5월, 부왕과 세자가 원나라 군대의 호위를 받으며 환국하면서 무인정권은 막을 내리고, 이어서 3년 동안 삼별초 항쟁이 이어진다.

이 1년 반의 기간은 국왕 원종에게나 세자에게나, 혹은 고려 왕조의 처지에서나 절체절명의 가장 급박한 순간이었다. 그때 세자를 호종해 환국하던 관리들 중에는 다시 세자를 따라서 원으로 들어간 관리가 있었는가 하면, 세자를 뒤로 하고 마음대로 고려에 들어온 관리들도 있었다. 후자에 속한 자들은 위기의 순간에 세자를 배반한 것이나 다름없었지만 붙잡을 수 없었다. 충렬왕의 포상 명령은 특히 전자에 속한 관리들을 위한 것이었다.

그런데 문제는, 왜 2차 일본 원정이 끝난 이때 와서야 공신 책정과 포상을 명령했는가 하는 점이다. 쉽게 생각하면 그동안 포상을 할 만한 시간적 여유가 없었던 탓이라고 생각할 수 있다. 왜냐하면 무인정권 붕괴 직후 바로 이어지는 삼별초 난과 뒤이은 일본 원정 등으로 그야말로 정국이 눈코 뜰 새 없이 돌아갔기 때문이다.

뒤늦은 포상 명령에는 그런 배경도 작용했겠지만, 더 중요한 것은 충렬왕이 이때에 와서야 정국을 비로소 장악했다는 사실이다. 충렬왕이 고려의 정국을 장악하는 데 결정적인 계기를 마련한 것은 쿠빌라이 딸과의 결혼이었다. 하지만 이것만 가지고는 부족했다. 왜냐하면 그 결혼이 얼마나 놀라운 힘을 발휘하는가를 보여줄 기회가 없었기 때문이다.

그 기회는 충렬왕이 원에 입조하면서 찾아왔다. 충렬왕은 원 공주와 결혼하고 즉위한 이후부터 2차 일본 원정 전까지 세 차례나 원에 입조했다. 첫 번째는 1278년(충렬왕 4) 4월 김방경 무고 사건으로, 두 번째는 1278년(충렬왕 4) 12월 이분희 형제를 죽인 일로, 세 번째는 1280년(충렬왕 6) 8월 2차 일본 원정 문제로 원에 들어갔다.

이 가운데 첫 번째 입조는 원 공주와 결혼한 후 처음으로, 충렬왕은 쿠빌라이의 부마로서 그의 정치적 위상을 대내외에 유감없이 보여 주었다. 이때 충렬왕은 공주와 세자(후의 충선왕)까지 대동하고 들어갔는데, 황제 쿠빌라이와 황후는 30리 밖에까지 황자와 황녀를 보내와 맞이하도록 했으니 그 환대가 극에 달했다.

이때 충렬왕은 황제의 면전에서 홍다구의 소환을 요청하고, 고려 주둔군 사령관인 흔도와 대면해 고려 내정을 간섭하는 그를 몰아붙이기도 했다. 충렬왕은 그해 9월 환국하는데 그 성과는 크고 위세 또한 빛났다. 고려에 주둔하고 있는 원의 군대와 다루가치를 철수시켰고 홍다구도 즉시 소환시킨 것이다. 아울러 홍다구 일파로 지목된 관리들을 모두 유배시키는 성과를 올렸다. 아마 충렬왕의 위세는 이때부터 커지기 시작했다고 보인다.

충렬왕의 두 번째 입조는 홍다구에 붙어 농간을 부린 이분희 형제를 죽인 일로 갑자기 이루어진다. 이때의 입조에서는 이분희 형제를 죽인 사건을 빌미로 다시 고려를 음해하려는 홍다구를 제압해 버린다. 이렇게 첫 번째와 두 번째 입조에서 고려 내정을 간섭하고 왕권에 위협적인 존재인 흔도와 홍다구를 확실하게 누를 수 있었다. 이것은 물론 세조 쿠빌라이가 철저하게 충렬왕의 손을 들어준 덕이었다.

이와 같이 2차 일본 원정 이전부터 국왕 충렬왕의 권력은 강화되고 있었다. 이 무렵 실질적인 국왕의 친위군이라 할 수 있는 응방이나 홀치를 동원한 사냥과 연회가 하루가 멀다고 열렸다. 이러한 사냥과 연회는 사치가 극에 달해 강화된 왕권을 만끽하는 동시에 국왕의 친위 세력을 과시하려는 정치 행사의 성격이 강했다.

빈번한 사냥과 연회는 재정을 낭비하고 백성들에게 원성의 대상이 되었다. 감찰사의 관리들이 민심의 이반을 들어 사냥과 연회를 반대하는 상소를 올리면 잡아들여 곤장을 치기 일쑤였고 직언을 하는 관리들은 파직당하기 십상이었다. 이 때문에 파직당한 대표적인 인물이 이승휴李承休였다.

이승휴는 《제왕운기》를 쓴 이 시대 대표적인 문인으로 아마 고려 시대에 문외한인 경우에도 그 이름만은 들어 보았을 것이다. 이승휴는 원종이 죽고 충렬왕이 세자로서 원에 머무르고 있을 때 시종한 공으로 감찰사의 관직에 발탁되었다. 그런 그가 1280년(충렬왕 6) 3월 국왕의 사냥과 연회를 비판하다가 동료 감찰 관리들과 함께 파직당하고 말았다. 이승휴는 그 후 삼척(강원) 두타산에 은거하고 저술 활동을 하면서 일생을 마쳤다.

이후 조정의 관리들은 충렬왕의 독선과 전횡을 모두 입을 다물고 바라볼 뿐이었다. 원의 간섭기가 아니라면 충렬왕은 마치 전제 군주를 연상시킬 정도였다. 여기에는 충렬왕과 원 공주의 결혼이 중요한 배경이 되었지만, 결혼 이후 두 차례나 원에 들어가 세조 쿠빌라이의 환대와 지원을 받고 온 이후에 나타난 현상이었다.

충렬왕의 세 번째 입조는 2차 일본 원정과 관련된 것이었는데, 충렬왕의 요구 조건을 쿠빌라이가 전폭적으로 수용해 준다. 그리고 충렬왕이 정동행성을 책임지면서 일본 원정에서도 흔도, 홍다구보다 확실하게 우위에 서게 되었다. 2차 일본 원정은 다시 한 번 충렬왕의 제고된 위상을 확인시켜 준 계기가 되었다고 할 수 있다.

그런데 2차 일본 원정이 실패로 끝난 후에도 충렬왕의 이런 위상에는 변함이 없었다. 원정이 실패로 끝났음에도 충렬왕에 대한 책임이나 문책은 조금도 없었다. 오히려 원정 실패 이후 충렬왕의 권력은 더욱 강화되었다. 이는 일본 원정을 다시 시도하려는 쿠빌라이의 의도가 반영된 때문으로 보이지만 쿠빌라이와 충렬왕 양자의 변함없는 관계 속에서 가능한 것이었다.

이렇게 세 번 입조하면서 충렬왕의 권력과 위상은 거듭 강화되었으니, 고려 내정에서는 말할 필요도 없었고, 원 조정에서도 충렬왕의 위상에 위협적인 존재는 없었다. 충렬왕 개인으로 보면 2차 일본 원정을 전후한 이때부터 세조 쿠빌라이의 부마로서 거칠 것이 없었다. 세조 쿠빌라이는 충렬왕의 가장 든든한 후원자였고, 충렬왕은 세조 쿠빌라이의 최측근이자 변경 통치의 충실한 파트너였다.

충렬왕이 세자 시절 자신을 따르고 무인정권을 타도한 관리들에 대해, 2차 일본 원정이 끝난 후에야 포상과 공신 책정을 명령한 것은 이런 배경이 작용했다고 보인다. 강화된 왕권과 제고된 위상에 대한 충렬왕 자신의 확인이었고 대내외의 과시였다.

마침내 1282년(충렬왕 8) 5월, 충렬왕은 대사면령과 함께 모든 문무 관리들에게 일계급 특진 명령을 내리고 공신 책정을 단행한다. 1등 공신은 역시 환국하던 세자가 다시 원으로 들어갈 때 끝까지 호종한 관리 6명이었고 기타 11명은 2등 공신으로 책정되었다. 중요한 사실은 이들이 모두 하나같이 무장들이었다는 사실이다. 이를 보면 공신 책정은 충렬왕이 친위 세력을 확대하는 한 방법이 아니었을까 하는 생각도 지울 수 없다.

이후 국왕으로서 충렬왕의 권력은 전성기를 맞이했다. 고려 내정을 감시, 감독하는 다루가치도 없었다. 정치력이 있는 국왕이라면 이럴 때 국가의 기강을 바로잡아야 하는데, 억압받고 감시당하던 지난 무인 집권 시절에서 벗어난 해방감에서 우선 고양된 왕권을 향유하기에 바빴다.

충렬왕의 사냥과 연회는 갈수록 심해졌고 더불어 방탕함도 도를 더해 갔다. 1287년(충렬왕 13) 4월의 서해도 사냥에서는 기마가 1천 5백이나 동원되었다. 농사철을 들어 재상들이 반대했지만 소용없었다.

이 무렵 궁중 연회에서 충렬왕은 술에 취하면 일어나 춤을 추기 일쑤였고 손뼉을 치고 노래를 부르기도 했다. 원 공주가 이를 말려도 듣지 않았다. 이런 모습은 마치 그의 선대왕인 조부 고종高宗이 최씨 정권이 붕괴한 직후 드러낸 모습과 너무나 흡사했다. 마치 어떤 억압에서 벗어나 새로운 해방감을 만끽하려는 듯이 보였다.

고려 주둔군 사령부

일본 원정을 위해 연합군이 집결해 출항한 지역 합포(마산)는 원정이 실패로 끝나자 이제는 방어의 중심지가 되었다. 원정군이 일본으로 떠난 직후 원에서는 기병 3백 명을 보내와 마산에 주둔하도록 했다. 일본 원정 전진기지로 마산을 안전하게 확보해 두기 위한 최소한의 병력이었다고 보인다. 아울러 마산 지역의 주민 동요나 이반을 막기 위한 조치도 겸하고 있었다고 보인다.

마산에 대한 방어 체제는 원정이 실패로 끝난 직후에 곧바로 이루어졌다. 1281년(충렬왕 7) 10월, 원에서 마산에 진변만호부鎭邊萬戶府를 설치한 것이다. 그 사령관을 만호萬戶라고 불렀는데 여기에는 인후印侯가 임명되었다. 인후는 앞서 거론한 몽골인으로서 충렬왕비가 된 원 공주의 수행원으로 고려에 온 인물이다.

그런데 진변만호부의 군사를 원에서 직접 파견했는지, 아니면 고려의 군대에서 차출해 충당했는지는 불확실하다. 다만 1282년(충렬왕 8) 4월, 원에서 군사 340명을 보내와 마산을 방어하도록 했다는 기록이 있는 것으로 보아 원의 군사는 최소한으로 주둔했다고 보인다. 아마 군사의 대부분은 고려군으로 충당했다고 보이는데, 그렇더라도 황제 쿠빌라이가 만호를 직접 임명한 것만은 분명하니까 어떻게든 원에서 통제하고 관리했을 것이다.

마산에 설치한 진변만호부는 원정 실패 후 일본이 침략할 것에 대비해 경상도 해안 일대를 방어하는 기능을 했다. 아울러 고려의 군사적 동향을 감시, 통제하는 일 등 원 제국의 고려에 대한 주둔군 사령부 기능도 했다고 보인다. 지금으로 말하자면 주한 미군사령부쯤으로 봐도 큰 무리는 없을 듯하다. 진변만호부가 설치된 한참 후에 고려에는 탐라만호부, 전라만호부, 서경만호부, 왕경만호부 등도 설치되었다.

제주에 설치된 탐라만호부는 탐라총관부를 개편한 것으로 말의 사육과 관리를 담당하면서 제주도의 군민을 관할하는 곳이었다. 제주에는 2차 일본 원정 직후인 1282년(충렬왕 8) 2월 몽한군으로 구성된 군사 1천 4백 명이 파견되었다. 제주의 탐라만호부는 이런 군대와도 관련 있는 것인데, 마산의 진변만호부와 마찬가지로 지정학적으로 중요하기 때문에 2차 원정 이후에도 전략적인 방어가 필요했다.

그리고 전라만호부는 어디에 언제 설치된 것인지 별로 알려진 바가 없고 명칭으로 보아 전라도 일대를 관할했다고 보인다. 평양에 설치된 서경만호부는 원의 영토로 편입한 평안도 지역의 동녕부가 1290년(충렬왕 16) 폐지되고 이 지역을 돌려받으면서 평안도 일대를 특별 관리하기 위한 사령부로 생각된다. 개경에 설치된 왕경만호부는 왕도의 치안이나 군사 문제를 관장했다고 보인다.

그런데 왕경만호부는 이전의 순마소와 통합되어 순군만호부로 발전했다. 순마소는 2차 일본 원정 이전에 설치되어 수도권의 야간 통행금지 등 민간인 통제와 치안을 담당하는 곳이었는데, 아마 왕경만 호부와 기능이 비슷해 후에 통합된 것으로 보인다. 개경에 설치된 이 순군만호부는 다른 만호부와 달리 왕경을 관장하고 있어 성격상 군사 적 변란이나 정쟁에 개입하는 경우가 많았다. 이런 부분은 해당 사건 에서 필요하면 다시 언급할 것이다.

위와 같이 고려에 설치된 만호부는 원 제국의 고려 주둔군 사령부 같은 것이었지만 여기에 원의 군대가 어느 정도 주둔해 있었는지는 정확히 드러나 있지 않다. 원의 군대가 주둔했다면 진변만호부와 탐 라만호부에 가장 많이 주둔해 있었을 것이고, 이 중 마산의 진변만호 부가 고려 주둔군 사령부의 핵심이었다. 그런데 마산에 주둔해 온 원 의 군사는 1287년(충렬왕 13) 3월에 일제히 철수했다. 이 무렵 원에서 나얀의 반란 조짐이 있었기 때문이다.

이렇게 보면 각 만호부에 주둔하고 있는 원의 군사는 많지 않았다 고 볼 수 있다. 만호부 별로 달랐겠지만 대부분 고려 군사로 편성된 것 같고 원의 군사는 통제나 감시를 위해 최소한만 주둔했다고 보인 다. 아마 그 사령관인 만호를 원에서 임명하거나 관리하는 것으로 감 시나 통제를 대신하지 않았을까 생각된다.

그런데 주둔군 사령관인 만호는 정치적 비중이 큰 대단히 중요한 직책이었다. 만호가 군사직이었지만 원에서 황제가 임명하는 관계로 정치적 성향을 강하게 띨 수밖에 없었기 때문이다. 그래서 만호의 존 재는 국왕인 충렬왕에게도 민감한 문제였다. 충렬왕과 이 만호와의 관계를 살펴보자.

충렬왕의 군사권과 만호

2차 일본 원정 이후 충렬왕의 강화된 왕권 행사를 잘 보여 주는 것이 만호라는 원의 무관직이다. 만호는 앞서 언급했듯이 그 아래 천호, 백호 등 10진법으로 이어지는 원 대 군사 지휘 체계상의 최고 지휘관을 일컫는 말이다. 백호에게는 은패銀牌, 천호에게는 금패金牌, 만호에게는 호두금패虎頭 金牌를 군사 지휘권의 상징으로 주었다.

만호나 호두금패는 충렬왕이 아니라 전적으로 원의 황제가 임명하고 수여하는 것이었다. 충렬왕은 여기에 아무런 권한도 없었지만 최소한 간여할 여지는 있었다. 그것은 고려인으로 적절한 인물을 선발해 황제에게 추천하는 것이었다.

고려인으로 최초로 호두금패를 받은 자는 바로 김방경이었다. 물론 충렬왕의 추천이 있었다. 김방경이 이때 만호 직도 수여받았는지는 나타나 있지 않지만 호두금패를 받은 것으로 보아 만호 직도 함께 받은 것으로 여겨진다. 그 후 충렬왕은 2차 원정 때 사령관으로 참전한 박구, 김주정에게도 호두금패를 요청해 받도록 했다. 이들 역시 만호 직도 함께 받았다고 보인다.

여기에 2차 일본 원정 직후에는 앞서 언급한 대로 진변만호부가 설치되면서 인후를 만호로 임명하고 호두금패를 수여했다. 이렇게 보면 지금까지 만호로 임명되고 호두금패를 받은 자는 김방경, 박구, 김주정, 인후 등 모두 4명뿐이었다. 이들이 고려의 최고 지휘관이었다고 할 수 있다. 만호뿐만 아니라 그 아래의 천호, 백호도 하급 지휘관으로 있었는데 충렬왕은 이에 대해서도 원에 요청해 임명되도록 했다.

충렬왕이 이렇게 만호를 비롯한 원 대의 지휘관 직을 고려인에게 수여하도록 요청한 것은 원의 간섭과 지배 속에서 군사권을 확보하기 위한 나름의 계책이었다. 무인정권의 억압에서는 벗어났지만 이제 원의 영향력을 피할 수 없는 상황에서 방법은 그것밖에 없었다. 그리고 이것은 일시적이지만 어느 정도 성공했다. 충렬왕이 추천한 인물들은 예외 없이 만호나 호두금패를 받을 수 있었기 때문이다.

충렬왕이 군사권을 장악하는 방법에는 이것만 있는 것이 아니었다. 호두금패 해당자를 쿠빌라이에게 추천하는 방법 외에도, 수시로 이를 빼앗아 다른 사람에게 주기도 하고, 혹은 다시 되돌려 주기도 하는 등 호두금패 여탈권도 군사권을 확인하는 방법으로 자주 동원했다.

1287년(충렬왕 13) 6월, 충렬왕은 군대를 사열하던 중에 김주정과 박구의 호두금패를 빼앗아 박지량朴之亮과 나유羅裕에게 주었다. 이 무렵 원에서 나얀의 반란이 일어나자 고려에서 자원해 출병을 하게 되면서 군대를 사열한 직후였다. 이들의 호두금패를 빼앗은 것은 만호직도 삭탈했다는 뜻이었다.

호두금패를 새로이 수여받은 박지량과 나유는 모두 1, 2차 원정에 함께 참여했고, 2차 원정 때는 역시 충렬왕의 추천을 받아 천호 직과 금패를 받은 인물이었다. 김주정과 박구가 호두금패를 빼앗긴 동기는 분명치 않다. 다만 김주정은 이 호두금패를 빼앗기기 수개월 전에 대궐 연회석상에서 원 공주와 사소한 마찰을 빚고, 이 때문에 파직당해 청주 목사로 좌천된 적이 있었다. 김주정은 그것으로 이해한다고 하더라도 박구는 아무런 동기를 찾을 수 없으니 궁금하지 않을 수 없다.

호두금패와 관련해 더 흥미로운 점은 충렬왕의 행동이다. 이때 충렬왕은 나얀의 반란을 진압하기 위한 출병을 친히 이끌려고 생각하고 있었다. 그래서 군대 사열이 끝난 며칠 후 출정하는 군사들을 위해 위로연을 베풀었다. 충렬왕은 누각에 올라앉아 기다리는데 이때 박지량이 늦게 도착해 말을 탄 채로 누각 아래에 이르렀다. 이에 화가 난 충렬왕이 박지량의 관직을 삭탈하고 다시 호두금패를 빼앗아 한희유韓希愈에게 주어 버렸다.

호두금패를 받은 한희유는 1, 2차 일본 원정에 참전해 많은 무공을 세웠고, 김방경 무고 사건에도 연루되었다고 거명된 무장이다. 박지량은 충렬왕에게 호두금패를 받았다가 불과 나흘 만에 다시 빼앗긴 꼴이었다.

박지량의 호두금패를 빼앗아 한희유에게 준 것은 그를 더 총애해서가 아니었다. 앞서 김주정의 호두금패를 빼앗아 박지량에게 준 것도 그와 같은 맥락이다. 즉 누구를 더 총애하고 누구를 더 멀리해서가 아니었다. 충렬왕은 군사권의 상징인 호두금패를 자신이 마음대로 주고 빼앗을 수 있다는 것을 보여 주고 싶을 뿐이었다.

호두금패를 매개로 한 충렬왕의 이런 행동은 군대의 지휘관을 장악하고 군 통수권을 확인하기 위한 과정이었다고 보인다. 충렬왕이 군대를 사열하는 과정에서, 혹은 출정하는 과정에서 그런 파격적인 행동을 한 것은 자신의 조치를 많은 군사들 앞에서 정치적으로 극대화하기 위한 것이었다. 그 효과는 컸다. 고려군의 최고 지휘관들이 충렬왕의 눈치를 보지 않을 수 없었기 때문이다.

충렬왕은 군사권을 수시로 확인하고자 새로운 방법을 쓰기도 했다. 그것은 은패, 금패, 호두금패 등의 패면을 일정한 수만큼 황제에게 요구해 고려의 무장들에게 나누어주는 것이었다. 이는 일본 원정 때 해당자를 미리 선정해 패면을 받게 한 방법이나, 원정 이후 호두금패에 대한 여탈권을 행사하는 방법과는 다른 것으로 조금 진전된 방식이었다. 즉 충렬왕의 자율적인 군사권이 좀 더 확대된 것이라 할 수 있다.

1288년(충렬왕 14) 1월, 원에서 은패, 금패 등의 패면을 보내오자 충렬왕은 이를 여러 무장들에게 나누어 주었다. 이때 박지량은 다시 호두금패를 받았고 김주정에게도 금패를 다시 주었다. 아울러 백호 이하의 군사들에게는 은패를 수여했다. 이후에도 이런 방법은 가끔 동원되었는데, 충렬왕의 군 통수권은 그렇게 확인되고 유지되었다. 이무렵 만호들이 주최하는 내전 연회에서 술에 취한 충렬왕이 노래를 부르고 춤을 추는 행동을 보인 것은 이와 무관치 않았다.

그런데 만호에게 호두금패를 수여하는 것은 원 황제의 고유 권한이었다. 이를 충렬왕이 빼앗거나 다시 줄 수 있었던 것은 세조 쿠빌라이에게 위임받은 권한이었다고 보인다. 즉, 충렬왕은 지휘권의 상징인 패면을 스스로 창출하지는 못했지만 그 나머지 모든 권한은 쿠빌라이를 대신해 행사했다. 충렬왕이 이런 권한을 갖게 된 것은 2차 일본 원정이 중요한 계기였다.

여기서 한 가지 강조할 사실은 만호나 호두금패가 세습되었다는 점이다. 김방경의 만호직과 호두금패가 그의 아들 김흔에게 세습된 게 대표적인 예다. 만호의 세습은 충렬왕이 호두금패를 이용해 군사권을 행사하는 데 큰 장애로 작용한다. 이것은 충렬왕의 군사권이나 군 통수권이 결국 한계가 있었다는 뜻인데 이 부분은 다음에 언급하겠다.

합단의 침략, 강화도 피란

중국의 동북 지방에서 일어난 나얀의 반란은 1287년(충렬왕 13) 6월에 진압되었지만 그 잔여 세력은 다시 움직이기 시작했다. 앞서 언급한 합단哈丹(카다안)의 세력이 고려를 향해 밀려온 것이다. 이들이 만주 지역에서 다시 반란을 일으켰다는 소식은 1288년(충렬왕 14) 2월경에 고려에 전달되었다.

이어서 1288년 4월, 원에서는 사람을 보내 군사 5천과 군량을 마련해 건주建州로 보내라고 요구했다. 고려 정부에서는 사신을 보내 거리가 3천 리나 되어 수송이 어렵다고 호소하자, 이에 쿠빌라이는 군량 수송은 면제하고 군사는 철령에 주둔시켜 방어하라는 지시를 내린다. 쿠빌라이의 대대적인 진압 작전으로 합단 세력이 고려로 밀려올 가능성이 있었기 때문이다.

그런데 군량 수송 문제가 다시 불거진다. 요동 지방의 흉년으로 기근이 들었으니 양곡 10만 석을 보내라는 것이었다. 1289년 2월의 일인데, 강남 지방에서 수송해 구휼하기에는 너무 멀어 고려에 요구한 것이었다. 고려는 그동안 흉년으로 기근이 들면 여러 차례 원에서 구휼미를 받아 와서 거절하기도 곤란한 처지였다. 아마 이 요동의 구휼은 합단의 반란으로 이 지역의 민심이 반란 세력에 동조하는 것을 막기 위한 조치가 아니었나 싶다.

고려 정부에서는 부랴부랴 각 도에 지휘사를 파견해 양곡을 갹출하는데 기일에 맞추느라 한바탕 난리를 치른다. 갹출한 쌀이 부족해 왕실의 내고미로 충당하기도 하고, 각 도의 지휘사들이 식량 수송을 제때에 맞추지 못해 파면당하기도 했다. 그해 5월 예성강 하구에서 조운선 4백여 척에 운송인 1천여 명을 딸려 쌀 6만 4천여 석을 실어 개주(요녕성 개평현)로 보냈다. 하지만 풍랑을 만나 조운선 수십 척에 쌀 수천 석을 잃고 말았다.

합단의 반란으로 고려가 떠안은 부담은 이것만이 아니었다. 1290년 합단의 세력이 고려를 향하는 것이 분명해지자 우선 방어에 나서야 했다. 고려의 상비군은 부족해 당장 군사를 징발하는 것이 급선무였다. 각 도에 지휘사를 파견하고 군사훈련을 시작했지만 원에 의존하지 않을 수 없었다. 앞서 만호로 임명된 박지량, 한희유, 김흔, 나유 등을 함경남도의 영흥, 이천과 강원도 북부의 고성, 통천 등지로 파견해 주둔케 했다. 아울러 원에서도 사람을 보내 쌍성총관부에 주둔했다.

한 가지 얻은 것도 있었다. 원에서 서북 지방을 직할령으로 통치해 온 서경(평양)의 동녕부를 혁파하고 서북의 여러 성을 다시 고려에 반환했다는 사실이다. 고려 정부에서는 그동안 여러 차례 이를 요구했지만 이제야 관철된 것이다. 1290년(충렬왕 16) 3월의 일이다. 아마 합단의 침입으로 이 지역에 대한 방어 책임을 고려에 전가하기 위한 것이 아니었나 싶다.

그런데 합단의 세력이 쳐들어온다는 소식에 놀란 고려 정부에서는 재미있는 일이 벌어진다. 반란 세력이 이미 국경을 넘었다는 소식에 여러 헛소문이 퍼지면서 관료 사회가 어떻게 대처할지를 몰라 허둥댄 것이다. 특히 국왕이 원에 들어가 부재중인 상태에서 일어난 강화도 피란 문제를 둘러싸고 그랬다.

홍자번洪子藩은 당장 강화도로 피란을 가야 한다고 주장했다. 여기에 강력히 반대한 사람이 허공許珙이었다. 허공은 국왕이 없는 상태에서 마음대로 국도를 떠날 수 없다고 주장했다. 허공은 모두 강화도로 들어간다고 해도 자신과 가족은 개경을 절대 떠나지 않겠다는 강경한 태도를 보였다. 당시 대부분의 사람들은 강화도 피란을 당연한 것으로 여겼고 허공의 생각은 나랏일을 그르치는 것으로 여겼다.

세조 쿠빌라이는 후에 이 소식을 듣고 강화도로 들어가자고 주장한 자들을 모두 잡아 보내라는 명령을 내린다. 지난 무인집권 시절 강화도를 거점으로 한 대몽 항쟁을 연상했기 때문이다. 이때의 강화도 피란은 실행에 옮겨지지는 않아 별 문제 없이 끝났지만 하마터면 고려 정부는 또 한 차례 큰 곤욕을 치를 뻔한 일이었다.

허공이 강화도 피란을 적극 반대한 이유는 쿠빌라이가 아직도 고려 정부를 그렇게 예민하게 주시하고 있다는 것을 알고 있었기 때문이다. 쿠빌라이의 강화도 콤플렉스가 얼마나 강하게 남아 있었는가를 보여주는 것이기도 하다. 고려 정부에서는 원에 사신을 보내 강화도로 피란을 가도 좋겠냐는 쿠빌라이의 사전 허락을 받은 후에야 이 문제를 결정할 수 있었다.

1290년(충렬왕 16) 10월, 부인이나 노약자들을 우선 강화도로 옮기고 백성들은 산성이나 섬으로 입보케 했다. 다음 달에는 궁인들을 강화로 들어가게 하고 태조의 진영까지 옮겼다. 이를 보면 합단의 침략은 의외로 고려 정부에 위협적이었다는 것을 알 수 있다. 워낙 세력이 컸던 나얀의 잔여 세력이다 보니 단순한 국경 소란쯤으로 넘길 일이 결코 아니었다.

그해 12월 합단의 세력은 쌍성총관부가 있는 영흥(함경남도)을 함락하고 남진하여 이어서 안변까지 함락했다. 여기서 바로 아래의 철령만 넘으면 수도 개경은 이제 목전에 남게 된다. 고려 정부의 다급한 요청으로 원에서는 장수를 보내 기병과 보병 1만 5천을 파견했고, 국왕은 강화도로 들어와 선원사에 임시 처소를 마련했다.

이제 다시 임시 강화 천도가 이루어진 것이다. 개경 방어를 맡은 장수들은 얼마나 다급했던지 강화도로 도주해 들어오기도 했다.

합단 세력은 1291년 1월 철령을 넘고 원주(강원도)에 주둔했다. 고려 정부는 세자를 원에 보내는데, 직접 쿠빌라이를 알현하고 토벌을 요청했다. 쿠빌라이는 당 태종의 침략을 막아낸 고려가 너무 수선을 피운다고 핀잔까지 주지만 다시 군사 1만을 추가로 파견해 토벌케 한다. 변경의 불안은 제국의 불안이고, 제국의 안정은 변경의 안정에서 시작되는 것이었다.

고려 정부의 이런 불안은 원 제국의 속국이 되면서 모든 것을 제국에 의존하고, 이에 따라 군사력도 미비해 자체의 국방력이 없었기 때문이다. 제국의 변경으로 전락한 탓이었다. 이에 따라 제국에 대한 군사적 의존도는 더욱 깊어졌을 것이다.

1291년 4월에는 합단 세력이 드디어 개경 근교에까지 쳐들어왔다. 고려 정부에서는 다시 원에 사신을 보내 이 사실을 알렸다. 이 무렵 세자가 요청한 원병이 개경에 당도하면서 전세가 호전되기 시작했다. 군사 1만에 불과했지만 제국의 군대는 역시 달랐다. 꼭 정예부대이어서가 아니라 고려 정부를 얼마나 안심시켰겠는가.

그해 5월에는 개경 근교에서 합단 세력 대부분이 패주하고 원의 파병군도 철수했다. 6월에는 다시 원에 사신을 보내 개경으로 환도하겠다고 보고한다. 이어서 원에서 강남미 10만 석을 보내와 고려의 백성들을 구휼까지 했다. 전후의 식량 원조 사업도 변경에 대한 제국의 의무가 아니겠는가.

1292년(충렬왕 18) 1월, 다시 개경으로 환도하면서 합단의 침략 때문에 벌어진 소란은 끝났다. 합단 세력이 고려에 체류한 기간은 1년 남짓 짧은 기간이었지만 고려 정부의 안보까지 원 제국에 의존해야 하는 변경의 딱한 처지를 그대로 드러내 준 사건이었다.

세조 쿠빌라이의 임종, 사위와 딸 그리고 외손자

1290년(충렬왕 16) 11월 고려 세자는 원으로 향했다. 합단哈丹의 침략으로 원병을 요청하기 위한 것이었지만 장기간의 숙위를 예정한 출발이었다. 이 세자는 충렬왕과 원 공주 사이에 태어난 왕자이니 쿠빌라이의 외손자이기도 했다. 그는 후일 충렬왕의 뒤를 이은 충선왕忠宣王으로, 이때 16세로 결혼도 했다.

어느 날 쿠빌라이는 세자를 편전으로 불러 이렇게 물었다.

쿠빌라이 : 네가 요즘 읽는 책이 무엇이냐?

세　　자 : 《효경》《논어》《맹자》 등을 읽고 있으며, 정가신鄭可臣과 민지閔漬가

　　　　　　이곳에 있어 가끔 숙위하는 틈에 그분들에게 질문하고 있습니다.

쿠빌라이 : (대단히 기뻐하며) 정가신과 민지를 불러오라.

　　　　　　(세자가 두 스승을 모시고 들어오자 안석에 비스듬히 누워 있는

　　　　　　쿠빌라이가 갑자기 벌떡 일어나 의관을 갖춘다.)

쿠빌라이 : 이 사람은 비록 제후의 신하지만 선비이고 학자인데 너는 어찌

　　　　　　의관을 갖추지 않고 만나게 한단 말이냐?

이날 쿠빌라이와 고려를 대표하는 두 학자는 아침부터 저녁 무렵까지 역대 정치와 각 지방의 역사 풍속에 대해 장시간 대화를 나누었다. 주로 쿠빌라이가 질문하고 두 학자가 대답하는 형식이었는데 쿠빌라이는 지칠 줄 모르는 강렬한 호기심을 드러냈다. 특히 그는 고려의 역사에 대해 많은 궁금증을 가지고 정가신에게 끝없이 물었다. 세자는 이를 조용히 지켜보고 있었다. 쿠빌라이는 정가신의 고려 역사학 특강을 듣고 고려를 어떻게 생각했을까?

2년 후인 1292년(충렬왕 18) 10월, 쿠빌라이는 다시 세자를 침전으로 불렀다. 세자는 한 번 환국했다가 다시 원에 들어온 직후였다.

쿠빌라이 : 요즘은 무슨 책을 읽느냐?

세　　자 : 《자치통감》을 읽고 있습니다.

쿠빌라이 : 역대 제왕 중에서 누가 제일 훌륭하더냐?

세　　자 : 한의 고조와 당의 태종이라 생각합니다.

쿠빌라이 : 한 고조와 당 태종은 과인과 비교해서 어떠하냐?

세　　자 : 신이 나이가 어리니 어찌 알겠습니까?

세조 쿠빌라이가 죽기 15개월 전의 일이다. 강력한 통치자가 대개 그렇듯이, 말년에 그의 최대 관심사는 자신에 대한 평가였다. 세자는 쿠빌라이에 대한 평가에 조금 인색했다. 한 고조나 당 태종보다도 당신이 최고였다고 한마디만 해 주었으면 쿠빌라이는 얼마나 기분이 좋았겠는가. 외손자의 대답은 너무 노숙해 쿠빌라이를 실망시켰음이 분명하다.

중국 역사에서 한나라는 중국 문화의 정체성을 확립한 왕조다. 한 고조는 그 바탕을 마련한 황제라고 할 수 있다. 당나라는 중국 문화의 세계화를 수립한 왕조이고, 당 태종은 그 길을 닦은 황제였다. 그렇다면 대원 제국이나 세조 쿠빌라이는 어떻게 평가할 수 있을까?

대원 제국은 정체성이 확립된 중국 문화와 중국 문화가 수립한 세계화를 초월해 명실상부한 세계 제국, 코스모폴리타니즘cosmopol-itanism을 실현한 열린 천하였다. 그 기반은 태조 칭기스 칸 시대부터 마련되었지만 그것을 마무리한 것은 세조 쿠빌라이였다. 세조 쿠빌라이는 그 사업을 완결한 황제였다고 할 수 있다.

그런데 여기에는 한 가지 결정적인 흠결이 있었다. 일본을 그 울타리 속에 넣지 못한 것이다. 앞선 당나라 시대에도 가능한 일이었는데 말이다. 그러니 세조 쿠빌라이가 얼마나 아쉬워했겠는가.

1293년(충렬왕 19) 10월, 국왕 충렬왕과 원 공주 출신 왕비는 고려를 출발해 원으로 향했다. 이 무렵 다시 일어나고 있는 일본 원정에 대해 쿠빌라이와 직접 논의하기 위한 것이었다. 이번 일본 원정 논의는 쿠빌라이의 한을 풀기 위한 마지막 기회였다. 하지만 고려 정부로서는 그 불편함과 부담이 너무 커 가능하면 중단할 것을 호소하려는 것이었다.

12월 세자의 영접을 받으며 대도에 도착한 충렬왕은 바로 황제 쿠빌라이와의 면담을 신청했다. 하지만 황제를 만날 수 없었다. 황제는 위독해 병석에 누워 있었던 것이다. 결국 한 달 후 세조 쿠빌라이는 이 병석에서 일어나지 못하고 세상을 뜨고 만다. 재위 35년에 향년 80세였다.

세조 쿠빌라이는 그렇게 국왕 충렬왕과 원 공주, 그리고 세자가 모두 대도에 머무르고 있는 동안에 죽었다. 뜻하지 않게 쿠빌라이의 사위와 딸, 그리고 외손자가 그의 죽음을 가까이서 지켜본 것이다. 충렬왕과 공주는 변경의 왕들 중에서 가장 먼저 빈전殯殿에 제문祭文을 올릴 수 있었다. 몽골의 전통 상제喪制에는 몽골인이 아니면 황제의 죽음에 근접도 못하는데 오직 고려 국왕만이 참여할 수 있었다.

충렬왕에게 쿠빌라이는 가장 든든한 후견인이었고 권력의 원천이었다. 쿠빌라이의 죽음 이후 충렬왕은 어떻게 될까? 그리고 원과 고려의 관계는 어떻게 될까? 다음 책의 주제다.

참고문헌

사료

1. 《高麗史》: 조선 초에 편찬된 기전체의 관찬사서. 동아대학교 고전연구실에서 1965년 ~1971년에 펴낸 번역본 《譯註 高麗史》가 있음.
2. 《高麗史節要》: 조선 초에 편찬된 편년체 관찬사서. 민족문화추진회에서 1968년에 펴낸 번역본 《국역 고려사절요》가 있음.
3. 《元史》: 원이 망하고 명이 건국된 직후에 편찬된 기전체 사서. 중국 정통 25사 중에서 소략하고 부실하기로 이름이 높음.
4. 《新元史》: 청대에 편찬된 기전체 사서. 《원사》의 미흡한 부분을 보완하기 위해 다시 개수 편찬한 것.
5. 《元高麗紀事》: 청나라 말기에 편찬된 편년체 기록의 소책자. 원의 《경세대전》에 수록된 고려 정벌기사와 《원사》〈외이전〉의 고려 관련 내용을 보충해 기록한 것.
6. 《集史》: 일 칸국의 재상으로 있던 페르시아 역사가 라시드 앗 딘Rashid ad~din이 14세기 초에 페르시아어로 저술한 역사. 김호동의 역주로 번역본 3권이 최근에 나와 있음.

연구서

1. 김상기, 《고려시대사》, 동국문화사, 1961.
2. 이기백, 《고려병제사연구》, 일조각, 1968.
3. 고병익, 《동아교섭사의 연구》, 서울대 출판부, 1970.

4. 민두기 편저, 《일본의 역사》, 지식산업사, 1976.

5. 박용운, 《고려시대사》 상·하, 일지사, 1987.

6. 윤용혁, 《고려대몽항쟁사연구》, 일지사, 1991.

7. 이기백 책임편집, 《한국사 시민강좌》 8, 1991.

8. 국사편찬위원회 편, 《한국사》 20, 1994.

9. 14세기 고려사회 성격연구반 편, 《14세기 고려의 정치와 사회》, 민음사, 1994.

10. 장동익, 《고려후기 외교사 연구》, 일조각, 1994.

11. 김당택, 《고려의 무인정권》, 국학자료원, 1999.

12. 윤용혁, 《고려 삼별초의 대몽항쟁》, 일지사, 2000.

13. 장동익, 《일본고중세 고려자료 연구》, 서울대 출판부, 2004.

14. 정순태, 《여몽연합군의 일본 정벌》, 김영사, 2007.

15. 김호동, 《몽골제국과 고려》, 서울대 출판부, 2007.

16. 민현구 등 편집, 《한국사 시민강좌》 40, 2007.

번역서

1. 룩 콴텐 저, 송기중 역, 《유목민족 제국사》, 민음사, 1984.

2. 하자노프 저, 김호동 역, 《유목사회의 구조》, 지식산업사, 1990.

3. 마르코 폴로 저, 김호동 역주, 《동방견문록》, 사계절, 2000.

4. 이노우에 야스시 지음, 장흥규 옮김, 《검푸른 해협》(원제: 풍도), 소화, 2001.

5. 스기야마 마사아키 지음, 임대희 등 옮김, 《몽골 세계제국》, 신서원, 2004.

6. 아사오 나오치로 외 엮음, 이계황 외 옮김, 《새로 쓴 일본사》, 창비, 2003.

7. 젝 웨더포드 지음, 정영목 옮김, 《칭기스 칸, 잠든 유럽을 깨우다》, 사계절, 2005.

8. 라시드 앗 딘 지음, 김호동 역주, 《칸의 후예들》, 사계절, 2005.

9. 라시드 앗 딘 지음, 김호동 역주, 《칭기스 칸 기》, 사계절, 2004.

10. 모리스로 사비 저, 강창훈 옮김, 《쿠빌라이 칸, 그의 삶과 시대》, 천지인, 2008.

찾아보기

몽 골 제 국 과 고 려 ❶

쿠빌라이 칸의 일본 원정과 충렬왕

- ⊙ 2009년 5월 15일 초판 1쇄 발행
- ⊙ 2022년 5월 2일 초판 4쇄 발행
- ⊙ 글쓴이   이승한
- ⊙ 펴낸이   박혜숙
- ⊙ 디자인   이보용
- ⊙ 펴낸곳   도서출판 푸른역사
    우) 03044 서울시 종로구 자하문로8길 13
    전화: 02) 720-8921(편집부) 02) 720-8920(영업부)
    팩스: 02) 720-9887
    전자우편: 2013history@naver.com
    등록: 1997년 2월 14일 제13-483호

ⓒ 이승한, 2022

ISBN   978-89-91510-94-4 03900
        979-11-5612-116-9 94900 (세트)

· 잘못 만들어진 책은 교환해드립니다.